▶ 미국 뉴욕에서 홍관장

▲ 미국인들과 함께한 홍관장 (뉴욕에서)

▲ 뉴욕에서 홍관장

▲ 미국대통령 자문위원인 스카트박사와 미국 전략문제연구소장인 데이빗드 박사의 수련장면

▲ 조교들과 함께

▲ 수련수료자들과 각계각층으로부터 받은 감사장과 감사패의 일부

▲ 외국인 수련생들과 함께

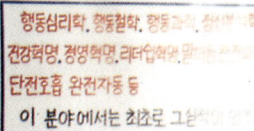
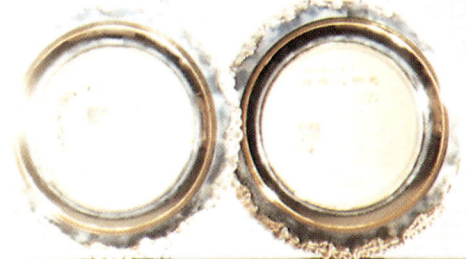

▲ MBC-TV와 KBS 제1-TV 특별방영

▲ 수련수료자들과 각개각층으로부터 받은 감사장과 감사패의 일부

▲ 외국인 수련생들과 함께

▲ MBC-TV와 KBS 제1-TV 특별방영

▲ 서울 63빌딩에서 대강연회를 마치고 임직원들과 함께

▼ 강연중인 홍민성관장

▲ 국제 슈퍼맨 수련관 전용수련장

▲ 국제 슈퍼맨 수련관 제○○○기 수련

大韓民國 5000年
韓國人物史

責任監修
李康勳

1000 한국인물사

홍민성

1942년 生
전남 영광 産
행동 철학가

□ 약 력 □
- 국제 슈퍼맨 수련관장
- 말더듬완전파괴연구가
- 초인수련법세계최초창안자
- 행동철학 연구가

□ 프 로 필 □

전남 영광에서 1942년 홍 성주 선생의 2남으로 출생 우리나라와 세계의 미개척 분야에 가까운 인간 혁명과 행동철학을 주창한 행동철학자. 25년간 민족과 인류의 전천후 인간혁명을 위해 심리학, 철학, 정신분석학, 행동과학, 인간경영, 건강혁명, 발표력, 리더쉽혁명, 말더듬 완전파괴를 집중연구하여 세계 최초로 초인 수련법(3박4일, 2박3일, 1박2일, 13박14일)을 개발하여 직접 시킴. 독서량 3만여권(精讀 5천여권, 目讀 2만 5천여권)

세계 최초 평생건강 자동단전호흡대 발명(특허등록), 미국에도 특허 신청중,

MBC-TV와 KBS제1-TV에 특별 방영. 라디오와 우리나라 각일간신문 및 각종 월간지와 기타 주간지에 특종 게재되었으며 1992년까지 150차에 걸쳐 호텔에서 인류를 상대로 인간혁명 합숙 수련을 실시하고 있으며, 국제 슈퍼맨 수련관 관장으로 강력하게 활약하고 있는 그는 미래문화사刊 다섯권의 저서 《動》《强》《創》《生》《成》이 있다.

歷史編纂會

時代가 人物을 만드는가? 人物이 時代를 만드는가?
그 시절, 세상을 주름잡았던 뭇 별들은 지금 어디서 무얼하고 있는지……
우리나라를 움직여온 主要人物 4,000여명이 드디어 歷史앞에 總集合!

韓國을 움직여온!
大韓民國 功勳史

홍 민성 (洪玟成) HONG, MIN-SUNG

1942年 全南靈光 出生. 本貫:南陽. 대한법률협회이사, 國際 슈퍼맨修鍊館長.

　　海岸의 都市요 굴비의 名産地로 名聲이 높고 人情이 豊味하는 全南 靈光땅에서 父洪性主先生의 次男으로 때어나 우리나라와 世界에 未開拓分野인 人間全天候 修鍊方法과 行動哲學을 主唱한 行動哲學者이다. 25年餘를 心理學, 哲學, 精神分析學, 行動科學, 人間革命, 健康革命, 發表力革命 리더쉽 革命, 말더듬완전파괴, 平生健康, 완전자동단전 호흡기(特許第126499호)等을 研究開發하여 世界最初로 超人修鍊法(3泊4日·2泊3日·1泊2日·13泊14日)을 開發하여 民族과 世界人類를 相對로 直接指導하고 日本과 美國에도 特許申請했다.
　그는 讀書벌레로서 精讀 5千餘卷 目讀2萬5千餘卷을 탐독한바 있고 MBC-TV, KBS1-TV에도 特別放映되었으며 "라디오"와 國內各 日刊新聞과 月刊雜誌에도 特種揭載되었으며 150餘次에 걸쳐 合宿修鍊을 實施한바 있다. 現在 國際 슈퍼맨 修鍊館長으로서 東奔西走하고 있다. 그의 著書는 「動」「強」「創」「生」「成」「강한것만 살아 남는다」와 「삶은 뒤집기 한판」等이 미래문화사에서 나와 있고 多數의 論文이 있다. 民族과 全人類를 責任지겠다고 壯談하는 그의 著書들이 계속 出刊될 예정이다.

大韓民國 功勳史發刊委員會

會長 白 斗 鎭 (前. 國務總理)

세계 최초 인간 전천후 혁명 3박4일 합숙 수련 안내

수련 목적	인간 전천후 혁명, 수평적 思考 완성, 수평적 意志 완성, 평생건강, 성격창조, 최신 자동단전호흡, 표현력만능, 처세만능 1,000%, 리더쉽 1,000%, 극기수련, 지병해결, 학업증진, 운명창조, 심리문제, 노이로제완전파괴, 신앙갈등문제 완전 해결.
수련 대상	정치인, 경제인, 일반인, 교수, 박사, 성직자, 여성, 학생, 공무원, 군인, 교육자, 연수전문인, 연예인, 작가, 시인, 해외 교민, 방송인, 법률가, 의사, 약사, 사업가, 주부, 직장인, 언론인, 스포츠맨, 체육인, 단체 등등.
수련 일정	3박4일(월 1회씩, 매월 20일경 실시), 2박3일·1박2일(3박4일에 같이 받음), 13박 14일(년 2회 1월초, 8월초 실시함. 말더듬자, 말더듬 관인 학원장들 대상)
안내·접수 및 등록 시간	09시부터 18시까지 근무함. - 수련일 1주일 전과 방학 때는 일요일도 근무함. - 전화 문의 및 편지 주시면 안내문 발송함(말더듬자는 전화번호 기재 요)
전용수련장	- 부곡관광호텔(동양최고 온천장) 수련장소는 변경 가능함. - 3인 이상 가족 동반 및 단체는 10%할인
수련 비용	○○만원(호텔 숙식, 최신 자동단전호흡대, 츄리닝, 교재, 교통, 온천욕) - 단, 사무실에서 수련장까지 왕복 교통편 제공함.
등록 방법	수련일자 3일 전까지 비용의 전액 또는 일부를 납부하면 등록됨(지방은 소액환 및 농협, 조흥은행 온라인) 13박14일은 20일 전까지 등록마감. 온라인 등록 후 개별 참가됨.
은행 구좌	농협 027-01-170413 예금주 홍민성 입금시킨 후 전화로 통보하면 등록됨. 조흥 313-06-029834 예금주 홍민성
집 합	※서울 본관 집합 : 09시 30분. ※부곡 집합 : 15시까지
개인준비물	세면도구, 속옷, 조깅화 ※겨울철 : 장갑
사무실 교통편	- 서울역과 청량리역에서 지하철 1호선으로 10분 소요. - 강남 고속버스 터미널에서는 지하철 3호선으로 25분 소요. - 종로 3가역에서 내리면 단성사 극장 옆 소방서 정면.
수련장 교통편 (변경가능)	- 수련 당일 경남 부곡관광호텔로 직접 가실 경우 부곡행 차편이 없으면 마산에서 10분 간격으로 배차되는 부곡행 버스(30분 소요)나 택시를 이용하면 됨. - 부산과 대구에서는 시외버스 정류장에서 15분 간격 배차(60분 소요).
개별 상담 (유료)	- 세계 최초 자동단전호흡대는 수련 참가자에게 무료 제공함. - 시간 관계상 개별 판매할시는 수련비 전액 받음.
비 고	가족 동반 및 수험생 동반하면 함께 성공하고 관계 개선되어 지도할 수 있게 되고, 부부간 및 부모와 자녀간의 평생 행복을 보장함.

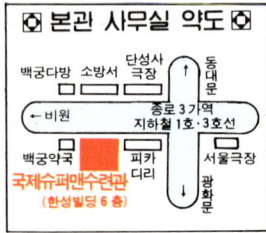

● 국제슈퍼맨수련관 ●

전화 : 서울 745-1300, 2300, 8833 FAX : 745-8833
주소 : 서울·종로구 묘동 200-1 (한성빌딩 6층)
위치 : 종로 3가 지하철역 단성사극장옆 소방서정면

홍 민 성 지음

미래문화사

이 책을 혼자 읽기에는 너무 아까운 책이라서
이 소중한 책을 ＿＿＿＿＿＿＿ 님께 드립니다.

＿＿＿＿년＿＿＿＿월＿＿＿＿일

＿＿＿＿＿＿＿＿＿＿ 드림

서 문

당신이 지금 살고 있는 세계는 어떠한 세계인가? 그냥 지금 존재하는 現세상인가? 아니면 당신의 머릿속으로 짓는 思考의 세상인가? 당신은 필자의 이 물음에 행동으로 답을 하지 않으면 이 세상에서 성공할 수 없다. 조물주의 자손으로 태어나 빛을 볼 텐가, 그렇지 않으면 그냥 가져왔던 흙 그대로 반납만 할 것인가? 빛을 내보겠다면 당신은 사람 축에 들기 때문에 반드시 성공해야 한다. 그럼 누가 당신에게 성공을 하게 하는가?

이 책은 분명히 당신을 성공시켜 당신을 이 세계 무대에 올려놓게 한다. 사람 축에 드는 당신을 이 책은 세계 최초로 성공시켜 준다. 세상은 당신을 속였고 당신 자신도 당신을 속였다. 그러나 이 책은 당신을 속이지 않는다. 속일 수가 없다. 당신은 이 순간부터 당신의 두 눈을 부릅뜨고 이 세상을 똑바로 바라봐라. 당신의 눈 앞에 보이는 것은 찬란한 세상이지 무지한 인류가 오해하고 있는 고통과 고난이라는 思考의 세계는 아니다.

당신과 인류가 말하는 세상은 각각 자기들의 눈앞에 보이는 세상을 말한 것이 아니었고 각기 자기들의 思考·의식(意識)의 세상을 말했던 것이다. 한마디로 말해 무지로 오해한 자기 착각 때문에 바로 보이는 세상을 포용하고 포옹할 수가 없었던 것이다.

5천년 간이나 조상들과 자신들한테 속아왔으면서도 아직도 자신들의 뇌(腦)·思考에서 썩고 있는 그놈의 思考 때문에──그놈의 사고가 풍기는 냄새 때문에──더 속고 싶어서 안달이고 안달이다. 어때, 또 한번 망하고 싶은가? 또 한번 망하고 싶어? ……. 천만에! 천만에다. 필자가 가만두지 않겠다. 필자는 세계 최초로 미국인들에게도 행동수련으로 확인시키고 있다.

　우리나라 대통령에서부터 전국민과 어린이들까지 모조리 다 현실 세상에서 사는 것이 아니고 자기 思考의 세상에서 살고 있다. 세상을 포용하고 포용하지 않는다는 증거는 너무도 많다. 모두가 자기 사고의 세계에서만 살다 보니까 정치인들은 국민을 위해서 일할 수가 없고, 국민들은 정치인들에게 기대를 걸 수 없으며, 교육자들은 학생들에게 권위가 없으며, 학생들은 배움보다는 거리로 뛰쳐나오고, 노동자들은 회사를 상대로 투쟁과 파업을 일삼는다. 연애를 하고 가정을 이뤄도 상대방과 가정을 포용하고 포용하지 못하고 자기 사고만을 포용하기 때문에 항상 불화 속에서 파탄은 자라고 있다. 그러면서도 더욱 철저하게 자신들을 속이고 싶어서 학업과 돈 벌기에 열중이다.

　도대체 인간들인가, 개·돼지들인가? 불의를 보고도 가만히 있으면 똑같은 무리라는 축에서 벗어날 줄 아는가? 몇 놈들 때문에 직장과 대학이, 사회와 국가가 망해도 너희의 방관하는 행동이 선인가? 그것이 정의인가? 그래, 거추장스러운 말 같지만 이 새끼들아, 직장 망하는 걸 구경하려고 취직했는가? 부모들과 대학 공부가 망쳐지는 걸 구경하려고 대학 갔는가? 몇 놈들은 파괴를 위해서도 피흘리고 투쟁하는데 말없는 다수의 너희들은 숫자가 훨씬 더 많으면서도 왜 당하기만 하는가? 또 생각만 하고 있는가?

　'개만도 못했던 우리 선조들' 즉 국가와 사회와 민족은 망해도 자기 몸만 무사하면 된다는 그 무식하고 무지했던 선조들의 배타성이 그렇게 그립고 그리운가? 그렇게 조상들은 모두 망했지만 당신은 성공해야 하지 않겠는가. 그 따위로 각각 사고의 세계에서만 살면서 성공할 수 있겠는가? 여러분들은 암만해도 안 된다. 때문에 여러분들은 필자에게 크게 얻어맞고 세계 최초로 크게 성공하라.

성공이나 세계 제패는 그냥 되지 않는다. 너희 직장과 너희 대학과 너희 사회와 너희 국가는 너, 너, 너, 나, 나, 나의 강력한 행동 창조로 보호되는 것이지, 너, 너, 너, 나, 나, 나의 방관하는 사고로는 선조들같이 망하기만 하는 것이다.

5천년 만에 드디어 세계를 제패할 우리 민족으로서 지금까지의 思考와 行動으로써는 아무것도 안 된다. 모방은 더욱더 위험할 뿐이다. 오직 세계 최초로 강력한 행동의 창조(創造)만이 가능하다. 오직 神的인 포용(包容), 도전(挑戰), 파괴(破壞), 창조(創造)만이 필요하다. 《動》과 《强》에 이어 이번에 《創》과 《生》(말더듬 파괴 전문의 세계 최초의 단행본)이 나오기까지 사랑하는 우리 국민들의 필자에 대한 기대에 부응 아닌 창조가 좀 늦은 감이 없지 않으나 이제나마 시간이 허락됐음은 다행이다.

필자의 수련(修鍊)을 받았거나 또 《動》과 《强》을 읽고 세계 무대에 강력하게 진출한 동포들은 물론, 국내에서 눈부신 활약에 여념이 없는 동포들에게도 오늘보다 더 나은 내일의 성공과 창조를 위해서 또는 언제 어디에서나 創造를 위해서는 개선의 여지에 도전해야 하므로 《創》이 필히 필요할 줄 의심지 않는다.

미국인 수련 체험 소감 원문

A DESCRIPTION OF YOUR IMPRESSION

YEAR 1993 MONTH Jan DATE 1993

NAME	Scott Stanley	SEX	(M) F	DATE OF BIRTH	July 14, 1938
ADDRESS	Box 1457 N. Falmouth, Mass 02556 USA			HOME TEL. NO.	
NAME OF COMPANY	American Press International	GRADE	University President	OFFICE TEL. NO.	
FINAL EDUCATION	University	RELIGION	Christian	REFERENCES	Who's Who In America Who's Who In The World

IMPRESSIONS: From the time I read first translations of Mr. Hong's book I was aware that he was a creative and original personality with the will powerfully to mark the world for the better. I was eager to come to Korea to measure the spirit of the man.

I came to a four-day Superman Institute and was very impressed by his remarkable understanding of the human heart. His is the fierceness and humanity of an Old Testament prophet, and yet there is a humble courtliness and generosity of spirit that reaches out to those who seek his help.

I know men, having interviewed and advised presidents of the United States, kings, and premiers over thirty years. I have examined and reported

INTERNATIONAL SUPERMAN CREATING CENTER

the world from Washington to the farthest caverns of the earth. In all my travels, after thirty years of publishing that has filled more than fifty feet of library shelf space, I have never encountered an equal measure of energy and good character in a man who is not only a creative activist but an original philosopher.

The staff of the Superman Institute is a credit to Mr. Hong's leadership, and the program itself is measured to such near perfection that I began thinking seriously about how to get Mr. Hong's message to the world while standing among 100 of his students atop a Korean mountain on an icy morning illumined by the starlight of all the universe. Believe me, the naive are not invited as I have repeatedly been to advise the President of the United States in the Oval Office. Director Hong's views, his original action philosophy, are certain if properly presented to other cultures to change the world for the better. Korea must share Mr Hong with all who seek EHWA to act powerfully and nobly.

미국인 수련 체험 소감문(번역)

성명 ; Scott Stanley
생년월일 ; 1938년 7월 11일
주소 ; 미국 북 팔머스
직장명 ; American Press International
직위 ; President(미국 대통령 자문위원)
학력 ; 대졸
종교 ; 기독교

저는 홍 관장님의 저서에 대한 최초의 번역서를 읽은 후 홍 관장님이 세상을 보다 개선하고자 하는 강력한 의지를 가진 창조적이고 독창적인 사람임을 알게 되었습니다. 저는 홍 관장님의 정신력을 헤아려 보기 위해 한국에 오기를 갈망했었습니다.

저는 4일 예정으로 슈퍼맨수련관에 와서 홍 관장님의 인간 내면에 대한 탁월한 이해력에 대해 깊은 감명을 받았습니다. 그의 이해력은 구약 성서 예언 중의 강력함과 인간성을 갖추고 있으며 더욱 그의 도움을 희구하는 사람에게 미칠 겸손한 예절과 관대함까지 있습니다.

저는 30년 이상 미국 대통령, 왕, 수상들에게 면담하고 자문을 해오고 있습니다. 본인은 워싱턴으로부터 지구 저쪽 끝까지 세계에 대해서 조사, 보고해 오고 있습니다. 도서관 서가의 50피트 이상을 채울 정도의 출판물을 30년 동안 발행한 후 모든 여행을 통해서 저는 창조적 활동가이며 독창적 철학가로서 홍 관장님처럼 많은 정열과 훌륭한 인격을 갖춘 사람을 만난 적이 없습니다.

슈퍼맨수련관의 임원은 홍 관장님의 지도력에 대해 신뢰하고 있으며 수련과정은 너무나 완벽하다고 생각되어 저는 모든 우주의

별빛이 빛나는 추운 아침에 한국의 산 위에서 이번 슈퍼맨수련생 100명 가운데 서서 홍 관장님의 메시지를 세상에 전할까를 심각하게 생각하기 시작했습니다. 저를 믿으세요. 제가 계속해서 백악관 집무실에서 미국 대통령께 자문할 때 하찮은 사람은 초대받지 않습니다. 홍 관장님의 식견과 독창적 행동철학은 세상을 보다 개선시키기 위해 다른 문화권에 제시되면 확실한 효과를 거둘 것입니다.

한국은 강력하고 훌륭하게 행동코자 하는 모든 사람들이 홍 관장님의 수련을 받을 수 있도록 해야 합니다.

미국인 수련 체험 소감 원문

John H. van Merkensteijn III

A DESCRIPTION OF YOUR IMPRESSION

YEAR 199**3** MONTH January DATE 1-4

NAME		SEX (M) F	DATE OF BIRTH	5-18-44
ADDRESS	211 CENTRAL PARK WEST APT 2-G		HOME TEL. NO.	
NAME OF COMPANY	ICA International	GRADE Man. Director	OFFICE TEL. NO.	
FINAL EDUCATION	Yale University, Penn Law School	RELIGION	REFERENCES	Dr Choe

IMPRESSIONS: **experience**

As a ~~course~~ in transformation, the Superman Course is WONDERFUL and very happy, healthful, centering and energizing.

As a guide and leader Director Hong is unique!!!. He is powerful kind and able to communicate strongly and clearly lead by example

As a concept, the ACTION versus thought approach is very powerful and a real breakthrough.

Most important → for me → and Elizabeth is the following →

INTERNATIONAL SUPERMAN CREATING CENTER

As an experience of Korea and its people, coming here from New York, then travelling by bus through all of South Korea and being able to be in this session done by Director Haig in Korean with mostly Korean people, this was The Best!!
I learned more about Dr Choe's country and its history and people and the effect the history has had on the people, and the language, than I ever could have hoped for in so short a time.

As a start on the road to better health the chest Band is going to stay part of my daily life and I will get better!

I hope we were not too difficult

for the class and for Mr Hong because of the language difference. We had no difficulty and with the help of Mr Lee and Dr Choe were able to obtain everything we wanted and needed to be with the others. Your support staff has our sincerest thanks for their help.

It would be my strong hope that one approach for the future is to repeat our experience for other Americans. Everything, including the travel to Korea, will be useful for others who will do the Superman training.

If Mr Hong comes to U.S. to do the course, some of the emphasis and language might be changed to avoid cultural reactions and unintended results and responses.

Elizabeth and I look forward to meeting Director Hang when he comes to U.S. and exploring how we can be useful in what he wants to do there.

We really appreciate and acknowledge Dr Choe and his family and Director Hang for giving us this experience and we thank you.

Please thank the assistants from us. Thank you.

미국인 수련 체험 소감문(번역)

성명 ; John H.Van Merkensteijn Ⅲ
생년월일 ; 1944년 5월 18일
주소 ; 미국 뉴욕
직장명 ; ICA International
직위 ; Manager Directer(변호사)
학력 ; 예일대학과 펜실베니아 법과대학

 변혁의 경험으로서 슈퍼맨수련은 건강을 증진시키고 정력을 집중하는 데 매우 적합하고 **훌륭했습니다.**
 가이드이자 지도자로서 홍 관장님은 유일무이한 사람입니다 !!! 홍 관장님은 강력하고 친절하며 실증을 들어 의사전달을 명료하게 이끄는 데 탁월합니다. '**행동**'과 思考 개념의 접근법은 매우 강력하고 효과적이며 진정으로 탁월합니다.
 저와 엘리자베스에게 가장 중요한 것은 다음과 같습니다. 한국과 한국 국민에 대한 만남으로 뉴욕으로부터 이곳에 와서 한국의 여러 곳을 여행했고, 이 기간 중 많은 **한국인들과 홍 관장님을 알게 됐던 것이 가장 좋았습니다 !!!** 저는 그토록 단시간 내에 기대했던 것보다 더 많이 최 박사님의 나라인 한국의 역사, 사람들, 역사가 국민에 미친 영향을 알게 됐습니다. 보다 나은 건강으로 가는 출발점으로 자동단전 호흡대는 본인의 일상생활의 일부가 될 것이고 저는 보다 발전할 것입니다 !
 언어의 다름으로 인해 홍 관장님의 강의가 저희에게 그렇게 어렵진 않았다고 여겨집니다. 저희는 아무 어려움이 없었고 이 선생과 최 박사님의 도움으로 필요한 모든 것을 얻을 수 있었고 다른 사람과 호흡을 같이할 수 있었습니다. 수련관의 임원들도 너무 잘

도와주셔서 고맙습니다.

본인의 강력한 소망은 미래의 해결법으로서 다른 미국인에게 저희 수련경험을 반복시키는 것입니다. 한국 여행을 포함한 모든 것이 슈퍼맨수련을 받게 될 다른 미국인들에게 유익할 것입니다.

만일 홍 관장님이 미국에서 슈퍼맨수련을 실시하려면 강조 내용과 언어는 문화적 반응과 예기치 않은 결과와 반발을 피하기 위해 변경될 수도 있을 것입니다.

엘리자베스와 저는 홍 관장님이 미국에 오면 만나기를 기대하고 홍 관장님이 미국에서 하고자 하는 것이 우리에게 얼마나 유용한가를 설명하고 싶습니다.

저희는 진심으로 이런 경험을 하게 해준 최 박사님과 그의 가족 그리고 홍 관장님께 감사드립니다.

또한 저희를 도와준 분들에게도 감사를 드립니다.

미국인 수련 체험 소감 원문

A DESCRIPTION OF YOUR IMPRESSION

YEAR 199__ MONTH ___ DATE ___

NAME	Elizabeth van Merkensteijn	SEX	M (F)	DATE OF BIRTH	3 . 22 . 58 .
ADDRESS	211 Central Park West New York 10024			HOME TEL. NO.	
NAME OF COMPANY	Young + Rubicam	GRADE	Senior Producer	OFFICE TEL. NO.	
FINAL EDUCATION	Masters in	RELIGION	Catholic	REFERENCES	Dr. Choe

IMPRESSIONS : English + Comparative Literature from Columbia University in New York City

I have never had any formal training in speaking, presentation skills, public speaking or assertiveness training.

It is a great way to experience Korea and the Korean people in a short intense amount of time.

I thought it was fascinating and very powerful. It has also given me alot to bring back and create in my own life in America.

INTERNATIONAL SUPERMAN CREATING CENTER

You speak an international language of power and focused energy. Even though I couldn't understand your words - I knew what you were saying, Director Hong. Your energy transcends your words. Your messages are beyond your language.

Your support staff was tremendous, enthusiastic and supportive.

You allowed me to surprise myself.

I am so grateful that you and Dr Choe created this opportunity for John and me. Good, smart people seem to find good, smart people no matter where on earth they live.

미국인 수련 체험 소감문(번역)

성명 ; Elizabeth Van Merkensteijn(女)
생년월일 ; 1958년 3월 22일
주소 ; 미국 뉴욕
직장명 ; Youngr Robican
직위 ; Senier Producer(방송국 프로듀서)
학력 ; 뉴욕 컬럼비아대학 영어비교문학 석사

 본인은 결코 대화, 표현법, 대중연설 혹은 자기 주장 연수를 정식으로 받은 적이 없습니다.
 슈퍼맨수련은 단시간에 효과적으로 한국과 한국 사람을 경험할 수 있는 훌륭한 방법입니다.
 본인은 슈퍼맨수련이 매력적이고 매우 효과적이었다고 생각합니다. 또한 슈퍼맨수련은 본인이 많은 것을 가져갈 수 있게 해주었고 미국에서의 생활을 창조할 수 있도록 해주었습니다.
 홍 관장님의 강의는 강력하고 열정적인 만국 공통어 입니다. 비록 한마디 한마디는 다 이해할 수 없었으나 본인은 홍 관장님이 하시는 말뜻은 알 수 있었습니다. 홍 관장님의 열정은 말을 초월했습니다. 홍 관장님의 메시지는 언어를 초월해서 전달됐습니다.
 수련관의 임원들도 굉장히 열성적으로 도와주었습니다. 홍 관장님은 저로 하여금 저 자신에 대해 놀라게 했습니다. 본인은 홍 관장님과 최 박사께서 존과 저에게 이런 기회를 만들어 주신 데 깊은 감사를 드립니다.
 선량하고 현명한 사람은 그들이 어디에 살고 있든지 선량하고 현명한 사람을 만나는 듯합니다.

미국인 수련 체험 소감 원문

A DESCRIPTION OF YOUR IMPRESSION

YEAR 1993 MONTH 1 DATE 4

NAME	DAVID ZELMAN	SEX	(M) F	DATE OF BIRTH	9·15·47
ADDRESS	3321 creekBEND GARLAND TX 75044			HOME TEL. NO.	
NAME OF COMPANY	INNOVATIVE STRATEGIES	GRADE	PRESIDENT	OFFICE TEL. NO.	
FINAL EDUCATION	Ph.D	RELIGION	JEWISH	REFERENCES	DR. CHOE

IMPRESSIONS:

The SuperMAN TRAINING HAS BEEN VERY VALUABLE.
1 - BREAKTHRU iN PHYSICAL FREEDOM -
2 - SPA - BEST IN WORLD
3 - SUPERMAN - WORLD LEADER CONTRIBUTES + SERVES MANKIND.
4. SUPPORT STAFF - EXCELLENT -
5. GOOD FOR YOUTH ALL OVER WORLD
6. I AM SUPERMAN! BIGGER THAN PLANET -
I AM HERE TO SERVE
THANK YOU, I LOVE ALL
THANK DR. CHOE   of you

INTERNATIONAL SUPERMAN CREATING CENTER

미국인 수련 체험 소감문(번역)

성명; DAVID ZELMAN
생년월일; 1947년 9월 15일
주소; 텍사스, 가랜드
직장명; INNOVATIVE STRATEGIES
직위; President(연구소 소장)
종교; 유대교
학력; 철학박사

   슈퍼맨수련은 매우 귀중한 경험이었습니다.
1. 신체의 자유를 만끽했음.
2. SPA — 세상에서 가장 훌륭함.
3. 슈퍼맨은 세계 지도자로서 인류에 공헌하고 봉사함.
4. 임원들이 훌륭함.
5. 전세계 젊은이들에게 좋음.
6. 나는 여기에 봉사하기 위해서 존재하는 지구보다 더 큰 슈퍼맨이다!
   감사합니다. 최 박사님!
   나는 여러분 모두를 사랑합니다. 감사합니다.

차 례

서문 ……………………………………………………… 3
미국인 수련 체험 소감 원문 …………………………… 7

제 1 부 세계최초 자기창조·의지창조 완성 행동수련 비법

01 빛나간 천성(天性) 1 ………………………………… 27
02 빛나간 천성(天性) 2 ………………………………… 36
03 제 3의 천성(天性) 창조 ……………………………… 40
04 인간혁명(人間革命) 1 ………………………………… 44
05 자기 포용의 大혁명 …………………………………… 52
06 자기 순환의 大혁명 …………………………………… 59
07 자기 폭발의 大혁명 …………………………………… 66
08 공격의 大혁명 ………………………………………… 72
09 인식(認識)변환의 大혁명 …………………………… 78
10 인식(認識)의 大혁명 ………………………………… 85
11 모험의 大혁명 ………………………………………… 90
12 실적 확인의 大혁명 …………………………………… 94
13 인간혁명 2 …………………………………………… 98
14 무의식의 大혁명 ……………………………………… 119
15 주관성의 大혁명 ……………………………………… 126
16 죽음의 大혁명 ………………………………………… 133
17 교육의 大혁명 ………………………………………… 138
18 神들의 大혁명 ………………………………………… 144
19 민족의 혼까지 大혁명 ………………………………… 150
20 죄책감의 大혁명 ……………………………………… 158

21 자신감의 大혁명 …………………………………… 164
22 민족의 大혁명 1 …………………………………… 170
23 유년기의 大혁명 …………………………………… 176
24 여성들의 大혁명 …………………………………… 184
25 사회의 大혁명 ……………………………………… 191
26 의식의 大혁명 ……………………………………… 196
27 대학 입시생들과 학부모의 大혁명 ……………… 202
28 직장 스트레스로부터 大혁명 …………………… 210
29 백색 공포로부터 大혁명 ………………………… 215
30 철학의 大혁명 ……………………………………… 218
31 師道의 大혁명 ……………………………………… 224
32 섹스의 大혁명 ……………………………………… 230
33 학부모들의 大혁명 ………………………………… 253
34 민족의 大혁명 2 …………………………………… 258
35 민족의 大혁명 3 …………………………………… 263
36 세계최초 말더듬에서 大혁명 …………………… 268

제 2 부 세계최초 자기창조·의지창조 완성 3박 4일 행동수련
체험소감 원문

세계최초 말더듬 완전 파괴 ………………………… 355

제1부

세계최초
자기창조(自己創造)·의지창조(意志創造)
완성
행동수련 비법

01
빗나간 천성(天性) 1

□ 思考로만 사는 인간은 평생 불행하다.
의지로 의식을 정복해야 평생 행복하다.

001

 으아아앙······! 인간은 태어날 때 누구나 다 울면서 태어난다. 어느 누구도 곰곰이 思考하면서 태어나는 자는 없다. 와장창 울고 발버둥치면서 태어난다. 이것은 누구나 유형체(有形體)인 人間의 몸으로 사는 한 입과 몸뚱이는 마음껏 발버둥치면서 살라는 것이다. 그런데 당신은 지금 어떻게 살고 있는가? 있으나마나 했던 선조들 같은 존재가 되어서 그저 동물같이 조용히 얻어먹다만 가야 되겠는가? 아니면 이 나라와 이 세계를 살기 좋고 아름답게 만들어 놓고 가야 되겠는가? 분명히 입을 열어 큰소리로 말해 보아라. 아는 것은 아무 소용 없다. 어린아이도 알고 거지도 안다. 입과 행동으로 외칠 수 없거든 그런 입과 몸은 찢어 버려라. 필자는 분명히 말하지만 말과 행동을 하지 않는 우리 민족 중의 당신이라면 세상을 살 가치가 없다고 말한다.
 인간은 누구나 태어날 때까지는 조물주의 의지 그대로 자기 뇌[思考]에 구애받지 않고 마음껏 입을 벌리고 행동을 한다. 그런데 태어난 후 살면서는 창조주의 의지를 눌러 버려 입을 벌리는 것과 행동하는 것을 거의 기피한다. 오로지 자기들의 의지와는 관계없이 말이다······. 현 세상과 조상들의 것에 대한 좋고 나쁨의 선택 여지도 없다. 그저 고스란히 사고에서부터 행동생활까지의 전부가 예속 상태에서 길들여진 동물처럼 된다.
 예속이란 것은 언제나 똑같은 결과를 바라고 또 그 바라던 결과가 나타나지 않을 때는 많은 제약을 받게 되지만, 창조란 것은 언제나 똑같은 결과를 바랄 수도 없을 뿐더러 그 결과 역시 다양하고 언제나 발견뿐이어서 아무나가 아닌 포용하고 포용하는 자만이 성공하고 행복하게 된다.

002

 세계 최초로 가장 강력한 행동 창조자인 필자가 우리 민족 전부와 전세계 인류에게 한 차원 높은 행동철학과 행동심리학, 행동과학의 극치를 직접 행동으로 확인시키겠다.
 우리 누구나 다 확인할 수 있는 이남과 이북의 예를 보자. 먼저 배고픈 이북의 예를 보자. 사람은 배고픈 자 다루기가 가장 쉽다. 마치 동물을 대하는 것과 똑같기 때문이다. '3일 굶어 남의 집 담 넘지 않을 자 없다'는 말 그대로이다. 혼자서라면 버틸 수 있는 사람도 간혹 있겠지만 가족이 딸리고 책임이 있는 자라면 먹을 것 앞에서 움직이지 않을 자가 거의 없다. 집단 자살자 외에는 말이다. 공산주의란 배고픈 곳에서만 통한다. 배부른 곳에서는 공산주의가 통할 수 없다. 김일성이가 자기 독재 연장을 위해서는 이북 동포들을 절대로 배부르게 먹여 줄 수가 없다. 이북보다는 다섯 배나 더 잘사는 이남을 공산통일하여 이북처럼 못 먹고 못 살게 하겠다는데 여기에 찬성할 자는 미친개가 아닌 이상 이 세상의 어느 누구가 받아들이겠는가? 이북에서 김일성이가 먹을 것 자루를 꽉 움켜쥔 이유가 무엇 때문인지 알겠는가? 몰라도 좋다. 행동으로 확인시켜 줄 테니까. 배부른 돌고래가 꼭두각시 노릇 할 이유가 없다. 지금도 김일성이 졸개짓 하는 자들은 이중으로 속고 있다. 김일성이한테 속는 것뿐 아니라 그보다 더 큰 속음은 자기 자신한테까지 속고 있다는 사실이다.

003

 자기 인생이 어떤 인생인데 현대 세상에서 강아지처럼 살려고 해……. 그러나 좋다. 필자는 여하한 인류와 무능자와 공산주의자라도 세계 최초로 가장 빨리 이 세계의 주역으로 만들어 주겠다.
 이북과는 정반대로 이남은 먹을 것도 입을 것도 인권도 이북에 비하는 것 자체가 우스우리만치 넉넉하고 자유롭다. 마르크스나 레닌, 모택동, 김일성이가 꿈속에서조차 볼 수 없는 것들이 모조리 성취되어 버린 곳이 이남이다. 너무나도 짧은 시일에 많은 것을 갖게 된 정부와 국민들은 아직 포용력이 없다. 일본처럼 오랜 시일을 거치면서 포용할 정도로 여유만만한 성격이 못 된다. 정부는 7·7선언에 대한 후속 조치가 없어도 좋고, 있을 필요도 없다. 이 나라 국민들이 무지하지 않기 때문이다. 단, 필요한 것이 있다면 너무나 작은 그릇에 큰 것을 밀어 넣었기 때문에 그릇만 큰 것으로 바꾸면 된다.
 큰 그릇으로 바꾸고 내용물도 더 크게 키워서 세계를 제패하도록 하자. 일본을 모방해서 세계를 제패한다는 것은 있을 수가 없다. 스스로에게서 포용·도전·파괴·창조 과정이 절실하게 필요한 것이다. 아깝게도 위대한 우리 민족은 그 방법을 몰라 일찌감치 세계를 제패했을 힘들을 썩이면서 시끄럽게만 하고 있다.
 필자가 목숨을 걸고 우리 민족과 우리 국가를 2천년 초까지 세계의 주역으로 올려놓을 터이니 지금 썩이고 있는 '새마을중앙회관'만 필자에게 맡겨라.

004

 정부와 관계 당국자들은 필히 검토하고 역사적인 기회를 놓치지 말기를 바란다. 비리로 오염됐던 새마을이란 이미지를 깨끗하게 쓸어 버리는 것, 필자에게는 시간 문제다. 5천년 간의 병신 짓을 털어 버리고 세계를 제패하자. 神的인 의지창조수련(意志創造修鍊)만이 가능하다.

어머니 몸 밖으로 나온 어린아이는 이것저것 눈치 보지 않고 발버둥치며 울어댄다. 자기를 의식하지 못할 때라 본능적으로 그러는 것이 아니라, 인간은 神의 속성으로 무형체신(無形體神)과는 달리 유형체신(有形體神)으로서 무형체신이 하지 못하는 소리와 행동을 하라고 원래 나올 때부터 입과 동작이 발동을 하는 것이다. 갓 태어난 아이가 울지 않으면 의사나 아이를 받아 준 사람이 갓 나온 아이의 두 발을 거꾸로 쳐들고 아이의 엉덩이를 때린다. "이놈아, 나왔으면 울어라!" 하고 말이다. 이렇게 하는 이유는 사람은 입과 동작으로만 살게 되어 있기 때문이다.

창조주(하나님)께서도 '일하기 싫거든 먹지도 말라(구약성서)'고 했다. 일이란 뭐냐? 입과 동작으로부터이고, 먹지도 말라는 말은 생명 있는 유형체가 먹지 않게 되면 어떻게 되겠는가? 죽으라는 것밖에 더 되나. 입 벌리고 동작하지 않으려거든 죽으라는 것이다. 입 벌리고 동작을 하되 누구를 위해서 해야 하나? 자신만을 위해서 한다면 동물과 다를 게 뭐가 있겠나. 동물과 똑같이 살라는 것이라면 뭣 때문에 입으로 떠들면서 태어나게 하겠는가? 그저 잠잠하게 동물과 똑같이 태어나게 할 일이지.

005

조물주께서 당신 하나에게 이 세상을 다 맡긴 것이다. 이 세상을 당신이 책임지고 움직여 경작하려면 얼마나 많은 말과 행동을 해야 하겠는가? 당신 하나쯤에는 관심 둘 시간이 전혀 없다. 당신이 살고 있는 이 세상과 이 세상의 인류를 위해서 당신은 조물주 대행자로서의 행동을 해야 한다. 당신 하나가 창조주의 명령을 행동으로 이행할 창조자인 것이다. 창조자로 태어난 당신은 김일성이나 마호멧이나 예수나 석가를 神으로만 섬기라는 소모품이 아니

고 진짜 神은 바로 당신인 것이다.(《動》註)

 당신이 神임을 확인시켜 주는 필자가 이젠 더 이상 인류가 자신들의 오해와 무지를 합리화시키는 사실을 방관만 할 수 없다. 사탄은 자기를 과시하고 인류를 예속하려 한다. 그래서 숫자를 따지고 많은 거짓말을 해야 한다. 그러나 신은 그런 역량마저 인류에게 베푸는 데 전력한다. 신은 절대로 과시욕이 없다. 거짓을 참인체하려니 많은 희생이 따르는 것이다. 부모가 자식에게 자기만 알아 달라는 요구를 해올 때 당신은 그 부모를 어떻게 대하겠는가? 또 지도자와 스승이 당신에게 자기만 알아주고 섬겨 달라고 요구할 때, 아예 예속되어 달라고 할 때, 당신은 그 지도자나 그 스승을 어떻게 대하겠는가? 당신은 "참으로 옳은 말씀입니다. 오직 당신만이 神이고 나머지는 모두 별볼일 없는 것들이지요" 하겠는가?

 동물들의 세계에서 힘센 동물이 할 짓을, 깡패 집단의 세계에서 두목들이 할 짓을 창조주의 속성대로 태어난 창조자인 당신이, 자신의 속성을 부정하고 선조들처럼 신앙은커녕 개똥철학도 아닌 것에 예속된다면 당신은 세상에 태어난 보람은커녕 동물 같은 존재자로서의 가치도 없게 된다.

006

 왜냐하면 동물은 죽어서까지도 몸뚱이라는 고깃덩어리로 인류에게 봉사하기 때문이다.
 사탄들은 수직관계를 요구한다. 그러나 神은 절대적으로 수평관계이다. 인류가 태어나 살아가면서부터는 무지라는 소치의 문명을 앞장세워 어디서나 당신을 수직관계로 예속하려 한다. 그럼으로써 신적인 창조의지(創造意志)(《動》註)를 깨끗이 말살해서 사탄화시켜 버린다. 때문에 우리는 창조적인 의지로 신적인 행동을 확인해야 한다. 당신이 지금 배우고 익히고 경험하고 또 관심을 가지고 있는 신앙 등등 수직관계가 아닌 것이 있는가? 수직관계가 아닌 것은 하나도 없다.

　수직관계가 아닌 수평관계에서 창조주의 창조의지를 사탄의 가면과 세상의 문명 쓰레기로 단장하지 않고, 있는 그대로 보여주고 또 몸으로 확인하는 곳은 세계에서 아직까지는 필자의 의식 정복(意識征服)과 의지창조(意志創造)의 수련밖에 없다. 세상을 무시하는 것이 아니다. 절대로 아무나 만들어 주는 곳, 갖추어 주는 곳이 아니다. 절대 배우는 곳이 아니다. 그렇다고 인류와 학생들에게 배우지 말라는 말은 아니다. 인간은 배우고 갖추는 목적 이상인 주체이기 때문에 절대로 현대문명에 예속되어서는 안 된다는 것이다. 이 엄청난 사실을 필자가 행동으로 확인시켜 주지 못하고, 유명을 달리한 지금까지의 이 세상 선조들과 현 세상의 학자들과 종교인들처럼 말과 글로써만 부르짖었다면 필자의 思考는 타인의 사고에 대한 사고밖에 되지 않았을 것이다.

007

　세계 인류가 분명히 행동으로 확인할 사항은, 이 세계의 여하한 意識이나 思考도(사고란 발전과 보존의 사고로서 극단적인 행동에 의하여서만 진보하는 것이다) 행동이 없으면 다만 존속할 뿐이라는 사실이다.

　인류와 당신의 思考 역시 인류 역사만큼이나 길게 예속되어져 오는 가운데, 당신은 예속되어야만 한다는 수직적인 사고에서 탈피하여 최초로 당신이 神임을 행동으로써 확인할 때 당신의 의지와 창조력은 이 세상과 세계 인류를 수평적으로 대할 수 있고 또한 평생 동안 행복이 보장된다. 이 같은 사실을 당신은 슈퍼맨 수련을 통해 세계 최초로 몸으로 확인하면서 필자에게 예속되지도 않고 예속될 필요도 없는 것이다. 그런데 당신은 지금까지 자신을 예속시켜 왔으면서도 자기 확인 행동을 철저히 불허하고 평생 동안 당신의 인생을 예속시켜 버리는, 낙인 찍힌 테두리 속에서 발광하는 불쌍한 존재다. 당신뿐만이 아니라 온 인류가 그렇다.

불쌍한 현대 인류여!

또 이제나저제나 당신이 스스로 신적인 창조의지를 확인하고, 자기들의 사탄 속성을 알아차릴까 보아 밤낮으로 떨고 있는 존재의 손바닥에 앉아 있는 현대 인류여! 당신이 창조주와 같은 神의 속성으로서의 신적인 의지창조자임을 행동으로 확인시켜 주는 것이 얼마나 빠른지 놀라지 말라.

인간이 태어나서 인격 형성을 위해서건 성공을 위해서건 세상에서 교육을 받는 기간은 보통 20여 년쯤 된다. 그 결과로 성공을 하건 못하건 확인하려면 자기의 나이는 3, 40세 또는 그 이상을 요하기도 한다.

008

인생의 전부는 배움의 연속이다. 또 자기 수양을 위해서건 영생을 위해서건 벌어먹기 위해서건 누구 평계를 대건, 철학이나 종교에 귀의하여 자기를 확인하는 데는 평생을 요한다. 이와 같이 교육에서건 신앙에서건 자기 목적 확인을 위해서는 무진장 많은 세월을 요한다.

그런데 필자의 신적인 속성, 의지창조는 불과 4일이면 자기 몸으로 확인함과 동시에 세상에서 평생 배우고 갖추려고 해도 확인할 수 없는 평생 의식 문제, 평생 심리 문제, 평생 건강 문제, 평생 세상 정복 문제 기타 등등 이루 헤아릴 수 없는 많은 문제들까지 한꺼번에 해결해 낸다. 수직관계와 예속 차원에서는 오랜 세월을 요하면서도 수확은 별로 없다. 그러나 神的인 수평관계의 의지창조 슈퍼맨수련에서는 기대하지 않고 참여해도 천문학적인 시간 단축으로 천문학적인 수확을 얻게 된다.

당신의 뇌[思考]란 흙의 속성으로 뇌[有形體]에서 나오는 의식

(意識), 상상(想像), 지성(知性) 등은 전부 의지(意志)에 예속될 세상 차원이다. (《動》註)
　머리만 가지고 살려는 현대 인류는 확실히 무지하다. 머리(뇌)는 물질이기 때문에 사용하면 즉시 에너지 공급을 해야 한다. 자동차의 연료같이, 공장을 가동시키려면 에너지자원이 필요하듯이. 그러나 자원을 공급해도 피로가 온다. 피로에는 휴식이 있어야 하고 영양공급이 있어야 하며 또 수면이 있어야 한다. 머리는 조금만 사용해도 대가를 지불해야 한다. 당신 것이니까 당신 마음대로 되는 줄 아는가?

009

　머리를 쓰면 머리는 물질이기 때문에 금세 지치게 되어 있다. 뇌는 끊임없이 혈액순환과 산소 공급과 포도당 공급과 전해질 공급을 받아야 하고 휴식과 수면까지 취해 주어야 하니 머리를 얼마 써먹지도 못하고 당신이 머리에다 해주는 것은 왜 그리도 많은가? 그토록 귀찮은 머리를 왜 쓰는가? 현대인들은 확실히 무지하다.
　의지를 써먹어라. 의지를 사용하면 하루에 머리를 20시간 이상 사용해도 전혀 머리에다 신경 쓸 것 없다. 공부, 연구, 박사, 과학자, 정책 연구, 기업, 경영에 눈부신 발전을 보장한다. 그런데 차원 낮은 뇌만 가지고 하려 하니 우리는 뇌를 많이 쓰는 자에게 "야! 너 머리 좀 쉬어 주어라." "야! 너 눈 좀 붙여라" 한다. 그러나 의지가 지치는 것 봤는가? 의지가 지칠 수 있는가? "야! 너 의지 좀 쉬어 주어라. 야! 너 이젠 의지 좀 재워 주어라"라는 소리를 들어 봤는가? 뇌는 분명히 물질이지만 意志는 무형체(無形體)로서 물질이 아니다. (《動》註)
　사람은 의지와 동작으로 살게 되어 있으며, 뇌는 의지가 세상에서 모든 범사의 동기가 될 수 있는 한에 있어서만 의지에 예속되게 되어 있는데, 인류는 시초부터 무식과 무지로 말미암아 거꾸로 사용하기 때문에 자기 능력을 10분의 1도 발휘하지 못하고 있는 것이다. 현대 이 세계의 인류는 명심하라! 의지로 공부하고 의지로 사업하고 의지로 건강하고 의지로 정치하고 의지로 사랑도 해야 실패가 없고 평생 병도 생기지 않고 성공하게 된다. 갓난 아이는 입을 벌려 울며 발버둥칠 때 타인들과 세상을 조금도 의식하지 않는다. 맨몸 하나로써 오직 의지의 동작뿐이다. 神의 속성 그대로이다.

흙의 속성인 뇌(머리)는 의지의 동작을 통해서 가장 빨리 우수하게 된다. 그럼 이제부터 당신은 의식 정복과 세상 정복 그리고 당신의 神的인 의지창조(意志創造)로 들어가자.

02
빗나간 천성(天性) 2

☐ 맨몸으로 하라. 망해도 본전이고 죽어도 본전이다. 본전이니까 또 시작이다.

001

당신은 사는 데 당신의 능력이 있고 없고 간에 두 가지 중 하나를 포용하지 않으면 안 될 숙명이 당신에게 있다. 즉 당신이 당신에게 이기느냐, 당신이 당신에게 지느냐이다. 이 전쟁은 불행인지 행복인지 평생 동안에 결코 한 순간도 휴전이 없다. 6·25전쟁도 휴전이 있었고, 8년 간 전쟁했던 이란과 이라크전도 휴전했고 걸프만 전쟁도 휴전했지만, **당신에게 있어서 의식과 본능간의 전쟁은 평생 동안 결코 한 순간도 휴전이 용납되지 않는다.** 그래서 당신은 슬픔일지, 기쁨일지, 행복일지, 불행일지 이 중 어느 하나를 받아들이지 않으면 안 된다. 둘 중 하나가 이기는 것이든 지는 것이든, 당신이 원하든 당신이 원하지 않든 당신의 행동 하나로 되는 것이다. 그리고 이것은 영원한 당신의 숙명이다. 그런데 당신의 행동은 영원한 당신의 숙명도 인류의 숙명도 송두리째 그리고 순식간에 바꿔 놓는다. 당신은 당신의 행동으로 당신을 정복해야 하고 그리고 당신을 창조해야 한다. 당신은 자신을 정복하고 창조까지 하려면 미쳐야 한다. 당신이 미치기 위해서는 오직 의지 하나 뿐이다.

이 세계 인류는 거의가 자기 정복은 엄두도 내지 못하고 순간의 자기 본능 충족만을 위해서 술을 마시고 또는 약을 먹고 또는 아편과 히로뽕에 의지한다. 이 얼마나 무지하고 연약한 동물들인가? 의학, 과학에 종교까지 모두 다 동원되어도 이것 하나 제대로 해결하지 못한다. 영원히 인체를 망쳐 버리는 이런 현상들을 인류는 보면서 똑같이 희생당하고 있다. 세계 최초의 슈퍼맨수련 차원에서는 불과 4일 만에 의지창조수련(意志創造修鍊)으로 해결해 낸다.

002

 희망과 현실은 다르다. 희망은 思考요 현실은 행동이다. 당신은 당신의 의식을 정복하지 못하면 당신이 세상에서 아무리 성공해도 아무 소용 없다. 인간은 거의 다 자기 사고로 망친다. 망친 자기 [思考]로 자기를 구할 수 있겠는가? 思考로 자기를 구하려 하니 더욱 비참해진다.
 몇 년 전에 부하들 통솔 부족으로 부활절 날 교회당에 갔다 와서 곧바로 18층인 자기 사무실에서 길바닥으로 투신했던 모 기업의 박모(朴某) 회장도 자기 思考의 노예로 자살했던 것이다. 국민들에게 많은 빚을 남긴 채……. 박모 회장은 소문난 독실한 기독교인이었다. 어째서 인류가 이와 같이 사고의 노예인지? 思考는 자기에게 아무런 힘도 책임감도 없다. 누구에게나 시련과 슬럼프는 다 있고 또 찾아온다. 그러나 누구라도 강력한 意志로 그 시련이나 슬럼프를 이겨 내는 자만 영광을 차지하게 된다. 큰 영광이 그냥 주어질 수 있겠는가? 큰 시련을 이겨 내야 포용하는 것이지……. 극에서 극으로라야 전환이 가장 빠른 것인데 인류는 무지해서 사고로 처리하려 하니 극이 가장 먼 것처럼 오판한다.
 분명히 말하지만 인류가 사는 것은 의지와 동작이지 思考가 아니다. 지식이 많다는 현대인일수록 더욱 무지하여 자기 사고의 노예이다. 동작(動作)의 원형(原型)은 뭐냐? 의지다. 의지의 원형은 뭐냐? 사고를 무시하는 行動 태도의 계속성이다. 지금 이 순간에도 당신의 사고는 얼마나 혼란스러운가.

003

 그러나 이젠 당신은 염려할 것 없다. 세계 최초의 슈퍼맨수련이 평생 동안 당신의 성공과 행복을 보장해 준다.
 인류는 누구나 현재 위치에서 변하고 있고 또 변해야 산다. 어떻게 변해야 하는가? 변하기 위해선 오직 의지의 동작뿐이다. 의지와 동작을 무엇으로 하는가? 돈이냐, 빽이냐, 지식이냐, 명예냐? 미친 자식들이나 이런 것을 전제한다. 성공을 하지 못할 자들이 조건을 전제하는 것이지 진짜 성공할 자들은 절대로 전제조건이 없다. 조건을 주어서 성공하는 것은 어린애도 거지도 누구도 다 할 수 있다. 다 필요없다. 오직 맨몸 하나 가지고 하는 거다. 당신이 태어날 때 가지고 나온 몸 하나 가지고 당신에게 주어진 이 세상을 요리하는 것이다. 오직 맨몸 하나뿐, 맨몸으로 해야 망해도 본전이다. 본전이니까 망한 것이 있겠는가, 없겠는가? 망한 것이 없으니까 행동해 봤던 경험만 있으니까, 이제는 어떻게 하면 된다는 걸 아는가, 모르는가? 본전에 또 경험이 있으니까 또 시작할 수 있겠는가, 없겠는가?
 당신만이 아니고 전세계 인류는 누구나 이론을 위한 용기는 풍부하다. 그런데 당신만이 아니고 전세계 인류는 누구나 실천을 위한 용기는 빈약하기 짝이 없다. 강자(強者)란 자기에게 도전하여 자기를 이긴 자가 강자이지, 타인을 때려 눕힌다고 해서 강자이냐? 타인이 가만 있을 수 있는가? 세상에 이름이 좀 났다 해서 강자인가? 돈 좀 벌었다고 해서 강자인가? 세상을 다 얻고도 유명을 달리한 박모(朴某) 회장같이 자기에게 쓰러지면 무슨 소용이 있는가?

004

그러면 자기를 무엇으로 정복해야 평생 쓰러지지 않나?
자기 정복을 思考로 해봤자 순간이다. 이 따위는 자기 암시나 좋은 말 몇 마디나 최면술이나 기도나 좋은 선물 따위로도 얼마든지 가능하다. 그러면 본능에 맡겨서 섹스로, 술로, 히로뽕으로, 마약으로, 약으로, 노름으로, 방탕으로, 이것 역시 불난 집에 부채질로 더욱더 망치는 것이다.

배고플 때 밥을 먹으면 몇 시간의 허기는 면한다. 괴롭고 답답할 때 상담하거나 성당이나 절간이나 교회당에 가서 설법을 들어도 순간은 편안하다. 이 따위로 순간순간 고무풍선이나 비눗방울 같은 순간에 예속되려고 이 땅에 태어났는가? 이 따위 사고나 물질로 영원한 당신의 성공, 당신의 행복, 당신의 정복은 어림없다.

영원한 당신의 정복은 어떤 것이냐? 그건 하나뿐이다. 오직 神的인 의지창조(意志創造)로 당신의 思考를 정복(征服)해서 공자나 석가나 예수나 마호멧보다도 더 強者가 되는 것이다. 이것은 지구 역사 창조 이후 최초로 필자의 수련을 통해 행동으로 당신에게 확인시켜 준다.

03
제3의 천성(天性) 창조

　　　□ 인생은 연습도 아니고 장난도 아니다.
　　　오직 神的인 意志創造로 성공한다.

001

　인간은 누구나 다 처음 산다. 과거 전생(前生)에 인간으로 살아 봤던 경험을 가지고 그 경험을 기억하면서 사는 사람이 있을 수 있을까? 만일 과거의 生을 기억하면서 사는 사람이 있다면 그 인생은 어떤 인생일까? 과거의 자기 무덤도 알 것이고 자기 후손들이 누구누구라는 것도 알 것이고, 자기 남편이나 아내가 누구였는데 지금은 누구하고 살고 있다는 것도 알 것이고, 과거에는 어떤 병으로 죽었는데, 어떤 사고로 죽었었는데, 그때는 마을과 세상이 어떠한 세상이었었는데, 전생에서 죽기 전에 보물을 어디에 감추어 두고 죽었었는데, 이젠 그곳에 가서 그 보물을 꺼내야지 등등 ……. 아마 그 개인의 인생 혼란은 물론 사회적 혼란까지 이루 표현할 수 없을 정도일 것이다. '죽은 자는 말이 없다'가 아니고 다시 태어나서 증언할 테니 미궁으로 파묻혔던 사건은 해결될 것이고……. 상상만 해도 아찔할 일이다.
　다행인지 인류는 전생을 기억할 수도 없고 누구나 다 처음 산다. 당신도 부모도 친구도 스승도 공자도 석가도 예수도 마호멧도 마리아도 모두 다 처음 사는 인생이니 과거에 살아 봤던 경험을 기억하면서 사는 것이 아니다. 자기 인생, 자기 앞에 부딪치고 경험하는 것은 전부 다 처음 보고 처음 경험한다. 처음 사는 인생, 처음 경험하는 생활상에서 이 세상 누구인들 자신이 있겠는가, 없겠는가? 세상 천지에 누구나 다 인생을 처음 살면서 전 생활 과정을 처음으로 경험하면서 사는 것이다. 이 세상 누구인들 세상살이에 자신 있는 사람은 하나도 없다. 당신도 그렇고 부모도 스승도 선배도 대통령도 거지도 공자도 석가도 예수도 마호멧도 모두 다 마찬가지다.

002

 이러한데 자기 인생을 각기 자신들이 창조해 나가야 되겠는가, 누구에게 예속되어야겠는가? 당신을 예속하겠다는 자도 처음 사는데 무슨 힘이 있겠는가? 인생으로서 보다 전문성을 발휘하기 위해서는 학문이나 기술 분야에 때로는 특수한 전문가의 신세도 질 수는 있다. 그러나 이것은 어디까지나 일시적이고 자기의 전 인생에 비교하면 부분적이다. 자기의 인생 일대기는 자기가 창조해 가야 한다. 부모는 부모 인생일 뿐이며 스승과 선조들 역시 그들의 인생일 뿐이다. 그들의 단점이 당신의 단점으로 될 수 없고 그들의 장점이 당신의 장점으로 될 수도 없을 뿐더러 될 필요도 없는 것이다.
 그러나 창조를 통해서 당신은 선조들이 못한 일을 얼마든지 해낼 수 있고 또 선조들의 단점을 당신의 장점으로 개발해 낼 수 있다. 그러면 누구나 다 처음 사는 인생을 어떻게 살아야 자신 있게 살 수 있겠는가? 문제는 어디서 어떠한 인생을 살건 결과에 대해서는 자기 인생을 자기가 책임진다. 잘 살았건 못 살았건 간에 자기 인생은 자기가 책임을 안 질 수 있나? 자기 인생의 결과가 나빴다고 해서 자기 책임이 아닐 수는 없다. 어차피 자기의 인생은 자기가 책임질 일인데 자신 있게 살아야겠는가, 자신 없게 빌빌거리면서 물에 빠진 강아지같이 도둑질하다가 잡혀 가지고 몰매맞은 놈같이 눈치보면서 살아가야겠는가? 큰소리로 답변하기 바란다.

타인들 들으라고 소리치라는 것이 아니다. 세상에는 자기 말고는 자기에게 큰 스승이 될 만한 자는 없다. 이 점에 대해서만큼은 하나님도 당신의 발바닥 아래일 뿐이다.

003

　당신에게 가장 큰 스승인 당신이 깜짝 놀랄 정도로 소리를 쳐라. 당신이 당신에게 놀라지 않고야 이 세상에 놀랄 일은 과히 없다. 당신이 당신을 감동시키는 것만큼 이 세상에는 당신을 감동시킬 건덕지가 없다.
　의식만 정복하면 된다. 우주가 생성된 이후 세계에서 최초 최고로 자신 있게 사는 필자도 처음 사는 인생이다. 자기 인생을 가장 자신 있게 능력을 발휘하려면 먼저 자기의 행함을 정의로 인정하고 神的인 의지창조 행동을 당신의 의무요 본분으로 전환시켜라. 이렇게 하지 않는 자는 평생 동안 약할 수밖에 없다. 정치인이건, 사업인이건, 공무원이건, 군인이건, 교육자이건, 과학자이건, 성직자이건, 학생이건, 주부이건, 노동자이건, 거지이건, 어느 누구이건, 어디에서 어떠한 일을 하건 자기 인생은 단 한 번뿐이다. 절대 장난도 연습도 아니요 누구에게 예속되어서도 안 된다. 당신이 인생으로 태어나 헛수고인 사고의 노예, 세상의 노예, 모방의 노예로 살지 않고 지금부터 죽을 때까지 당신의 사고와 세상의 예속성을 초월하여 창조주의 속성인 강력한 의지의 행동을 평생 동안 활기차고 건강하고 행복하게 성공적으로 발휘하고 싶거든 만사를 중단하고 당신 몸을 필자에게 4일 간만 맡겨라. 큰 것을 얻으려면 작은 것 4일쯤 희생하라. 작은 것도 희생하지 않고 큰 것을 얻을 수는 없다. 4일 간을 투자할 수 없다면 평생 동안 자기 사고의 노예가 되어 무지의 생활방식에서 벗어날 수 없다.
　당신은 '하이테크'와 '로우테크'를 안다.

004

　미국 땅에서 1988년 당시 일본산 자동차는 매년 약 5백만 대씩이 팔렸다. 그런데 일본 땅에서 미국산 자동차는 고작 5천여 대밖에 팔리지 않았다. '자동차' 하면 미국이 본고장이요 미국이 전통이지만, 한마디로 '로우테크'는 안 되는 것이다. 일본의 '하이테크'에 손을 번쩍 들어 버렸다. 일본이 미국에게 "손들엇!" 해서 손든 것이 아니다. 창조 행동 앞에 케케묵은 전통이나 '로우테크'는 허수아비일 뿐이다. 일본 역시 파괴된 잿더미에서 몸 하나 가지고 미국을 모방하고 모방해서 부딪히고 부딪쳐서 이룩한 결과다. 창조는 없고 거의 다 모방이었다. 별것 아닌 모방 기술을 감추는 이러한 일본 역시 얼마 안 가서 우리에게 손들게 된다. 모방은 언제나 추월당한다. 일본이라서 우리 종살이 하지 말란 법은 없다.

　우리나라 경영인들이 의지창조수련을 받으면 모방성의 思考가 창조성의 思考로 또 의지행동으로 바뀐다. '하이테크'를 초월하는 창조라야 한다. 생산이란 유(有)에서 有이다. 모방도 생산에 불과하다. 그러나 창조는 무(無)에서 有이다. 無에서 有는 어떻게 창조하는가? 사고에서 사고가 아닌 意志에서 行動으로 나올 때 창조를 확인하게 된다. 의지창조행동(意志創造行動)을 통해서 사고가 발전하는 것, 이것이 조물주의 속성이다. 의지의 사고로 바뀌려면 언제나 의지가 분기해야 한다. 사고가 분기하면 그 순간부터 파탄을 포옹하게 된다. 의지가 가슴과 심장에서 분기하고 思考는 냉정해져야 한다. 그럼 지금부터 의지는 분기하고 사고는 냉정해져 創造를 해가자.

04
인간혁명(人間革命) 1

□ 너와 나와 우리 민족은 강력하게 분기해야 한다. 가슴엔 활활 타오르는 의지의 불로써 머리는 차디찬 물로써…

001

 1919년 1월 22일 오후 3시, 평소에 건강했던 고종 황제가 전날 밤 드신 식혜 속의 독(毒) 때문에 승하하고 말았다. 두 눈에서는 두 줄기 피가 흘렀고 온몸엔 붉은 반점이 돋아나 그 시신은 차마 눈 뜨고는 보지 못할 참경이었다. 범인은 일본 왕실이었다. 현장을 목격한 두 시녀(侍女)까지 살해함으로써 증거 인멸에 성공한 일제였으나 한국민의 분노와 불신 감정은 마침내 3·1운동이라는 거족적인 항일 민족운동으로까지 폭발하였다. 고종의 독살 범인은 1989년 1월에 뒈진 일왕(日王) 히로히토[裕人]의 애비 대정(大正)이었다. 이 國賊 대정(大正)은 1895년에 우리의 국모(國母) 명성황후를 일찍이 시해했고 이젠 국왕까지 독살했던 것이다.
 세계 인류와 우리 민족과 하늘인가 개나발인가도 힘 앞에는 찍소리 못한다. 그래서 5천년 만에 행동으로 힘을 창조해야 하는 것이다. 말로만 머리로만 손바닥으로만 아무리 싹싹 빌고 핥아 봤자 개나발이다. 처음에 목숨 걸고 싸우지 않으면 비참은 줄줄이 더 이어지는 것이다. 비참은 더욱더 불붙기에 이른다. 국모와 국왕까지 죽여 없애 버린 일제는 이젠 일본 왕실에 볼모로 잡혀가 있는 조선의 왕세자 이은(李垠:영친왕)이 문제였다. (李垠 공은 나중에 일본 육군의 중장 계급까지 올라갔음.) 볼모로 잡고 있는 왕세자를 죽일 수는 없으니 이젠 조선에서 영영 왕손이 생기지 못하도록 하기 위하여 아이를 낳을 수 없는 일본의 귀족 여인과 결혼을 시켰다. (1920년 4월 18일 일왕 대정(大正) 앞에서.)

002

신부는 1989년 4월 30일 우리나라에서 타계한 마사꼬[方子]였는데 이 마사꼬 여사는 일본 왕 명치(明治)의 조카인 모리사마[守正]를 아버지로 주(駐)로마 대사였던 나베시마[禍島] 후작의 딸 이스꼬[伊都子] 부인을 어머니로 하여 태어난 유수한 왕족의 첫딸이었고 일본 왕의 왕세자비(王世子妃)의 제1호로 점찍혔기에 마사꼬란 이름이 주어졌던 것이다. (그 당시 일본의 왕세자 히로히토[裕人]의 부인감이었던 것이다.)
그런데 마사꼬의 몸을 진찰한 일본 왕실의 전의(典醫) 3명은 마사꼬가 임신 능력이 없다는 똑같은 보고였다. 그래서 일본 왕실은 일본 귀족의 절세의 미녀인 마사꼬를 히로히토와 혼인시키지 않고 조선 왕족의 씨를 말려 버릴 계획으로 영친왕과 혼인을 시켰으며, 히로히토는 마사꼬의 사촌인 나가꼬[良子]와 혼인을 했던 것이다. 그런데 혼인 후에 아이를 낳을 수 없다던 마사꼬 여사가 달덩이 같은 아들을 낳았던 것이다. 그것도 히로히토의 비(妃)인 나가꼬보다도 먼저 말이다. 일본 왕실은 발칵 뒤집혔다. 마사꼬 여사가 아이를 가질 수 없다고 보고했던 전의 3명은 물론 처형되었다.
그 2년 후 대정(大正)이란 작자는 1923년 동경 대지진을 당했을 때 우리 동포 7천여 명을 죽창으로 학살하는 참극까지 벌였고, 그 원혼들의 피가 채 마르기도 전인 1926년에 일왕으로 된 히로히토가 즉위한 지 5년 만에 만주침략을 도발하였고, 이어 6년 만에 중국 침략까지 감행했다. 천하에 국적 이 히로히토가 한국인과의 첫 만남은 즉위 7년 만인 1932년 1월 8일 동경 한복판의 울창한 숲 안에 있는 일왕의 거처에서였다.

003

 우리의 이봉창 의사가 그날 폭탄을 던진 곳은 일왕이 거처로 들어가는 뒷문인 앵전문이다. 만일 이봉창 의사의 거사가 안중근 의사같이 성공했더라면 만주침략 전쟁과 2천만(일본인 3백만) 명을 희생시킨 태평양 대전은 없었을 것이다.

 히로히토와 한국인의 두번째 만남은 1984년 9월 한국 대통령과의 만남이었다. 그는 한국 대통령인 전두환 전 대통령에게 '불행한 과거가 있었던 것은 진심으로 유감'이라는 개나발로 우리의 관심을 끌려 했지만 이것은 진정한 사과 발언이 아니었다. 우리의 국토와 민족을 36년 간 강점하고 문화 말살에 우리 조상들 2백만 명을 전쟁에서 희생시킨 장본인으로서 불행했던 과거의 책임자였다는 사실을 명시했어야 했다.

 그러나 그는 마치 자기는 아무 잘못이 없는데 한국인이 잘못한 것처럼 개나발 불고 끝내 책임을 회피했던 것이다. 이 작자가 뒈질 때의 체중은 26kg이었다는 사실은 우리에게 시사하는 바 크다. 우리가 해결할 문제는 이들로 하여금 전세계에 공개 사과만이 아니다. 이 무식하고 무지했던 히로히토라는 작자는 생전에 자기 조상쯤은 알았어야 했다. 일 왕가(日王家)의 혈통은 그들이 말하는 대로 도래인(渡來人)임에는 이설(異說)이 없으나 구체적으로 한국의 어느 성씨(姓氏)에서 파생되어 갔는가? 1915년 6월 29일 한일 합방 5년 만에 당시의 조선총독부는 갑자기 다음과 같은 포고문을 발표했다.

004

 '김해를 본관으로 하는 김씨(金氏)의 족보는 치안상의 이유로 일체 발행을 금지한다.' 일본 부사산(富士山) 밑 아사마[淺間] 신사에서 발견된 고문서[一名 高下文書]가 오랫동안 판매 금지되어

오다가 재일 교포들의 성원 속에 다시 햇빛을 보게 됐던 것은 일 왕가의 뿌리를 밝혀 주는 새 계기가 되고 있다.
 일 왕가가 金氏인가, 朴氏인가? 히로히토가 밝히지 않고 돼졌지만 둘 중에 하나인 것은 사실이다. 만일 그가 자기의 조상이 누구인가를 알았던들 그런 엄청난 역사적 과오는 범하지 않았을 것이다. 오죽했으면 姓을 없애 버린 일 왕가(王家)의 의도였을까? 동북 아시아에서 姓을 없애 버린 이유가 무엇 때문일까? 왜 일본만 姓을 없애 버렸을까는 이젠 국민학생들이라도 다 짐작하고 남을 수 있다. 일왕은 성(姓)도 호적도 없다. 물론 주민등록도 의료보험 카드도 없다.
 원폭 투하로 무조건 항복한 일본을 점령한 맥아더는 히로히토에게 전쟁 책임을 물어 폐위시킬 계획도 있었다. 그러나 천황제를 폐지 말자는 피해국인 장개석과 트루만 대통령과 영국 외상 베빈 등의 전후 혼란을 막기 위해서는 허수아비로라도 히로히토를 살리자는 주장과 전범들의 일왕 두둔 발언과 수많은 일본 서민들의 진정서에 미국인 검사들과 맥아더는 은근히 일왕의 혐의를 묵살해 버렸다.
 그렇다고 해서 우리마저 묵살할 수는 없다. 지금까지도 우리는 저 불쌍한 사할린의 동포들을 보고 있지 않은가?

005

 진주만 공격 11개월 전에 히로히토가 공격 구상을 듣고 그 성패에 대해 검토하라고 그 당시 육군 참모 총장이던 스기야마 대장에게 명령했던 메모를 들어 스기야마 대장이 폭로했다. 남경의 14만 명의 양민들 대학살과 바탄 섬의 죽음의 행진에서 4만 명의 미군 포로들을 도륙했던 범인도 히로히토의 심복으로서 그 행위에 치하를 아끼지 않았으며 그 주모자들을 히로히토의 측근에 중용했었다.

일본군의 위안부(정신대)로 끌려갔던 우리나라 여성들 숫자도 20만 명이 넘었다. 우리 여성들 거의 모두가 인생과 목숨을 잃었다. 도대체 우리 선조들은 얼마나 멍텅구리였기에 최근까지도 이렇게 당했는지 도대체 분하고 기가 막혀서 글을 쓸 수가 없다. 보통 건강한 여성들이 오르가즘을 못 느끼면서 한자리에서 남자를 받아 낼 수 있는 수는 약 20여 명 정도이다. 그런데 전쟁터에서 개새끼들보다도 못한 왜놈 병사들을 한 번에 2백 명에서 최고 3백 명까지 받아 내느라고 우리의 누나들이요 어머니들이요 할머니들이 남양군도에서 죽어 갔던 것이다. 개·돼지 같은 일본군들이 연병장에 150m, 200m씩 늘어선 줄을 받아 내느라고 말이다.
　우리나라 남자들은 필자도 마찬가지지만 우리 여자들에게 세계에서 가장 많은 죄를 졌다. 5천년 간 죄지으면서 남자 구실 못한 것은 차치하고라도 최근까지도 그랬고 지금도 죄없는 하늘 같은 여자들에게 큰소리친다. 가장 바보들일수록 아내들에게 개소리가 많다. 우리 남자들은 이유없이 집안에서나 직장에서나 일터에서 여자들을 공대하고 업어 주고 하늘같이 모셔야 한다.
　남자인 당신이 지금 현재 존재하는 이 자체가 그래도 이 나라 여인들 덕이다.

006

　이 나라의 남자들이여! 당신 애인이나 당신 아내한테 대우받을 일을 하고 있는가? 5천년 간의 무능을 우리 당대에 깨끗이 쓸어 버리자. 세계 제패 한번 하자. 이 나라는 여자들에게 맡기고 우리 남자들은 모두 다 의지 창조하는 강자들이 되어 세계 무대로 나가야 한다. 이대로 나가면 빌빌해서 맞아 죽는다. 초강력한 의지창조수련을 받으면 된다. 5천년 간 나라를 이 지경으로 만든 우리 남자들은 이 나라 여성들에게 해줄 일이 산더미보다도 더 많다.
　우리나라의 정치인들과 국무위원들과 국회의원들은 청문회 때

보니까 너무나 패기가 없다. 너무나 박력이 없다. 너무나 표현력이 약하다. 우리의 지도층 인사들부터 의지창조수련으로 시원스럽게 뚫려야 한다.

일 왕의 뿌리를 우리 민족은 조금 더 확실하게 인식할 필요가 있다. 국내에 있건 세계 무대에 나가건 우리 민족으로서는 간과해서는 안 될 사항이다. 1975년 콜럼비아대학의 레드야드 교수의 주장과 1948년 동경대학의 에가미 교수의 주장을 보자. 먼저 에가미 교수는 4세기 말 이후의 고분에서 출토되는 내용물의 성격이 그 이전의 것과 크게 다르다는 사실을 근거로 대륙에서 건너온 기마 민족이 일본을 정복하고 세운 나라가 바로 기내왜국(畿內倭國)이라는 학설을 1948년 이래 지금까지 줄기차게 주장하고 있다. 하지만 이 기마 민족설을 받아들이게 되면 일본 사람들이 즐겨 주장해 온 신공황후삼한정벌설(神功皇后三韓征伐說), 임나일본부설(任邦日本府說) 등이 그 근거를 잃게 되기 때문에 대부분의 일본 사학자들은 에가미설을 싫어한다.

007

에가미 교수는 일본 국민들에게도 일본을 정복한 이(異)민족의 지도자는 《위지(魏志)》, 《동이전(東夷傳)》에 나오는 마한(馬韓)의 월지국(月支國)에서 삼한(三韓)의 지도자로 군림하던 진왕(辰王)들의 후손으로 믿어지는 임나가라(任邦加羅)의 왕(王) 미마키·이리비코[御間城人參一崇神]라고 주장한다.

레드야드 교수는 일본을 정복한 것은 부여족이 세운 백제국 사람들이라는 학설을 주장하면서 에가미 교수 학설의 취약점을 제거시켰다. 즉 《일본서기(日本書記)》에 의하면 신공(神功)과 그의 아들로 등장하는 예전별(譽田別)이 목라근자(木羅斤資) 등 백제 장군들을 동원해서 마한을 정벌하고 그 지역을 백제에 주었다는 기록이 나오는데 이 마한(馬韓)정벌이란 바로 백제가 369년에 달성한 것이고 그 후 얼마 안 되어 백제인의 일본 정복과 야마토[倭] 수립이 발생했다는 것이다.

따라서 요즘에 와서는 일본 사학자들이 일본 왕가(王家)의 근원을 논할 때는 싫든 좋든 에가미 교수와 역시 4세기 중엽 부여족이 한반도를 쳐내려와 백제를 세운 다음 곧바로 바다를 건너가 일본을 정복하고 기내왜국(畿內倭國)을 세웠다고 한다. 즉, 레드야드 교수의 백제란 바로 부여(扶餘)를 의미하게 되는데, 이는 당시 한반도의 역사적 배경을 완전히 무시한 처사다. 그런데 우리가 《일본서기(日本書記)》를 싫어하는 것만큼이나 일본 사람들이 보기를 꺼리는 것이 있는데 그것이 바로 왜왕차아(倭王嵯峨)가 만다친왕(萬多親王)에게 명(命)하여 815년에 완성시킨 《신찬성씨록(新撰姓氏錄)》이다.

008

이 기록은 당시 일본의 지배 계급을 이루고 있던 1천백82개의 성씨(姓氏)를 황별(皇別), 신별(神別), 제번(諸蕃), 미정잡성씨(未定雜姓氏)로 나누었는데, 3백28개 성씨가 한국과 중국에서 건너간 제번성씨(諸蕃姓氏)로 분류되었고 그중 백제계가 1백36개 성씨(姓氏)로 되어 있다.

하지만 좀더 자세히 들여다보면 일본 천황들의 직계 후손이라는 황별중상씨(皇別中上氏)인 '진인(眞人)' 44개 성씨(姓氏)가 바로 백제 왕손들이라는 것을 알 수 있다. 즉 《신찬성씨록(新撰姓氏錄)》은 황별중상씨(皇別中上氏)인 진인(眞人)들로부터 시작되는데, 첫번째 기록된 것이 식장진인(息長眞人)으로 예전별(譽田別)의 후손이라 하고, 12번째 기록된 대원진인(大原眞人) 이하 20번째 기록된 청원진인(淸原眞人)까지는 모두 '백제친왕(百濟親王)'의 후손으로 되어 있다. 한편 6번째 기록된 노진인(路眞人)부터 11번째의 대택진인(大宅眞人)까지는 민달왕(敏達王)의 후손으로 되어 있는데, 12번째의 대원진인(大原眞人) 역시 민달(敏達)의 손(孫)이라 하니 이들 모두가 결국 백제왕(百濟王)의 후손으로 기록된 셈이다. 이러하니 일본 사람들이 일 왕가의 계보를 안 보려 하는 이유도 이해할 수 있는 것이다.

지금까지 위와 같은 사실들이 세계에는 거의 감추어져 있다. 현재 영문으로 출판된 한·일 고대사에 대한 논문들이 거의 전부 일본놈들이 제멋대로 체계를 세워 쓴 것이고 우리나라의 사학자들이 국제적인 언어로 쓴 것은 고작해야 왕인(王仁)이 일본놈들에게 천자문을 가르쳐 주었다는 수준의 글뿐이다.

늦은 감이 없지 않지만 이제부터라도 우리는 온 세상 사람들에게 고대(古代) 한·일 간의 역사적 관계를 우리의 입장에서 좀더 체계적으로 말해 줄 수 있어야 한다.

05
자기 포용의 大혁명

☐ 창조를 해야 강자가 된다.
모방하면 언제나 예속된다.

001

 사람이 약하고 좋으면 O주고도 뺨 맞는다고 한다. 강해야 좋을 수 있는 것이다. 우리 민족은 O주고 뺨 맞는 것이 아니라 목숨까지 주고 집 빼앗기고, 땅 빼앗기고, 재산과 국가까지 다 빼앗겼던 것이다. 일본놈들이 우리 재산과 문화재까지 다 빼앗아 가고도 그러고도 남은 우리 재산을 가지고 태평양전쟁까지 벌였던 것이다.
 일제가 중·일전쟁 및 태평양전쟁을 수행하면서 그 막대한 전쟁 비용을 일본 정부 국고에서는 거의 지출하지 않고 구 조선은행(한국은행 전신)을 통한 세계 역사상 유례 없는 금융 조작과 한국 및 중국 지역의 인플레를 이용하여 조달했음이 1987년 11월 16일 처음으로 밝혀졌다. 그 동안 일제가 막대한 중·일 및 태평양전쟁 비용을 日本 국고에 의존하지 않고 어떻게 조달했는지를 일본 학계에서도 하나의 수수께끼였는데, 조선은행의 일본 내 후신인 일본 채권 신용은행이 방대한 조선은행 보관 자료를 정리하여《조선은행사》를 간행함으로써 처음으로 드러났다. 이 같은 사실이 이제까지 일본 국내에서도 극비에 부쳐져 은폐되어 왔던 것은, 일본 정부가 우리 정부 및 관계국과의 배상 문제를 우려했기 때문인 것으로 지적되고 있어, 이 같은 사실의 해명은 앞으로 우리나라 및 아시아 관련국과의 배상 문제에 가장 핵심적 문제로 제기되어야 한다.
 일본대장성 공식 기록에 따르면 중·일 및 태평양전쟁 전비(戰

費)는 당시 화폐로 7천5백59억(소비자 물가 상승률 감안, 1987년 11월 현재 가격으로 환산하면 1백70조 엔, 우리 돈으로는 9백조 원) 엔으로 이 중 일본 본토에서 3할, 한국 및 중국대륙, 남방 등에서 7할을 썼다는 것이다.

002

《조선은행사》에 따르면 한국 및 중국, 남방 등에서 쓴 7할의 戰費 중 대부분을 조선은행을 통한 특이한 금융 조작과 한국·중국 등의 인플레를 이용하여 조달했다는 것이다. 이 조달 방법은 일본 정부가 임시 군사비 특별회계에서 지출한 戰費를 일본은행(중앙은행)과 조선은행 동경 지점을 통해 조선은행 화북(華北) 지점에 송금, 조선은행이 이 금액을 중국연합준비은행, 즉 연은(連銀) 본점 북경(北京)에 예탁하고, 연은은 이 금액을 다시 조선은행에 상호 예탁하는 방식을 이용한 것이다. 조선은행은 연은 예탁을 근거로 연은이 발행했던 연은권(連銀券)을 인출, 현지 일본군에 지출했다.

그러나 일본 정부는 연은이 조선은행에 갖고 있는 예탁금은 인출하지 못하도록 했다. 전쟁의 확대에 따라 조선은행이 연은으로부터 인출하는 연은권(連銀券)은 대규모로 불어났다. 그러면서도 일본 정부는 일본 은행을 통해 조선은행에 송금한 일본 엔화의 전비로는 일본 정부 발행 국채를 사도록 하여 일본 정부가 임시 군사비 특별회계에서 지출한 전비를 모두 국고로 환수시킴으로써, 결국 조선은행과 연은의 상호 예탁 방식으로 전비를 조달했다는 것이다. 이 결과로 중·일전쟁 종전 당시 특히 중국 화북(華北)지방 등의 인플레는 일본 본토의 1백30배에 달했으며, 상호 예탁한 금액은 현지 통화로 한다는 규약에 따라 은행간 상호 예탁을 청산한 결과 일본 정부는 12.7톤의 금괴만을 매각하면 됐던 것이다.

천하에 찢어 죽일 놈들이라고 해봤자 시간 낭비다.

003

선하고 약하면 도둑놈한테 당하는 것이다. 집에 힘있는 사람들 있어 봐라. 어디 강도가, 어디 절도가, 어디 좀상인들이 들어와서 행패를 부려. 찍소리 못하고 얼버무리면서 꺼진다. 아예 들어오지도 못한다. 오직 슈퍼맨 의지창조(意志創造)로 강력(强力)한 행동창조자(行動創造者)가 되어야 한다. 필자가 아는 사람도 전쟁 전에 왜놈들이 부동산을 처분하라는 강요에 못 이겨 부동산을 처분하여 소 8백여 마리 값의 돈을 은행에 예탁했는데 전쟁중에는 인출되지 않고 전쟁 후에야 찾았을 때 소 열 마리 값도 못 되어 땅을 치고 울었던 것이다.

히로히토에게 불려간 스기야마 총장의 기록은 전쟁 주범임을 너무나도 확인시키는 히로히토의 명령을 받는다. '남방 작전은 잘 될 것인가? 절대로 이길 수 있는가?' 패색이 짙던 1943년 6월 8일 '무슨 수로든 미군을 정면으로 때려 부술 수는 없는가?' '짐의 명령 없이 한 명의 군사도 움직여서는 안 된다'고 못박았던 부동의 사실이 있건만, 이 히로히토라는 새끼는 끝까지 전쟁 도발의 책임만은 면탈하려 안간힘을 썼다. 역사적 책임을 통감하고 평화의 대로에 나서야만 이웃 나라의 불안과 경계가 없어지고 자기네 국익에도 보탬이 되련만 그 새끼들은 아직도 저 모양이니 저 새끼들을 내 어떻게 씹어 먹어 버릴꼬. 야, 이 쪽발이들아 저기 독일을 봐라. 그들이 언제 역사적 죄책을 부인하던가?

쪽발이 놈들의 죄상은 좀더 거슬러 올라간다. 우리의 국모 명성황후(민비, 1851~1895)가 침실까지 쳐들어온 일본놈들에게 살해됐을 때 구한국을 '빈혈과 미신으로 쓰러질 지경이 된 80세 노파'에 비유한 문헌이 있었다.

004

 군비가 없고 산업이 없고 정치조차도 없었던 구한국이 국제 제국주의의 격랑을 뚫고 자주 독립을 유지한다는 것은 어느 친일파 자식이 비유했듯이 '한강의 보트 타고 태평양을 건너가는 것 같은 공상'이라고 할 만도 했다. 하지만 그런 백척간두(百尺竿頭)에서도 솟아날 구멍이 전무했던 것은 아니었다. 舊韓國이 국제 제국주의의 격랑을 물리칠 수 있었던 기회는 딱 두 번 있었다. 그 두 번의 기회만 선용했다면 식민지로 전락하지도 않았을 뿐더러 잘하면 동양의 강국이 될 수도 있었다.

 그 기회는 언제 우리를 스쳐갔는가? 첫번째는 일본군 경성 수비대가 민비 시해에 가담한 것을 목격한 경성의 외교가에서는 일본 성토의 소리가 높아졌다. 시해 당일인 1895년 10월 8일 오후 3시 30분, 재경(在京) 구미 공사들은 일본 공사관을 방문 움직일 수 없는 목격 증거를 제시하면서 일본군의 만행을 규탄했다.

 뉴욕헤럴드 '코커릴' 특파원은 일본의 악착 같은 송신(送信) 방해를 무릅쓰면서 1895년 10월 12일자 뉴욕헤럴드에 진상 기사를 신게 하였다. 외교적으로 난처하게 된 일본은 참모 본부의 다무라〔田村〕대좌를 파견해서 주한 일본군을 철수시켰을 때의 열강의 반응을 타진하게 하였다. 러시아의 로마노프 외상은 일본군의 철병은 일본 자신을 위한 것이 아니냐면서 철군 후의 조선 치안은 염려할 바 없다고 말했다. 이리하여 일본은 목전의 외교적 불리를 벗어나기 위해서 10월 25일 주한 일본군 철수와 조선에 대한 불간섭 성명을 발표했다.

005

 일본군 철수를 가장 강력히 주장한 나라가 러시아였고 영국・미국・독일 등도 철군에 동조했다. 이런 분위기를 십분 활용해서 구

한국측이 주체적 외교 전략을 폈다면 국제 여론을 등에 업고서 주한 일본군만은 충분히 축출할 수 있었다. 그런데 우리 왕실과 국민들은 무지했고 천치 멍텅구리였었다. 이런 전화 위복의 호기를 이듬해 아관파천(俄館播遷)으로 고종이 러시아 공사관으로의 체통 없는 곁방살이를 시작하면서 뒤죽박죽이 되었다.

참으로 무식하고 무지했던 왕이었고 측근들이었었다. 지금의 국민학교 6학년 정도의 인지만 있었더라도 좋았으련만……. 이렇게 되자 러시아는 체면상 '고무라[小村] — 웨베르' 각서에 일본군 4개 중대의 주둔을 양해하는 대신 아관파천을 묵인받았던 것이다. 반드시 없어져야만 할 사람들과 있으나마나 한 사람들이 쉬파리처럼이나 많았던 궁궐에서 이 나라와 이 민족은 아무런 이해관계도 없이 그저 무·배추같이 절여졌던 것이다. 친일·친로로 갈린 외세 의존의 정권 싸움에서 머저리 구한국(舊韓國)은 당연히 도망치듯 철수 내지 쫓겨갈 일본군을 붙들어 앉혔을 뿐만 아니라 압록강, 두만강 연변의 산림 벌채권을 러시아에 허락했던 것이다. 이것은 부국강병(富國强兵)을 하고도 남을 재원(財源)이었다. '고무라[小村] — 웨베르' 각서는 주한 일본군에 대한 첫번째 국제적 양해이며 이후로 러·일전쟁 때까지의 일본군 주둔의 근거가 되었다.

다음 두번째 기회는 그야말로 '결정적인 기회'였다.

006

"러·일전쟁이 점차 최고조에 달해 가고 있는 이때 전방에 적의 대군을 둔 채 배후에서 조선에 폭동이라도 일어나 보라구, 일본으로서는 정말 눈뜨고 못 볼 판이 될 게 아닌가? 설령 폭동까지는 안 간다 해도 강적을 상대하는 일본군으로서 후방을 걱정하게 된다면 절대로 승산은 없는 법일세." 이 말은 러·일전쟁 때 주한 일본군 참모장 사이토 중좌의 말이다. 1905년 3월 5일 일본은 봉천전투에 이기자마자 전쟁 능력이 바닥이 났다. 봉천의 일본군 25만은 장교가 거의 없는 후비병, 보충병으로 전투력이 엉망이었고 전쟁비 조달도 78% 내외가 공채인지라 한계점에 도달했다.

반면 러시아는 숙련병 1백만 명이 아직 본국에 건재하였다. 일본은 당초의 전쟁 계획인 사할린 전역 및 하르빈 점령을 단념한 채 강화조약을 서둘렀다. 러시아가 여기에 응한 것은 육군 1백만이 부족해서가 아니라 국내의 '혁명소동' 때문이었다. 저하된 사기로 패전을 거듭하다간 국내의 혁명소동이 어떻게 발전할지 모른다고 우려했던 것이다. 이런 배경에서 진행된 강화조약에선 지는 러시아보다 이기는 일본이 더 저자세로 허둥거렸다. 사할린 전역 할양(割讓)은 남반부 할양으로 양보했고 전쟁 배상금도 전액을 포기한 굴욕적 무배상 강화였다. 러·일전쟁에서 일본은 이토록 아슬아슬하게 요행수로 승전을 했다.

이때 봉천전투가 끝날 즈음 조선이 반일 폭동을 일으켰다면 어떻게 됐을까? 경의선·경원선과 일본군 전신선을 파괴하면서 말이다. 일본군 섬멸까지는 안 가도 러시아의 조기(早期) 항복만은 막았고 그 결과 만주에 있는 일본군 25만은 독안의 쥐로 전멸했을 것이다.

007

경의선을 끊어야 하는 건데 망국적 일진회(一進會) 새끼들은 그것을 가설하고 다녔다. 일본이 이길 터이니 일본에 붙어야 산다는 얄팍한 계산 때문이었다. 이 병신 천치 같은 조상이라는 작자들이 얼마나 어리석었는가는 그 후의 역사가 즉시 증명해 주었다. 1905년 9월 5일의 러·일의 강화조약 조인 73일 만인 11월 17일 조선은 망국의 을사5조약을 뒤집어쓰고 말았던 것이다. 남의 힘에 기댄다는 발상이 얼마나 허황한 망상인가를 한말(韓末) 망국의 역사가 이미 증명해 줬다.

기회는 자기 힘으로 운명을 개척하는 자만이 잡을 수 있다. 착하고 순하기만 했던 우리 민족, 강하지 못하면 뒈진다. 강해야 한다. 강해야만 착할 수 있고 순할 수도 있다. 아직도 하늘이나 쳐다보면서 착하기만을 바라는 얼간이가 있다면 빨리 神的인 의지창조 수련으로 눈을 뜨고 가슴과 심장에 불을 뿜어라. 지체하지 말고 無에서 有를 창조해 내는 강력한 의지창조자로서 5천년 만에 행복을 찾고 세계 최고의 민족으로서 세계를 제패하자. 우리의 군대도 최단시일에 세계 최강의 군대로 만드려면 세계에서 최고로 강력한 의지창조 행동의 군대로 강해져야 한다.

06
자기 순환의 大혁명

□ 열과 불을 잘 다루어야 성공한다.
세상은 열과 불이기 때문이다.

001

지구는 표피로부터 50km만 땅속으로 들어가면 내부는 온통 끓는 용암뿐이다. 이 용암은 언제나 얕은 지각 쪽을 찾아서 뿜어져 나오려 한다. 지구가 자전과 공전을 하기에 망정이지, 자전과 공전이 없다면 지구는 스스로의 열을 식힐 수 없어 그냥 파괴되어 버린다. 우리 인간도 활동하지 않게 되면 스스로 파괴된다. 지구 역시 움직임으로써 표피를 단단하게 하고 표피를 식혀서 용암의 분출을 막아 준다.

현재 인류는 지구의 에너지자원이 고갈되면 수소와 태양열을 이용하게 되며, 그리고 땅을 다 파먹고 나면 그때는 지구 중심에 무진장 넘치고 있는 용암을 자원화하여야 한다. 인류는 땅 파먹기 경쟁이다. 땅을 잘 파는 개인이나 국가는 잘 살고 땅을 잘 파지 못하는 국가는 못 산다. 인류가 성하고 망하는 것은 전부가 불이다. 불의 자원을 잘 이용하면 흥하고 그렇지 못하면 불로 망한다. 어떻게 망하는가? 핵무기로 망하던가? 인류가 지구 중심의 용암을 잘못 건드려 이 용암이 사방에서 잘못 분출하면 그 용암은 지구의 표피를 모두 태워 버린다. 지각을 태워 버린 분진과 공해는 곧바로 대기권을 덮어 태양열을 차단하게 되어 지구는 빙하의 덩어리로 변하고 동·식물은 전멸하게 된다.

불은 요인이요, 물은 결과이다.

촛불은 바람이 꺼버리지만 모닥불은 바람이 더욱 일으킨다. 물 역시 작은 물길은 사람이 막지만 큰 물길은 대지와 지구를 덮어 버린다. 불과 물은 상극이다. 불은 불로써 끌 수 없고 물은 물로써 씻을 수 없다.

002

지구의 주인인 인류는 의지창조와 행동을 통해서 서로 간에 상극인 불과 물의 중간에 냄비를 개입시켜 음식물을 만들어 낸다. 온세상 천지에 상극 아닌 것은 하나도 없다. 밤과 낮, +와 -, 홀수와 짝수, 암컷과 수컷, 행복과 불행, 강과 약, 가고 오고 등등 …… 우주의 창조 원리 자체나 지구의 성분 자체나 우리 인체의 성분 자체는 똑 같다. 당신 몸의 불과 물을 당신이 어떻게 잘 조화시켜 표출해 내느냐에 의해서 당신의 흥망성쇠(興亡盛衰)가 결정된다.

지구 자체가 지구를 성패시킬 수 있듯이 당신 몸 자체가 당신을 성패시킬 수 있다. 상극 사이에 냄비 구실을 어떻게 잘 하느냐는 당신의 목적에 달려 있다. 먼저 불부터 정복하자. 지구 중심의 불(용암)을 사용하려면 목적이 커야 한다. 아무리 바보라도 밥을 지어 먹기 위해서 용암을 이용하려 하지는 않을 것이다. 얼마나 커야 하는가? 인류를 위한 목적이 전제되어야 한다. 엄청난 용암 자원을 당신 하나만을 위해서 사용하려 하면 당신은 파탄되고 만다.

당신의 가슴과 심장에서 솟아나는 뜨거운 불길, 창조주께서 당신에게 준 의지라는 불과 열은 너무나도 거대해서, 지구 중심의 용암보다도 더 거대해서 당신 하나에게만 쓰려고 하면 당신은 순식간에 파괴되어 버린다. 당신이 지금도 괴로운 것은 그 때문이다.

인류 전체에게 쏟아 부을 때 인류도 살고 당신은 개평으로 잘 살게 되는 것이다. 세상과 인류에게서 일어나는 온갖 비리와 범죄는 모두 다 자기 혼자서 사용하려는 데서 비롯되는 것이다. 당신 혼자서 지구 중심의 용암을 모두 소화시킬 수 있겠는가?

003

어림도 없다. 당신 몸에서 솟아나오는 열과 불을 왜 당신 하나에게만 맞추는가? 당신이 그렇게 작단 말인가? 당신은 욕심이 그렇게 작단 말인가? 인류 전체에게 쓰라고 크게 준 것을, 큰 욕심을 크게 쓰지 않고, 그 큰 것을 작게, 아주 작게 당신 하나에게만 쓰려 하니 그 열과 불이 당신을 괴롭히고 죽이려 할 수밖에 없는 것이다.

세상이 당신을 괴롭히는 것이 아니다. 또 괴롭힐 수도 없다. 당신이 당신의 열과 불 줄기를 세상으로 향하게 하지 않고 당신에게만 맞추어 놨으니 세상을 밝게 밝힐 그 엄청난 열과 불이 당신을 태울 수밖에 없는 것이다. 그런데 문제는 그렇게 엄청난 자원을 가지고 있는 네가 인류에게 사용은커녕 너 자신에게도 사용하려 하지 않고 있다는 사실이다. 이 바보야, 지구 중심이 뜨거운 용암으로 들끓고 있어서 이것이 잘못 터져 나오게 하지 않기 위해서 지각을 식히는 자전운동을 끊임없이 하는 행동에 의해서 지구가 존재하는 것같이 자동차의 라지에타가 엔진의 열을 식혀 주듯 너도 너의 열이 잘못 터져 나오지 않게 하기 위해서는 행동을 해야 되겠는가, 안 해야 되겠는가? 지구가 자전을 하면서 태양계와 우주에 맞추기 위해 공전까지 하듯이, 너도 스스로의 파괴를 막기 위해 자전도 해야 되지만 인류 전체를 위한 공전도 해야 살 수 있는 것이다.

너의 열과 불은, 전기의 +, -가 너와 인류의 용도에 맞추어 빛으로도 열로도 동력으로도 바뀌듯이, 너의 무한정한 열과 불도 너 자신과 인류를 위해서 학문으로도 정치로도 과학으로도 1차산업으

로도 2차산업으로도 3차산업으로도 스포츠로도 자유 재량껏 쏟아
져 나와야 된다.

004

  너 혼자 있을 때도 계속 발산되어야 하지만 인류 앞에서는 더욱
더 따뜻하게 환하게 또 강력하게 표출되어야 한다. 우주가 쉬고
지구가 쉬는 걸 봤는가? 너의 심장과 너의 호흡이 쉬는 것을 봤는
가? 그걸 네가 보게 될 때 어떻게 하겠는가? 너의 심장과 너의
호흡이 멈출 때까지 너는 계속 발산시켜야 한다. 너와 인류에게는
열과 불이 재산이다. 우리 인간은 언제나 열과 불을 발산하기 위
해서도 행동하지만 불을 끄기 위해서도 행동한다.
  그런데 너라는 열과 불은 스스로 발하지도 않고 또 발하다가도
금방 꺼져 버려. 바람 앞에 촛불 꺼지는 것보다도 더 쉽게 말야.
무슨 불이 그런가? 바람이 불지도 않았는데도 말야. 도대체 그
따위 불이 되어서 무엇하나? 바람이 불어도 안 꺼지고 사람들이
모여들어도 안 꺼지고 오히려 더 기세를 받아서 활활 잘 타야 될
텐데 말야? 누가 꺼뜨리려고 쑤시기라도 했단 말이냐? 바람이라
도 세차게 불었단 말이여? 누가 쑤시고 바람이 분다고 꺼져야 되
겠나? 오히려 더 잘 타야 되겠나? 5천년 간 한번도 제대로 타보
지 못했던 너의 가슴과 심장의 불을 이제부터 필자가 세계 만방을
따뜻하게 비춰 주고 태울 수 있도록 붙여 준다. 절대로 눈치에도
안 꺼지고 쑤셔도 안 꺼지고 바람과 폭풍우가 몰아쳐 와도 안 꺼지
고 오히려 충돌과 공격일수록 더욱 강렬함을 발산하는 세계 최강
의 불을 말야.
  너의 가슴과 심장은 지금도 움직인다. 우리 모두 지금부터 열을
내서 우리 민족 전부를 뜨겁게 하여 5천년의 낡은 껍데기를 태워
버리고 우리를 둘러싸고 있는 4大 열강들을 구워야 우리가 먹을
수 있지 않겠는가? 그냥 날것으로 어떻게 먹겠는가?

005

　가슴과 심장들까지 태워야 그들을 먹을 수 있고, 세계 인류에까지 뜨거운 열과 빛을 발산할 힘이 우리 민족에겐 충분히 있다.
　이 세계에서 4大 열강들을 한꺼번에 움직이고 정복할 자격을 가지고 있는 자는 우리밖에 없다. 4大 열강이 잘 되고 못 되고도 우리에게 달려 있다. 이 일은 유교도 불교도 기독교도 천주교도 회교도 조물주도 어림 없다. 4大 열강들은 옛부터도 그랬고 지금도 하나님 눈치보다도 오직 우리의 눈치만 보고 있다. 우리가 행동하고 불을 뿜어 내면 우리를 감당해 낼 자는 4大 열강 중에 하나도 없다. 그런데 우리는 지금도 무식하고 무지해서 오히려 우리가 4大 열강이나 외부의 눈치들을 보고 있어? 이 병신 천치들이 안 그러면 5천년 간 눈치살이 종들의 노예 아니라고 할까 봐서 그러나?
　김일성이가 아무리 미련한 작자지만 두 번이나 오판해서 망해버릴 멍청이는 아니다. 우리 민족의 10분의 1의 가슴과 심장에라도 창조의 강력한 불을 붙이면 남북통일, 과학, 물질, 세계 제패는 우리가 싫어해도 자동으로 포옹하게 된다.
　왜 우리 민족은 5천년 간이나 헛지랄들을 해봤으면서도 국가와 민족을 위해서는 열과 불을 쏟아 내지 않고 오직 자기 자신만을 위한 극락인가, 영생인가, 지랄인가 하는 따위에만 인생들을 소비하는가? 너희들의 가슴과 심장에 있는 열과 불이 누구 것인데 너 혼자들의 목적에만 맞추려 하는가? 네가 먹고 마시는 음식물과 공기가 현세상의 대한민국 것이 아니고 다른 세상 것이냐? 슈퍼맨이 되어 민족과 국가에게 그만 도둑질하고 국가와 민족을 책임지자.

006

마음의 평안과 육체의 건강, 생활의 행복, 神的인 영구성까지 보장된다. 세계 제패는 개평으로 되고도 말이다.

우리 민족은 모두가 활활 타오르는 모닥불이 되어야 한다. 모닥불이 되어야 활활 타오르고 바람에도 더 잘 타고 쑤셔도 더 잘 탄다. 그런데 우리는 지금까지 모닥불이 되지 못하고 촛불이었었다. 촛불이었기 때문에 스스로도 잘 타지 못하고 흔들렸으며 열도 약했고 조그만 바람에도 사정없이 흔들리거나 또는 꺼져 버렸던 것이다. 너와 우리는 하도 많이 흔들려 봤고 꺼져 봤기 때문에 또 흔들릴 것만 생각하고 또 꺼질 것만 생각하기 때문에 이제까지는 안 됐던 것이다.

너와 우리의 5천년 간의 촛불을 이젠 모닥불로, 전천후 불로 만들어 버리기 위해서 5천년 만에 처음으로 필자가 신적인 의지창조 행동수련을 시키고 있다.

타인과 바람을 겁내는 너의 가슴의 촛불이라는 자체가 필자를 통해서 강력한 전천후 모닥불로 바뀌어야 그 순간부터 꺼진다거나 흔들린다는 의식이나 불안 따위가 영원히 없어지고 활활 타고 번질 것만 알기에 타인들과 바람을 향해 세계를 향해 강력하게 돌진하게 된다.

너와 우리 민족은 하도 많이 당해 봤기에 어디에서든 흔들리지 않아야 되고 어디에서든 더 잘 타야 된다는 것을 너무나도 잘 안다. 그래서 지금까지 당했던 것이 그 반대로 정복하는 재산이 된 것이다. 당해 본 자에게만 특별히 주어진 광범위한 자유 재량 창조성이다.

너는 이젠 영원히 꺼지지 않는 너의 가슴과 심장의 열과 불로써 너에게 맡겨진 이 지구라는 황무지를 옥토로 만들기 위해서 마음껏 줄기차게 뿜어 내서 잡초와 세균들을 태워 나가야 한다.

007

　너의 몸의 잡초와 세균들을 태우는 너의 행동은 사정없이 강해야 한다. 너의 행동이 약하면 세상이 너를 비웃기에 앞서 네가 먼저 너를 비웃게 되어 너는 쓰러지고 만다. 너를 이기고 너를 태워서 세상으로 열과 불길을 돌리는 과정에 어찌 바람과 저항이 없겠는가? 어찌 쌀쌀한 바람, 훈훈한 바람이 없겠는가? 어찌 휘몰아치는 바람과 강력한 바람이 없겠는가? 어찌 태풍이 없겠으며 폭발적인 바람이 없겠는가?
　의지창조 행동을 하는 자에겐 세상으로부터 오는 요인이 있기 전에 네가 전개시켜 나간다는 것 자체가 문제를 만드는 것이다. 오는 것만 받아서 해결하는 존재자의 삶을 살려고 네가 나온 것 아니다. 네가 역할을 창조해 가는 조물주 대행자이다. 너의 몸은 용암이 끓고 있는 지구요, 너의 입은 이 민족과 세계에 열과 불을 뿜어 내는 화구이다. 너는 이젠 그 몸과 그 입으로 누구에게도 손 벌리지 않고 우리의 국가와 너의 세계를 창조해 가야 하는 것이다. 그래서 이 땅과 이 세계는 살기 좋고 아름다운 옥토요 세상이 되는 것이다. 일반적으로 청년과 학생이 주장하는 내용은 옳지 않다. 이들은 모두가 자기들 가슴과 심장의 열과 불로써 자신들을 태워서 포용했거나 정복했거나 창조한 과정과 실적이 없는 햇병아리들이기 때문이다. 단순한 자기들 思考의 노예들일 뿐이다. 그러나 그것을 주장한다는 것 자체는 옳다. 방법이 빗나가니까 어리석지만……. 神的인 슈퍼맨수련으로 의지창조를 해서 의식 정복부터 해야 한다.

07
자기 폭발의 大혁명

001

　인체는 거의 물로 되어 있다. 열과 불을 잘 다루는 자는 물도 잘 다루어야 한다. 극과 극을 상생으로 조화시키지 못하는 자는 살아갈 자격이 없다. 물과 불을 조화시켜서 인간이 사용하듯이 극과 극을 자연스럽게 포용해야 한다. 열과 불을 잘 다루는 대장장이는 물도 잘 다룬다. 철을 생산하는 제철공장 역시 물을 잘 다룬다. 극이 필요한 곳에는 반드시 반대의 극도 존재하고 또 양극끼리는 반드시 조화를 이루어야 창조가 있게 된다. 남자와 여자도 반드시 양극의 행동조화를 거쳐야만 인간 탄생의 창조가 있다.
　동물도 식물도 대자연도 물질도 학문도 과학도 경제도 전기도 수학도 모두 다 양극의 조화를 거쳐 생산되고 창조되며, 인류는 더 많은 생산과 창조를 요구한다. 너라는 인체 자체도 양극에 조물주의 의지까지 결합된 지상 최대의 걸작 창조물이다.
　인간이 양극을 결합하여 어떤 물건을 만드는 것도 반드시 용도가 있다. 그 용도란 너와 타인에게, 인류에게 편의를 제공하기 위한 용도이다. 목적과 용도가 없이 되어진 것은 이 세상에 하나도 없다. 인류가 만드는 물건도 이러할진대 하물며 지상 최대의 걸작 창조물인 너에게야말로 조물주의 얼마나 많은 목적과 용도의 필요성이 있겠는지 짐작이 간다.
　지금 이 시간도 너는 목적을 성취시켜야 하고 용도를 이루어 내야 한다. 그렇게 하도록 하기 위해서 지금도 너의 가슴과 심장은 뜨겁게 들끓고 있으며 너는 먹고 마시고 있다. 식물도 물을 먹으면 자기가 먹은 것보다 더 많이 세상에다 내어 놓는다.

002

아궁이도 연료를 먹으면 그 이상의 대가를 인류와 세상에다 내어 놓는다. 가축도 사람이 먹여 주니까 사람에게 받은 것 이상으로 되돌려 줄 줄 알고 나중에는 자기 몸까지 다 내어 준다. TV도 사람이 주는 것 이상으로 사람에게 보여주고 전화기도 돈을 주는 것만큼 사용할 수가 있다. 이와 같이 동물도 식물도 곤충도 자연도 문명의 이기도 모조리다. 자기가 받은 것 이상으로 내어 줄 줄 알거든, 창조주의 대행자인 너는 부모, 형제, 자매와 이웃과 국가와 민족과 인류에게 얼마나 내어 놓았는가? 뭐? 받아먹기만 하고 내어 놓지는 않는다고? 너는 환자도 아니고 고장난 공중전화도 아니잖아……. 왜 받아먹기만 하고 내놓지는 않는가? 너 이따위 도적질 하려고 지구에 왔고, 이 나라 이 땅에 왔는가? 이 도둑놈들아! 이 도둑년아! 너는 받아먹는 만큼 내어 놓는 식물이나 동물이나 곤충이나 물건도 아니잖아? 우주 최대의 영장으로서 받은 것만큼이 아니라 한 차원 이상의 창조까지 해내야 할 창조자인데 받아먹은 것만큼도 내놓지 않았어?

임마! 너처럼 되면 조물주나 지구나 이 나라나 너의 부모, 형제, 자매나 직장은 손해를 봐서 되겠나? 조물주가 뭐라 했나? '일하기 싫거든 먹지도 말라' 했으니 열과 불과 물을 창조적으로 뿜어 내지 않으려거든 뒈져야 하잖아! 너 뒈질래? 이제부터라도 뿜어 낼래? 부모들 등골까지 빼먹고 실업자까지 되어 버려! 이 자식, 순전히 날강도 아냐? 임마, 네 思考에 맞는 일자리가 이 세상에 어딨어? 임마, 너에게 맞는 것 그것이 창조냐? 그건 예속이다.

003

너 누구에게 예속되려고 태어났나? 네가 창조하는 거야! 인류에게 도움이 될 업종을 네가 개발해서 열과 불과 물(피땀, 눈물)을 흘려서 네가 보람을 느끼고 인류에게 도움이 될 때까지의 과정을 네가 포용하고, 자꾸만 포기하고 집어치우라는 너의 사고에 네가 도전하고 도전해서 결국은 너 스스로가 창조를 확인하는 거야.
 너에게 주어진 이 세상을 너의 열과 불로써 태웠으면 이젠 물을 뿌려야 옥토로 바뀐다. 황무지로 지냈던 너의 몸과 이 세상이 이젠 옥토로 바뀌어야 하니 너와 이 세상엔 반드시 물이 필요하다. 너의 몸이 거의 물의 덩어리면서도 또 물이 가장 많이 필요한 이유는 뭐냐? 그만치 이 세상과 너의 몸은 물을 많이 필요로 하기 때문이다. 그래서 너의 몸은 이 나라와 이 세상을 적실 우물이요, 너의 입은 우물을 뿜어 내는 수동 펌프이다.
 너는 지금까지 우물 역할과 펌프 역할을 했었는가, 썩고 있었는가? 우물을 퍼내지 않으면 어떻게 되는가? 우물이 썩으면 우물과 너의 집에서 악취가 나나, 안 나나? 썩은 우물은 사용하지도 못하지만 그 악취는 2차, 3차의 피해를 준다. 네가 썩으니까 네가 너를 좋아할 수 있던가? 주위에서 너를 좋아하던가? 주위와 세상이 좋던가? 너도 싫지만 세상에서 너를 싫어하는 이유는 너와 우물과 펌프가 썩었고 또 썩고 있기 때문이다. 썩은 우물을 썩지 않게 하려면 어떻게 해야 하나? 이유없이 퍼내야 한다. 아무리 팍팍 썩은 우물도 퍼내 버리면 깨끗해진다. 다시는 썩지 않게 하려면 계속 퍼내야 한다. 우물은 퍼내면 퍼낼수록 깨끗해지고 또 잘 나온다.

004

 우물을 아끼려고 안 퍼내고 다른 물까지 가져다 붓는 인생들이 이 땅에 얼마나 많은가? 우물을 안 퍼내서 자기가 썩어 버리는 정치인, 경제인, 학자, 사업가, 학생들, 국민들이 얼마나 많은가? 병으로, 경제적으로, 실력으로, 대인 관계 등 기타 관계로 썩어 버리는 인생들이 얼마나 많은가? 의식까지, 심리까지, 성격까지 팍팍팍 썩어 버린 이 고물들아! 너의 우물을 퍼낼 테냐, 더 안 퍼내고 팍팍 더 썩어 버릴 테야?

우물을 퍼내려면 행동이 있어야겠나, 행동 없이 되겠는가? 명심하기 바란다. 악취 나는 쓰레기는 치워 버리면 금방 깨끗해진다. 악취 나는 자기 몸, 썩어 있는 자기 사고, 깨끗하게 한다고 죽여 버릴 수는 없다. 몇 년, 몇십 년 간 썩었던 자기를 퍼내는데 악취가 나겠는가, 안 나겠는가? 오랜만에 강력하게 퍼내는데 편하겠는가, 편하지 않겠는가? 자신 있는 창조자가 되려면 자신을 괴롭혀라. 가장 자신 있는 인간이 되려면 가장 강력하게 자기를 괴롭혀라. 자기를 최고로 괴롭히는 자는 최고로 행복하다.

우물을 퍼내는 목적을 어디에다 두겠는가? 너만을 위해서냐, 인류를 위해서냐? 너만을 위해서일 때는 그 우물을 네가 다 소화시키지 못하니 또 썩는다. 이 세상 어디에서나 자기 하나만을 위할 때는 필연적으로 자기를 배신하게 되어 있고 또 썩게 되어 있다.

대한민국과 세상을 다 적시고도 남을 만치 커다란 너라는 우물을 인류에게 뿜어 내지 않고 너 하나만을 위한다고 할 때 그 커다란 우물이 너를 가만 놔두겠는가? 너의 우물(뇌)이 너를 죽여 버린다.

005

너는 오늘부터 너 자신이 썩지 않기 위해서도 우물을 퍼내야 한다. 퍼낸다고 해서 줄어지는 건 아니다. 지하수 물맥은 우리의 神的인 의지와 같이 끊임없이 흘러나온다.

의지는 아무리 써먹어도 지치지도 약해지지도 않는다. 줄기차게 강해질 뿐이다. 문제는 너의 의식(뇌)이다. 너의 머릿속의 뇌가 모두 다 우물물이다. 이 우물물이 너와 이웃과 세상 인류에게 필요하니 평생 동안 퍼내서 뿌려 주어야 한다.
 인류에게, 메마른 세상에게 너의 우물을 뿌려 적신다고 해서 그들에게 기대를 걸지는 말라. 기대를 거는 것은 사탄들이지 신적인 창조자는 퍼내는 바로 그 자체가 본분이고 보람이고 봉사인 것이다. 세상과 인류에게 기대를 걸면 기대를 거는 너 자신이 이미 배신한 것이다. 기대는 思考이지 의지가 아니다. 의지는 평생 대가라는 것이 필요치 않다. 세상에다 열심히 자기 우물 퍼내는 사람이 몸이 약한 걸 봤나? 아무리 약한 사람도 바라기 때문에 약한 것이지 세상에다 퍼내면 신적인 창조행동이기 때문에 금세 건강해진다.
 너는 지금까지 네가 먹을 줄만 알았지 퍼서 이웃과 인류에게 줄 줄은 몰랐었다. 또 퍼내는 행동을 하지 않았다. 그러니 네가 썩지 않고 배길 수 있겠는가? 인류는 언제나 퍼담으려고 하고 받으려고만 하지 퍼내거나 내놓으려고는 하지 않아서 언제나 개인 문제, 가정 문제, 종교 문제, 직장 문제, 사회 문제, 사랑 문제, 정치 문제, 노사 문제, 학원 문제 등이 생긴다. 전부 다 안 퍼내고 퍼담으려고만 하기 때문에 2중, 3중으로 썩어서 생기는 일이다. 왜들 그렇게 썩기를 바라나?

006

 나올 때 빈손으로 나왔고 갈 때도 빈손으로 가는데 왜 사는 동안은 안 퍼내려고 해서 모조리 싹쓸이로 썩히는가?
 필자도 과거에는 퍼내지 않고 퍼담으려고만 하다 보니 세계를 모조리 적시고도 남을 필자의 우물(뇌)을 썩히면서 부모, 형제, 자매와 국가와 민족까지 원망하면서 죽을 고비를 이루 헤아릴 수 없이 많이 겪었다. 그러나 퍼내는 행동을 창조주의 속성 그대로 하다 보니 필자의 몸과 입은 쉴 틈이 없다. 바쁜 꿀벌은 슬퍼할 틈이 없다는데 꿀벌보다도 더 바쁜 몸이 되었다. 자랑이 아니라 지구 역사 이후에 가장 바쁘고 또 가장 건강하다.

조물주에게까지 우리가 살고 있는 이 지구 하나쯤은 필자에게 맡기고 조물주께서는 지구에 관여하지 말고 편안히 쉬라고 강력하게 다짐해 두었다. 자식은 부모를 편안하게 해드려야 한다. 창조자는 창조주를 편안하게 해드리되 자연스럽게 해야 한다.

퍼담지 않고 퍼내서 주는 자만이 神的인 창조자가 된다. 세상에서 인생 문제, 심리 문제, 건강 문제 등 기타 문제들이 왜 생기나? 전부 다 퍼담으려는 데서 생긴다. 향락산업 따위와 술, 담배, 환각제, 히로뽕, 노름, 마약 기타 등등에 매달리는 자들이 퍼내는 자들인가, 퍼담는 자들인가? 위와 같이 퍼담는 자들 치고 안 시달리는 자들 있겠는가? 공부도, 연구도, 사업도, 정치도 퍼담지 말고 퍼내면서 해봐라. 전부 다 성공하게 되고 머리도 기가 막히게 좋아진다. 이 세상 어디에 가든, 학교나 일터나 교회당이나 사람이 살고 모이는 곳은 어디를 가든 전부 다 퍼담는 짓들뿐이다. 그래서 무지하고 무식한 인류는 어데서나 고통과 자기 회의에 빠진다.

이 세계에서 퍼담지 않고 퍼내는 신적인 창조수련은 세계 역사에 필자 수련밖에 없다. 퍼담으려니까 고통과 무지 속에 빠지지만 퍼내는 창조수련에서는 수확이 상상을 초월하게 된다. 이 나라의 지도자에서부터 학생들까지 가능한 대로 가족 동반하여 동양의 최고 온천 호텔에서 인생의 보람과 최고 행복과 성공과 건강을 보장받는 신적인 창조성(創造性)을 직접 몸으로 확인하기 바란다.

08
공격의 大혁명

001

공격이란 언제나 모험이다. 공격을 思考에 맞추어서 성공하기는 어렵다. 공격을 할 때 제일 무서운 것은 상대방이 아니다. 바로 자기의 思考이다. 공격은 언제나 무조건적 공격이라야 한다. '적을 알고 나를 알면 백전백승'이라고 말한 우리 선조들과 손자병법과 육도삼략은 확실히 무지할 수밖에 없다. 평생 남의 종살이하기 좋아하는 자들이나 신봉하기 좋은 소리일 뿐이다. '약질이 살인한다'는 말이 있다. 미꾸라지 한 마리는 온 연못을 뒤집어 버린다. 수직관계에서 강자가 약자에게 겁을 주고 공갈·협박을 해서 '알아서 기어'라는 무지로 예속하기 좋은 思考이다.

행동의지 창조같이 다양하고 예측이 어려운 것은 없다. 의지창조자는 자기가 자기의 행동 결과도 예측하기 불가능하다. 약한 자는 항상 약하고 강한 자는 항상 강한가? 그렇게 되어 있는가? 천만에다. 중국은 처음부터 저렇게 컸었나? 중국도 처음에는 작은 놈에서부터 시작하여 불어난 것이다. 소련이 처음부터 저렇게 컸었나? 미국이 처음부터 저렇게 컸었나? 적을 알게 되면, 즉 작은 놈이 큰 놈을 알게 되면 어떻게 공격할 수 있으며 어떻게 커질 수 있겠는가? 안다는 것은 사고로써 파탄일 뿐이다. 굼벵이나 지렁이가 세상을 알아야 할 필요성이 뭐가 있겠는가? 현재 위치에서 뒹굴고 몸부림쳐서 자기 영역을 넓혀 가는 것이다.

인간들은 너무나 무식하고 무지해서 알려고 하다가 인생을 다 망친다. 많이 안다는 것은 아무것도 모르는 것과 같다. 그러나 행동하는 자는 모든 것을 모조리 아는 자보다도 훨씬 더 위대하다.

002

　독일이, 일본이 세계를 알았으면 전쟁할 수 있었겠나? 미국도 소련도 처음엔 작은 조각에서부터 무조건 행동과 공격으로 커지게 됐던 것이다. 대재벌과 大상사도 처음에는 조그만 사업체나 구멍가게부터 시작하여 불어난 것이다.

　숫자가 작고 영토가 작다고 해서 항상 작은 생활, 작은 행동만 하게 되어 있겠는가? 병균이 번식할 때 처음부터 무더기였는가? 세균은 한 마리부터 시작하여 온 지역을 덮어 버린다. 일파만파로 번져 가고 잠식해 가는 행동 앞에 정복 안 될 것은 이 세상에 없다.

　인생은 생각이나 연습이 아니다. 링 위의 복서가 상대방이 자기 때리기 좋은 자세를 취해 주겠는가? 상대방이 아무리 빈틈 없는 자세라 할지라도 빈틈이 생길 때까지 기다려야겠는가, 행동으로 빈틈을 만들어야겠는가? 너의 의지창조 행동으로 빈틈과 약점을 만들고 무조건적 공격을 하다 보면 연타 강타가 누적되다가 어느 때에 가서는 결정타가 되어 버려 K.O시키게 되는 것이다.

　네가 어린애로 태어났을 때 옆사람 사정 봐주면서 울었나? 어머니와 옆사람 사정 봐주면서 몸부림쳤었나? 너에게 맡겨진 이 세상은 너무나도 크고 넓어서 너는 너의 사고에 구애받지 말고 태어났을 때보다도 더 강력하게 너의 입과 동작은 발광을 해야 한다. 상대를 생각하고 강자를 의식하고 강국(强國)을 의식하면, 즉 적을 알면 공격할 동작이 나오겠나? 무조건적 공격 앞에 먼저 치명상을 입거나 먼저 돼지면 强者, 弱者가 따로 없이 승패가 결정되는 것이다.

　창조 행동이 모든 것을 만들어 주고 확인하게 해주는 것이다.

003

　우리 조상들은 5천년 간 무식과 무지로는 이 세계에서 가장 뛰어나서 창조 행동은 전혀 엄두도 못 내고 상대방의 큰 것만 인정하고, 공자·맹자라는 작자들 발바닥까지라도 핥는 작자들이니 공격할 수도 없었지만 안 바칠 수도 없어서 '그저 다 드릴 터이니 살려만 주오' 했던 것이다.
　죽음을 각오하고 인정사정 없이 무차별 공격을 하면 아무리 강자라도 당하게 되어 있고, 아무리 강자, 아무리 強國이라도 목숨 걸고 대드는 자에겐 치명상을 입게 마련인 것이다. 한번 야무지게 피를 보면 다음에는 작다고 섣불리 얕볼 수 없는 것이다. '저 새끼 작아도 건드리면 똑같이 피를 보게 된다'라는 말을 우리는 주위에서 자주 듣는다. 국가간에도 마찬가지다. 고양이에게 쫓기던 쥐가 막다른 골목에 부딪쳐 뒷덜미를 물려 죽는 광경을 너는 봤을 것이다.
　또 네가 싸우거나 장난치던 중 도망가다가 뒷덜미를 잡혀서 꼼짝을 못했거나 그런 모습을 본 경험이 있을 것이다. 그때 너의 뒷덜미를 잡은 놈은 더욱더 의기양양하고 잡힌 자는 더욱 기가 죽는다. 그러나 이젠 도망치지 말라. 왜 쫓기나? 도망치더라도 '에라, 쫓기다 잡힐 바엔 공격하자' 하면서 딱 돌아서서 상대를 노려보라. 기세 등등해서 쫓던 자는 의아해서 멈춘다. 노려볼 필요도 없다. 크든 작든 공격하는 거다. 너는 항상 도망쳤고 또 항상 너의 뒷덜미를 잡았던 자에게 네가 한 번만이라도 정면 공격을 해봐라. 강력하게 해봐. 평생 비참하게 살 바엔 조금 덜 살더라도 목숨을 걸어 보란 말이다. 결과는 너의 사고와는 다름을 곧 확인하게 된다. 그러면 다음부터는 섣불리 목덜미를 잡거나 얕보지 못하게 된다.

004

 강자, 약자란 것은 행동 문제이지 숫자 문제나 덩치 문제는 아닙니다.

 고양이에게 쫓기던 쥐가 만일 필자의 意志創造修鍊을 받았더라면 절대 고양이에게 도전한다. 기왕에 잡힐 바엔 고양이를 공격하여 치명상을 입힌다. 가장 비참한 상황이 가장 강해질 기회인 것이다. 잘하면 쥐가 고양이를 죽일 수도 있다. 쥐에게 치명상을 입은 고양이가 다음에 쥐를 섣불리 공격할 수 있겠나? 대답하라! 조상들같이 비겁하고 비참한 모습으로 주위 눈치 보지 말고 크게 대답해 보라. 세계를 제패할 네가 조상들에게 영향 받을 것은 하나도 없다. 모조리 창조해서 조상들에게 영광 돌릴 것만 많이 있다.

 너라고 대한민국과 세계에서 최강자가 되지 말란 법이 어디 있겠는가? 일본놈들이라고 우리에게 싹쓸이로 짓밟히지 말란 법은 없다. 중국이라고 소련이라고 미국이라고 우리에게 먹히지 말란 법은 없다. 2천년 초에 우리 당대로 하여금 세계를 제패할 의지창조수련에는 우리 선조들의 思考 따윈 추호도 통하지 않는다. 행동하지 않은 추상적 판단 역시 0.001%도 통하지 않는다. 하루에 정확한 20시간의 의지창조수련 중 필자의 허락 없이 단 1분이라도 수련을 거부할 시에는 필자 아버지 신분이라도, 설사 대통령 신분이라도 가차없이 퇴교시켜 버린다. 필자가 퇴교시킨 숫자는 손가락을 꼽을 정도지만 그 중 몇 명은 나중에 재수련을 받고 기뻐 날뛰면서 돌아갔다. 한 명 때문에 제한된 일정의 수많은 현대인들을 추호도 소홀히 대할 수 없다.

 세상적 차원인 빽이나 치맛바람이나 촌지 따위는 필자에게 통하지 않는다.

005

지구가 바늘귀로 나가지 않는 한 수련자들과 차 한잔 같이 마실 시간조차 없다. 사무실에서는 서로 간에 책임 있는 성의와 의무 이행을 위해, 또 워낙 바쁜 관계로 상담료를 받는다. 별것 아닌 점(占)이나 사주, 관상 따위의 말 몇 마디 듣는 데도 보통 5천 원 내지 1만 원씩 내는 것과 필자의 강사료와 비교하면 파격적으로 적은 액수이다.

역학에서 지껄이는 말들을 듣고 자기 인생을 오해하는 사람들은 필히 意志創造修鍊을 받아라. 역학이라는 사고로 타인의 평생 의지창조력을 파괴하여 개인과 가정, 사회와 국가와 민족에 끼치는 악은 실로 방대하다. 필자가 선조들의 思考의 수직성 예속을 파괴하기 위함과 또 거짓말을 안 하려고 철학관을 안 차렸지만 우리 민족이 지금까지 비참했던 요인 중의 하나로서 역학이라는 미신도 포함된다.(《動》註)

의식을 정복하여 의지창조 행동가가 되지 않는 한 인류는 역학의 미신에 현혹되어 자기 인생을 상실하기 일쑤다. 또 창조의지와 투지력을 미신적 사고에 맞추어 합리화시키는 것이 역학이다. 실로 엄청난 인생 피해요 희생인 것이다. 미신 따위를 귀로 들었다 해서 사고에서 흥미거리는 될지 몰라도 자기를 움직이는 의지가 될 수는 없다. 또 지혜가 되는 것도 아니다.

의지는 눈과 귀로 强해지는 것이 아니다. 반드시 목적이 있고, 또 피땀이 병행되어야 한다. 습관이란 절대 사고나 철학의 인식 없이 되는 것이다. 자기의 사주나 궁합 문제나 음양오행설에 회의가 있는 인류는 필자를 통해 의지창조자가 되면 미신을 초월하는 행복한 인생으로 전환된다.

006

 우리 민족사에서 비관주의 범인 중의 범인은 무지한 역학의 미신이었다. 사고란 지식까지는 될 수 있지만 의지와는 전혀 별개다. 우리는 창조자 입장에서 더 정확하게 행동으로 확인할 필요가 있다.
 행동이란 재능이 할 수 없는 것도 하게 된다. 행동이란 지능과는 별개의 것이다. 술, 아편, 도박, 습관, 기술, 사업 등등이 행동에 의한 역량인데 행동 없는 역량이 있겠는가?
 가장 빨리 이해하고 가장 빨리 능력을 갖기 위해서는 행동이다. 왜일까? 그것은 가장 빨리 확인되기 때문이다. 그런데 의지창조 행동이라는 신적 차원이 너로부터 발휘될 때 너의 인생이 얼마나 빨리 바뀌겠는가? 필자는 목숨 걸고 우리 민족 모두가 의지창조 행동가로 대비약할 행동과학적 차원을 슈퍼맨수련을 통해 구현시키겠다.

09
인식(認識)변환의 大혁명

001

40여 년 전에 김송원옹이라는 역술인이 있었다. 이미 타계했지만 본인의 말로는 계룡산과 서울의 삼각산에서만도 38년을 역학 연구만 했다고 한다. 참으로 시간 낭비 많이 했다. "38년 간 농사를 짓든가 머슴살이 할 곳도 없었냐?"는 필자의 질문에 젊어서 우연히 거리에서 사주를 본 것이 계기가 되어 평생을 사주(四柱)쟁이로 살게 됐다는 것이었다. 김옹이 70세가 거의 됐을 때 가정에 문제가 생겨서 김옹께서는 다시는 四柱를 보지 않겠다면서 간판도 떼고 책 몇 권도 불태우는 것을 확인할 수 있었다.

김옹은 무료하게 지내던 어느 날 장터에 나가 벼루를 하나 샀다. 자기 버릇 개 못 주듯 김옹은 벼루를 사면서 벼루 장사꾼에게 벼루를 만든 날짜와 시각을 물었다. 사람 방식으로 벼루의 四柱八字를 짚어 보니 김옹 자신의 죽을 날짜는커녕 죽는 해도 못 맞춘 김옹이건만 벼루가 운명할 날짜와 시각은 벼루를 구입한 2일 후 오후 2시경이었다. 그래서 김옹은 이틀 후 자기가 사온 벼루의 운명만큼은 하늘이 무너지는 한이 있더라도 기어이 지켜보기로 하고서 이틀이 지나자 오전부터 그 벼루를 자기 방의 천장에다 매달아 놓고서는 아무도 자기 방에 들어오지 못하게 했다. 오전부터 천장에 매달린 벼루만 지켜보기 시작했다. 지켜보는 시간이 두어 시간 지나서 12시가 되었다. 친구가 찾아왔다는 전갈이 왔지만 그냥 돌려보냈다. 친척이 찾아왔어도 얼굴도 내밀지 않은 채 거짓말을 시켜 돌려보냈다.

점심 시간이 되었다. 부인께서는 평소 시간에 맞추어 상을 차렸다. "영감! 진지 드시죠" 했다. 그러나 김옹은 점심을 먹다 보면 벼루를 응시할 수 없기 때문에 조금 있다가 먹겠다고 소리쳤다.

002

부인은 밥상을 빨리 치워야만 다른 일을 할 수 있는데 왜 아무 일도 안 하면서 친구도 만나지 않고 친척도 만나지 않고 점심도 안 드시냐면서 투덜댔다. 40여 분 뒤 국을 다시 데워 밥상 들어간다고 밖에서 부인이 소리쳤다. 그러나 김옹은 이번에도 조금 있다 먹겠다면서 벼루에서는 눈을 떼지 않았다. 부인은 화가 치밀었다. 아무것도 안 하는 남편이 방안에서 아무도 들어오지 못하게 하면서 소리만 지르는 행동이 도대체 수상했다. 할 일 없는 남편 때문에 부엌에서 몇 시간이고 기다릴 수만은 없었던 부인은 문을 열려고 잡아당겼으나 문은 잠겨 있었다. 부인은 남편이 더욱 수상쩍어 소리소리 질러 문을 열도록 했다.

방안을 둘러보면서 부인은 남편에게 "어서 밥과 국이 식어 버리기 전에 드시우" 했다. 남편의 꼴은 가관이었다. 방안 천장에다 받침대를 만들어 늘어뜨려 놓고서 그 위에 올려놓은 벼루만을 응시하느라고 남편은 부인 따위를 쳐다보지도 않으면서 나가라고 호통만 치는 것이었다.

부인은 방 밖으로 쫓겨나와서도 방에다 대고 연신 바가지를 긁었다. "영감, 웬 망령이시우. 벼루가 뭔데 아침나절부터 사람들까지 그렇게 박대할 정도로 벼루가 좋소?" 했다. 부인은 또 한참 뒤에 "영감, 진지 드시우" 했다. "아니 조금 더 있다 먹을께."

이젠 드디어 부인이 화가 나서 참을 수가 없었다. 아침부터 저놈의 벼루 때문에 남편의 혼이 빠진 모양인데 벼루를 그냥 놔둘 수 없었다.

003

 별것도 아닌 벼루 때문에 사람들까지 이렇게 박대하는 남편의 행동을 포용하기가 어려웠다. 그것도 하릴없이 놀면서 그러는 데야. 부인은 방문을 활짝 열어젖히고 들어와서 남편을 응시했다. 그러나 남편은 여전히 자기 따위에게는 눈도 돌리지 않고 벼루만 응시하고 있었다. 완전히 넋나간 꼴이었다. 부인은 천장에 매달린 벼루를 대뜸 집어들어서 남편이 말릴 사이도 없이 문 밖으로 던져 버렸다. 벼루는 산산조각이 나버렸다. 이때의 시간이 오후 두 시경이었다.
 독자들은 이 이야기에서 역술이란 것이 얼마나 하릴없는 사람들의 思考에서의 소일거리인가를 확인할 수 있을 것이다. 도대체 이 벼루가 깨진 날짜와 시각을 누가 만들었으며 또 벼루가 깨지도록 만든 것은 누구인가? 벼루의 입장에서 본다면 무지하고 건방지기 짝이 없는 인간들 사고의 짓인 것이다.
 얼마나 자기 인생들 전부를 미리 예측한 사고의 노예들인지, 생활에서 조금만 이상이 있어도 액땜했다. "그것이 액땜이었어", "아냐 아냐, 몇 시간 전 일이 액땜이었어." 도대체 이런 인간들이 밥 먹고 살 이유가 있나? 이런 개만도 못한 인간들이 어떻게 역사 창조의 주역이 되겠는가? 지금은 손톱만큼이나 깨우친 시대지만 얼마 전까지만 해도 대궐의 정치에서부터 국민 생활 전반에 걸쳐 역술이라는 미신이 판을 쳤었다. 이런 동물보다도 훨씬 못한 생활로 이조 5백년을 보냈다는 기적 같은 사실은 아니, 5천년이 이어져 왔다는 것은 기적 중의 기적이다. 3천년은 신화이지만.
 너는 이 초인수련을 통해서 현대문명을 초월하는 세계 최강의 창조자가 되지 않을 수 없다.

004

神的인 너의 발판을 철저하게 행동으로 확인할 필요가 있다. 민족과 국가를 너가 책임지려면 너는 반드시 행동으로 의지창조력을 끊임없이 발산해야 한다.

옛부터 의타심 많기로 세계에서 첫번째였던 우리 민족의 고질성은 천재적이었음까지도 증명하겠다. 미신을 많이 믿기로 유명한 것은 이미 드러났고, 살아 생전에도 일을 아예 안 했지만 하인들 등골 빠지게 부려 먹고 살다가 자기 죽고 나면 후손들도 자기처럼 놀고 먹다 죽으라고 교육시켰으며, 조상들과 자기 묏자리와 관까지 살아 생전에 준비해 두었었다. 그래, 이렇게 해서 복을 많이 받아 우리 민족이 5천년 간 강국으로 잘 먹고 잘 살고 외침(外侵) 없이 민족과 후손들에게 공헌을 했던가?

복을 창조를 해야지 복이 물건인 줄 알고 바라는 우리 민족의 무지와 무식이 아직도 판을 치고 있다. 네가 창조하지 않은 복을 이 세상 어떤 자가 줄 수 있고 또 주는 자가 있다면 그자 역시 또 얼마나 파탄적 인생인가?

국민들은 초근목피도 못 먹고 보릿고개 전에 굶어 죽어갈 때, 궁궐에까지 미신 왕초들을 모셔 놓고 칙사대접하면서 전국의 명산 대찰마다 막대한 복채를 국고금에서 물쓰듯이 지출했던 족속들과 그런 따위의 궁궐이 한날이라도 편했거나 불쌍한 백성들을 위해 올바른 정치를 한번이라도 했었던가?

우리 민족이 이렇게라도 명맥을 이어온 것은 그래도 이 나라의 업어 주고 안아 주어야 할 상놈(속칭)들과 여성들 덕분이었다. 필자도 양반 성씨 축에 들어서 더욱더 못돼먹은 후손임을 자인한다.

005

필자가 조상들을 욕한다고 판단하는 자가 있다면 그런 자들이야

말로 조국과 민족을 또 팔아 먹고도 남을 아가리 찢어 버릴 자들이다.(《動》註)

요즘 몇몇 대학에서 양반·상놈에 대하여 고증한 논문들이 나오고 있는데 교수들의 연구비가 아깝다. 똑똑히 확인하라. 왜 양반이냐? 신분과 지위가 높다고 해서 양반이었다는 말은 모조리 개나발이고, 불쌍한 백성들을 착취해서 빌어먹을 놈의 대국이라는 새끼들 눈치보면서 비위 맞추려니까 양다리 걸치기에 능할 수밖에 없었다. 즉 역사와 민족을 망쳐 먹은 자들이 둘 양자(字) 양반(兩班)들이었다. 왕족을 포함한 이들 양반들은 행동도 없었고 책임도 지지 않았으며 물질 소비는 더 많이 하면서도 일하고 생산하는 상놈들을 괴롭혔던 것이다.

왜 상놈이냐? 신분이 가장 낮은 계급이었다는 것 역시 엉터리이고 이들이야말로 정말로 애국자들로서 양다리 걸친 자들과 외적들이고 간에 가리지 않고 손님 모시듯이 대하면서 벌어 먹여 살려 냈던 세계적인 애국자들이었다. 오직 이 상놈들과 여자들만이 이 나라와 이 민족을 위해 처음부터 끝까지 행동해 준 애국자들이었다.

을지문덕, 강감찬, 세종대왕, 이순신 등등 그리고 10만 양병을 부르짖었던 선현들이 없었던 것은 아니었으나, 어느 누구 한 사람 외적을 우리의 국토 밖에서 막아 내거나 우리 국토에 쳐들어오지 못하게 미리 막아 낸 자는 광개토대왕 외에는 없었다. 꼭 침략을 받아서 국토와 민족이 초토화된 뒤에 움직였던 것이다.

006

봉건사상과 역술은 이 나라가 초토화되도록 언제나 공헌했었다. 물론 짓밟힌 뒤에라도 쫓아낸 것은 다행이었지만 광대한 만주를 차지했던 광개토대왕(재위 기간 391~413, 391년에 백제를 쳐서 신라를 구해 주었고 그해 신라에 침공해 온 일본을 격파했으며 404년에 일본과 내통한 백제가 또 신라를 침공했을 때 일본과 백제를 쳐서 신라를 두 번이나 구해 주었음)의 업적을 순식간에 박살내 버린 김유신(595~673)·김춘추(태종 무열왕 604~661, 제위 기간 654~661) 같은 얼간이를 애국자로 가르치는 것은 참으로 가관이다. 김유신·김춘추가 그 당시 민족은 통일했을지는 모르지만 우리의 국토 74.2%를 잃어버린 결과를 가져왔다.

당시 고구려의 면적은 45만 9천k㎡, 신라는 3만 2천k㎡, 백제는 2만 9천k㎡로 도합 52만k㎡였다. 백분비로는 88.3 대 6.2 대 5.6이 된다. 지금의 남·북한 합친 면적의 두 배 반의 광활한 국토였다. 전설처럼 사라질 것이 아닌 중국의 문헌에까지 나온 사실이다. 이 어마어마한 국토가 김유신·김춘추라는 얼간이들로 인하여 13만 4천k㎡로 줄어 버렸다. 잃어버린 땅이 38만 6천k㎡나 되었다. 김유신·김춘추가 얼마나 얼간이인지 좀더 확인하기 위해 고조선까지 올라가 정확하게 위치 표현을 해보자.

고조선의 중심부는 발해 북쪽에 있었고 그 강역은 북경 근처에 있는 난하로부터 청천강에 이르는 대제국이었으나, 당시의 우리 국토는 중국의 하북성 동북부, 요령성, 길림성 전부와 한반도를 차지하고 있었다.

007

정말 상상도 못할 대국이었다. 그러나 이때는 원시 부족국가 시대로서 국경 개념이 모호했다. 따라서 무국적의 땅도 포함됐을 것이다. 그래서 필자는 국경이 정확하게 명시됐던 삼국시대의 광개토대왕부터 장수왕까지의 제위 기간(391~491)과 김춘추·김유신이 망해 먹을 때까지의 면적(북쪽은 송화강, 서쪽은 요하를 넘었고 남쪽은 아산까지)만을 위에 예시한 것이다.

중국의 문헌에 의하면 그 당시 고구려의 면적은 고비사막 동쪽에서 요동반도를 거쳐 남만주 일대를 포함하고 있었다고 했다. 이

것이 사실이라면 고구려의 영토는 훨씬 더 넓어진다. 이와 같이 광활한 영토를 김유신과 김춘추는 모조리 당나라에 주어 버렸던 것이다. 오늘날은 이 좁은 국토마저 분단되어 있지만 우리의 국사에 대한 재인식이 필히 필요하다. 김유신과 김춘추를 애국자라고 하는 교과서 편찬위원들도 모조리 필자의 수련을 받을 필요가 있다.

해방 후부터 지금까지 공산주의의 허구와 만행을 체험하고 이 나라 이 땅의 밥을 먹고 사는 기성세대들도 '아차!' 하는 사이에 공산주의자들의 공작에 넘어가는데, 이제 햇병아리 같은 대학생들의 사상 단속은 정부와 전국민들이 단합해서 철저한 단속을 해줄 필요가 있다. 교육부 산하의 전교육자들도 슈퍼맨수련을 통해 신적으로 국가관이 확립되어야만 국가의 백년대계에 이바지하게 된다.

정치에서야 거짓말을 안할 수 없지만 학원에서까지 거짓말을 할 수는 없지 않은가. 정치 무대는 거짓말 판이다. 이걸 부인할 자가 있다면 그자는 동물 이하이다. 국민들이 강자가 되어 민도를 높여야 한다. 정치는 누가 하더라도 거짓말을 안할 수 없다. 정치가에게 큰 기대를 걸어 그를 원망하는 우리 국민들의 버릇도 일소돼야 한다. 우리 국민들 모두 슈퍼맨수련을 받아야 2천년대에 세계를 제패할 민도가 된다.

10
인식(認識)의 大혁명

001

　정치가들은 왜 거짓말을 해야만 하는가? 선진국이건 우리나라건 후진국이건 정치가와 거짓말은 평생 상극이 될 수 없는 필연적인 상생관계다. 그렇다 해서 100% 다 거짓말쟁이인 것은 아니다. 5% 정도를 제외한 95% 정도는 거짓말쟁이 짓을 안할 수가 없다.
　재미있는 실례가 있다.
　일본의 진주만 공격전에 일본 총리로서 이누까이[犬養]라는 수상이 있었다. (총리 재직중 육군 위관 장교들한테 암살됐음.) 이누까이 수상에게 아들이 있었는데 이 아들이 동경대학교 정치학과를 수석으로 졸업하자마자 정치가인 아버지 밑에서 3년 간 비서 노릇을 했다. 이 녀석은 자기 아버지뻘의 정치가들을 만날 때마다 '이따까?(갔는가?), 기따까?(왔는가?)' 등으로 모두에게 반말이었다. 화가 난 이누까이 총리의 친구들은 말버릇이 하도 돼먹지 못한 자식 좀 나무라 주라고 이누까이 총리에게 성화가 빗발쳤다. 그때마다 이누까이 총리는 "이보게, 내 아들 같은 사람 하나 말버릇을 포용하지 못하는 자네들은 정치할 자격이 없네" 하면서 아들에게는 일언반구 주의 한마디 안 줬다.

002

　이 아들 녀석이 총리 아버지 밑에서 정치 수업한 지 3년째 되던 어느 날 아버지에게 "오또상 잇따이 세이지 또노와 난데스까?: 아버지, 도대체 정치라고 하는 것은 무엇입니까?"라고 물었다.

비서인 아들 녀석에게 이 질문을 받은 아버지는 참으로 기가 막혔다. 자랄 때부터 굉장히 똑똑하게 자랐고 동경대학교 정치과에 수석으로 들어갔다가 수석으로 나온 녀석이, 그리고 총리대신인 자기 밑에서 3년 간이나 정치생활을 한 녀석이 아직까지도 정치가 뭔지를 모르고, 창피하니까 타인들에게 묻지도 못하고 아버지인 자기에게 묻는 것을 보고 한심할 끝에 "꼬노야쓰 세이지 또노와 우소고또와 스루노다 : 이놈아, 정치라고 하는 것은 거짓말을 하는 것이다"라고 했던 것이다. 아들 녀석은 무릎을 탁 치면서 "나루호도 소오데쓰네에 : 과연 그렇군요"라고 했던 것이다.

대학 교육 과정과는 전혀 다른 면을 3년 간이나 보고 들었기 때문이었다. 자기 아버지 옆에서 지켜본 일본 최고의 정치가들은 전부 다 협잡꾼이요, 도둑놈이요, 술꾼이요, 오입장이요, 사기꾼이요, 거짓말쟁이였기 때문이었다. 오죽했으면 아버지 친구들에게 처음부터 반말을 했겠는가? 아버지 역시 친구들이 "이보게 총리, 여보게 수상, 자네 자식을 호로자식으로 만들 텐가?" 하는 수많은 반발이 들어와도 "이 사람아 그래도 그애는 나나 자네보다는 몇백 배 더 깨끗한 아이네" 하면서 아들에게 나무랄 자신이 없었던 것이다. 요즘 우리나라 대학생들 명심해서 새겨들어라.

003

일본놈들은 지금으로부터 1백 3,40년 전까지만 해도 姓氏도 없이 살았었다. 그러다가 서양문명이 들어오면서부터 성씨를 만들어 붙이는데, 백성들이 어찌나 글을 모르고 무식했던지 성씨를 붙여 줄 관리가 기분 내키는 대로 지어 주었던 것이다. 몇 사람을 지어 주다 보니 마땅한 글자가 떠오르지 않아 성씨를 갖고자 하여 온 사람들에게 "너의 집이 어데야?" "저기 개를 키우는 집이어요." "그래, 그러면 이누까이(犬養 : 개를 기른다)"가 성씨로 되었고, "너의 집은 어데야?" "저기 우물 윗집입니다." "그래, 이노우에(井上 :

우물 위)" "너의 집은?" "네, 저기 우물 입구입니다." "그래, 이구찌(井口 : 우물입구)." "너의 집은?" "저기 밭 가운데입니다." "그래, 다나까(田中 : 밭 가운데)." "너는 어데 사나?" "네, 저기 대나무 마을에 삽니다." "그래, 다께무라(竹村 : 대나무 마을)." "너는 어데 사나?" "네, 저기 대나무밭에서 삽니다." "그래,다께다(竹田 : 대나무밭)." "너는 어데 사나?" "네, 저기 북쪽 마을에 삽니다." "그래, 끼타무라(北村 : 북쪽 마을)." 山下, 村上 등등…….
 아직도 교포들을 '조센징'이라고 많이 부르는 왜놈들도 지금으로부터 1백여 년 전에 포르투갈에서 일본으로 비누가 처음으로 들어왔을 때 비누(섹껭)라는 말이 없었고 통역이 일본의 성주 앞에 나가서 '때 빼는 약'이라고 했던 것이다. 그때의 비누는 거의 양잿물과 곡물의 겨만 가지고 만든 아주 시커먼 덩어리였었다. 성주는 자기의 부하에게 '때 빼는 약'을 한번 실험해 보라고 했다. 통역관도 잘 모르니 옆에서 지켜볼 수밖에 없었다.
 성주의 부하는 때가 빠지는 것을 성주에게 보여야 하기 때문에 발가벗은 몸으로 성주에게 엎드려 절한 뒤에 두 손으로 시커먼 덩어리(양잿물이 지금의 비누보다 몇십 배 더 포함됐었음)를 받아서 갉아먹기 시작했다.

004

 너무나 단단하고 시커먼 덩어리는 좀처럼 이빨로 베어지지 않았다. 성주의 명령은 거역할 수 없다. 처음부터 대뜸 혀가 아리고 목구멍이 타는 것 같았고 워낙 통증이 심해서 베어먹지 못하고 침을 묻혀 빨아먹다시피 하니 단단하고 시커먼 덩어리는 순식간에 미끌미끌해졌다. 혀와 입 속과 목구멍과 위장 속까지 열불이 나고 찢어지는 것 같고 죽을 지경이 되어 얼마 빨아먹지 못하고 기절했다. 성주는 통역관을 시켜 쓰러진 부하의 몸에서 때가 빠지는지 살피도록 지시했다. 통역관이 기절한 부하의 몸을 아무리 뒤척이며 살펴보았지만 때는 빠지지 않았다. 성주는 화가 나서 의사를 시켜 부하를 진찰하도록 했다. 부하의 혀와 목구멍과 위장은 엉망이 되어 있었다. 의사의 도움으로 한참 후에 정신 차린 부하는 입 속과 위장 속이 죽을 지경이었다. 옷을 입으려고 하니 손이 미끄러워서 물로 손을 씻기 시작했다. 그랬더니 그제야 손에서 거품이 일면서 손이 깨끗이 씻겨져 때가 빠지는 것이었다. 위와 같은 쪽발이들에게 우리 정치인들은 구한말 때 권모술수 하나 쓸 줄 모르는 얼간이들로서 당하기만 했던 것이다.

정치가들의 거짓말은 왜 필요하나? 국가와 국민들을 위한 거짓말은 얼마든지 해도 좋은데 당리당략을 위한 거짓말이나 자기만을 위한 거짓말 때문에 명분이 분명치 않아 너절하게 변명이 많아진다. 정치가란 어디를 가나 사람 대접을 못 받는다. 어느 나라 정치가나 다 마찬가지다. 정치가처럼 거짓말쟁이는 없기 때문이다.

005

나쁜 짓을 할 때일수록 더욱 명분을 세우려 한다. "정치가는 자기 말을 자기 자신이 믿지 않는다. 따라서 자기 말을 남들이 믿을 때 제일 놀란다." 이 말은 불란서의 드골이 한 말이다. 소련의 후르시초프 역시 거짓말쟁이 중의 왕초였고 "어느 나라 정치가들이나 마찬가지지만 그들은 강이 없는데도 다리를 놔준다고 백성들에게 약속한다"라는 왕초다운 말을 했다. 자신이 없는 정책을 새로 펴거나 바꿀 때일수록 그럴싸하게 이유가 많아진다. 하나밖에 없는 진짜 이유는 감추면서 말이다.

미국이라고 예외일 수는 없다. 보브 호프는 만담에서 이렇게 말했다.

"레이건은 전형적인 정치가가 아니다. 왜냐하면 그는 어떻게 거짓말을 하고 속이고 훔치는지를 모르기 때문이다. 그 대신 그는 거짓말을 대신 해주는 홍보업자를 두고 있다." 어느 직업이나 특별한 교육과 훈련이 필요하다. 그러나 정치만은 그렇지 않다. 모험가로서 모험만 하겠다면 하루아침에 정치가가 되기 때문이다.

　유권자가 정치가를 선택할 때는 약속을 제일 적게 하는 정치가에게 투표하는 게 좋다. 가려진 진짜 이유는 모르지만 적어도 그렇게 해야 실망도 가장 적어지기 때문이다. 사업도 정치도 모험가로서 자기를 포용하지 못하면 성공하지 못한다. 우리나라에 사업가들과 정치가들 모두 슈퍼맨수련을 받아야 강력한 모험창조자로서 세계 무대에서 세계를 지배할 수 있게 된다.

11
모험의 大혁명

□ 실책이 없는 사람은 큰일을 못한다.
언제나 무사안일주의이기 때문이다.

001

　1920년대 후반 일본 동경에 미끼[三木] 철재회사가 있었다. 그런데 이 회사 사장 미끼라는 사람은 회사에 사람을 채용할 때 전과 3범 이상이 아니면 절대 채용하지 않기 때문에 미끼 철재회사 종업원들은 전부가 전과 3범 이상씩이었다. 사회에서 아무리 거부하는 전과가 많은 자라도 미끼 사장한테는 보물이었다. 미끼 사장이 채용하는 전과자는 채용 순간부터 재량권이 주어지고 중책을 맡는다. 미끼 사장은 중책을 맡기되 조금도 의심하지 않고 전과 3범 이상으로 하여금 목숨을 걸고 회사에 충성하게 하는 것이었다. 의무감에서 월급을 받기 위해 일하는 자와 목숨을 걸고 충성하는 자와의 비교는 너무나도 엄청난 차이가 있다. 어느 날 형무소 당국으로부터 강도 전과 3범인 이시이[石井]라는 사람이 만기 출소한다는 전화를 받고 미끼 사장은 달려갔다.
　이시이는 강도 전과 3범으로서 도합 7년 간의 형무소 생활 전부를 경제학을 공부하는 데만 전념했다는 것이었다. 미끼 사장은 매우 만족해 하면서 이시이한테 경리부에서 일하도록 명했다. 이시이는 7년 간의 옥고에서의 학문이 주효했던지 회계사무 처리가 능통하여 3개월 만에 말단직에서 경리 책임자의 중책을 맡게 됐다. 이시이가 경리 책임자로 된 지 20여 일이 지난 어느 날 이시이는 회사 공금(지금 화폐로 4천만 엔 정도)을 가지고 사라져 버렸다. 경리부에서는 즉각 사장에게 보고했고 사장은 서둘러 참모 회의를 열었다. 참모들은 경찰에 신고하자고 강경한 자세였다. 그러나 미끼 사장은 "아니다, 이시이가 나를 절대 배신할 놈 아니다. 이시이 한테 틀림없이 4천만 엔이 필요한 말 못할 이유가 있을 것이다. 경찰에 신고는 내가 알아서 나중에 할 테니 자네들은 열심히 일만 해 주게. 나는 이시이를 믿는다" 하면서 강경한 참모들을 가라앉혔고 공금은 사장이 메웠다.

002

회사는 1930년대를 맞이하여 일본군의 만주와 대만과 동남아 침략 붐을 타고 급성장하기 시작해서 일본 전역에 미끼 철재회사 지점을 각 현마다 설치했다. 이시이가 사라진 지 10년이 지난 1930년대 후반 미끼회사 참모 회의에서는 대만과 조선에도 지점을 설치하자고 논의했다. 그래서 1차로 대만의 대북시 중심가에다 미끼 철재회사 지점을 설치하기로 확정하고 회사 참모진 5명이 다음날로 대만을 향해 배를 탔다. 미끼 참모진 5명은 대북시에 도착하여 여관에 몸을 풀고 다음날 대북시 중심가의 미끼 사장이 지적한 지점을 향해 찾아갔다. 중심가에 도착한 참모진들 5명은 모두가 다 같이 자빠질 정도로 놀랐다. 이미 그곳에는 커다란 철재상회에 '미끼 철재회사 대북지점'이라는 커다란 간판이 붙어 있었던 것이다. 정신을 차리고 안에 들어가 보니 10년 전에 회사에서 4천만 엔을 가지고 도망갔던 이시이가 바로 대북에 와서 그 장소에다 미끼 사장의 명의로 지점을 설치하고 10년 간에 4천만 엔의 자산을 20배 이상으로 불려 놨던 것이다. 일행은 즉시 동경의 미끼 사장에게 전보를 쳤고 미끼 사장은 이시이가 배신하지 않는 놈이라는 것을 10년 만에 참모들에게 확인시켰던 것이다.

이시이는 이미 10년 전부터 회사가 국내나 국외에 지점을 설치할 것을 내다봤던 것이다.

003

그런데 10년 앞선 자기 계획을 사장과 참모들에게 자기 같은 신참이 건의해 봤자 거부당할 것은 너무나도 당연하겠기에 사장은 자기를 믿어 줄 줄 알고 돈을 빼내 와 대북지점을 설치했던 것이다. 10년을 앞선 모험적 행동으로 자기를 믿어 준 미끼 사장에게 엄청난 거금을 벌어 주었던 것이다. 입사 3개월 만에 자기를 경리 책임자로 시키는 사장이 자기를 경찰에 고발하지 않을 것은 너무나도 자명한 일이었던 것이다.

국민들의 혈세로 기업하는 경영인들은 '홀로서기'의 명수가 되어야 한다. 앞에서 얘기했던 某 회장은 자살했지만 검찰 수사 결과 회장이나 부하 직원들은 굉장한 알부자였음이 명명백백히 드러났다. 부하들은 회장의 약점을 빌미로 회장은 부하들의 약점을 빌미로 회사는 망하고 있었지만 국민들의 고혈을 빨아 배를 채웠던 것이다. 정치가로서는 누구 한 사람 책임진 사람이 없었다. 왜 국민들만 당해야 하는가? 이 점에 대해 우리나라 굴지의 재벌 회장은 "나 같으면 절대 자살하지 않는다. 사재라도 털어서 자구 노력 하다가 안 되면 부도를 내고 교도소에 가겠다"라고 했다.

국민의 돈은 무서운 것이다. 사재를 털어서 다 바치고 맨몸으로 도전하면 어떠한 사람도 망하지 않는다. 또 그러한 책임자에게 자기 욕심만 챙기면서 책임자 약점 잡고 피 빨아먹는 부하들은 세상에도 없지만 교도소에도 없을 것이다. 목숨 바쳐 충성할 부하들은 얼마든지 나온다. 맨몸으로 하라. 우리나라의 재벌들아! 기업들아! 국민들 혈세에 손 벌리지 말라. 왜 국민들 혈세를 갖다가 생산공장을 확장하지 않고 증권이나 부동산에다 투자를 하는가? 그러고도 노동자들에게 할말이 있는가? 그 따위로 사업들을 할 바엔 종업원들 전부에게 주식을 나누어 줘라. 그런 회사 평생 망하지 않는다. 노사 분규도 평생 안 일어난다. 가능한 대로 맨몸으로 해라. 그래야 평생 망하지도 않는다. 대재벌이고 중소기업이고 간에 책임자들은 부하들과 함께 신적인 수련을 받아라. 선진국들의 구린내나 맡는 모방 연수와는 차원이 다르다. 2천년대 세계 제패를 위해 필히 필요하다. 강력한 의지창조 행동으로 기업을 하고 사업을 하고 학문을 해야 평생 부실해지지 않는다.

12
실적 확인의 大혁명

001

전쟁에서 가장 쉽게 무너지는 곳이 어디인가? 强한 곳인가, 弱한 곳인가? 물론 약한 곳이다. 약한 곳이라고 내버려 둬야겠나, 빨리 보강을 해야겠나? 너는 이유없이 즉각 강력한 증원군을 보내 보강을 해야 한다. 초전박살, 초전에 강력한 보강은 아군의 전 전선에 미치는 영향도 중요하지만, 초전에 적에게 강력한 초전 반격으로 인한 적의 전선에 사기를 떨어뜨리는 것은 전쟁 승리에 매우 중요하다. 약한 곳쯤은 무너져도 괜찮다는 방관은 아무리 강한 전선도 금방 무너지게 된다.
역사적으로 전력 투구를 한번도 해보지 못한, 아예 안했던 우리 국민은 반드시 필자의 수련으로 전력 투구가 무엇인가를 체험해야 행동으로 성공한다. 선조들같이 머리에서만 성공해 봐야 게으른 거지와 똑같다. 너가 머리에서 안다고 하는 것은 개똥만도 못한, 지금까지의 세상 차원인 수직관계의 思考 예속으로써 너의 무지이다. 우리 선조들은 너만큼 모르고 말할 줄 몰라서 병신 천치였나? 너는 지금 선조들보다도 더 안다고 지껄이면서 행동은 선조들보다도 더 못하고 있지 않은가?
홍수가 나서 제방이 무너질 때 역시 强한 곳부터 무너지나, 弱한 곳부터 무너지나? 약한 곳부터 터지기 시작한다. 손가락만큼부터 시작해서 주먹만큼, 몸통만큼 커지기 시작한다. 내버려 두면 순식간에 제방의 전부가 사그리 무너진다. 약한 부분이라고 가만 놔두겠나? 천만에다. 전선의 약한 부분을 즉시 보강했던 것같이 너는 제방의 약한 부분도 즉시 보강해야 한다. 무너지는 전선이나 제방을 무엇으로 보강해야 하나?

002

선조들같이 말로만 해야 하나? 선조들같이 시키기만 해야 하나? 선조들같이 하늘에다 대고 싹싹 빌기만 해야 되나? 얼마나 행동하기를 싫어했던지 스포츠까지도 대신 시킨 선조들이었었다. 그럼 먹는 것과 부부간에 잠자리는 왜 대신 시키지 않았을까? 하기야 애 낳는 것도 씨받이라고 해서 대신 시켰으니까 말이다.

무너지는 전선과 무너지는 제방을 막아 달라고 조상들과 조상들 묘에 대신해 달라고 해야겠나? 너의 몸은 아무것도 할 수 없는 몸으로 아무에게나 산산이 짓밟히면서 그저, 그저, 그저, 그저 아무에게나 매달리는 몸이냐? 그렇게 살려고 태어났나? 아무리 빌빌한 선조들한테서 못된 것만 보고 듣고 배웠다고, 아무리 인류의 무식과 무지에만 예속되었었다고 할지라도 그것은 과거가 아니냐. 지나가 버린 과거는 세상도 너도 필자도 조물주도 어찌할 수가 없다. 그러나 현재와 미래는 얼마든지 바꾸고 창조할 수 있다. 조물주(하나님)보다도 몇천만 배 강력한 너의 행동이 있지 않느냐.

창조자에게는 지나가 버린 과거는 조금도 중요하지 않은 것이다. 행동하지 않고 매달리는 놈들은 반드시 지나가 버린 과거를 따져서 망하는 것이다. 공산주의가 그 대표적이고, 과거, 따지는 자들은 모조리 조상과 인류와 자기를 더욱 망치는 자들이다. 전선이 무너지고 제방이 터져서 이걸 즉시 이유없이 보강해야 하는 순간에 오직 강력한 행동만 필요한 것이지, 그 순간에 전선과 제방은 보강하지 않고 공산주의같이 성분 따지고 사고만 하느라고 행동을 하지 않아 국민들을 알거지로 만드는 저 괴뢰집단과 주위의 게으른 사고들이 보이지 않느냐?

003

　이 천하의 멍청이 바보들아! 못 사는 김일성이가 남쪽에 구걸을 해와서 이북 동포들도 다같이 잘 살게 되어야지, 잘 사는 한국이 못 사는 김일성이에게 '존경합네' 하거나 '각하' 따위 개나발 운운하면서 같이 거지가 되자고? 이 작자들 자기 부모·형제·자매들이 6·25 때나 아웅산 테러 때나 KAL기 폭파 때 죽었더라도 그럴 작자들인가? 이 작자들 어쩌다가 이렇게까지 됐단 말인가?
　우리나라에 미군이 존재하는 이유가 뭔가? 공산당 때문이 아닌가. 우리는 전력을 다해 민주주의 수호를 위해 전선 보강과 제방 보강에 강력해야 한다. 우리는 이유없이 강력한 행동과 의지창조로 전선과 제방을 막는 행동에 인색하지 말아야 한다. 우리는 매일같이 가정생활에서, 학업에서, 사업에서, 사회생활에서, 대인관계에서, 생산 수출에서, 국제 경쟁력에서 무너지는 전선과 무너지는 제방이 없도록 항상 보강할 행동력이 있어야 한다. 思考 따위는 나중에 무덤에 가서도 얼마든지 할 수 있다. 세계 제패와 이북 동포와 김일성이를 구출하기 위해서 우리는 다 신적인 의지창조가가 되어야 한다.
　행동하는 것과 행동하지 않는 것을 사고에서 비교하면 조그마한 차이 같으나 행동으로 직접 확인하는 결과는 하늘과 땅 차이만큼이나 크고 우리 인생 전부가 이 하나에 매달려 있는 것이다. 이 조금의 차이를 무시하지 말라. 조금의 차이가 生과 死이고 조금의 차이가 성공과 실패의 차이다. 조금의 차이가 행복과 불행의 차이고 조금의 차이가 합격과 불합격의 차이다. 조금의 차이가 폭탄이 터지고 안 터지는 차이다. 조금의 차이가 핵전쟁과 평화의 차이다. 이래도 조금이라고 무시하고 방관할 수 있겠는가?

004

강한 곳이나 튼튼한 곳은 왜 강하고 왜 튼튼한가? 약한 곳을 즉시 즉시 행동으로 보강하기 때문에 강하고 튼튼한 것이다.

우리 민족은 5천년 간 모조리 약한 것을 사고와 개나발로만 보강하고 행동으로는 전혀 보강하지 않았던 것이다. 우리가 이것을 5천년 만에 한꺼번에 떠맡았으니 네가 사람 새끼라면 이젠 어떻게 해야 할지 알 것이다. 우리도 조상들같이 사고나 개나발로 보강을 해야 할지, 이유없이 행동으로 보강해야 할지를 알겠나, 모르겠나? 너와 우리 민족 전부는 현재도 사고와 말은 강하다. 그러나 행동은 형편없이 약하다. 외국에서 연구하고 박사가 되어 이 땅에 돌아와도 왜 모방밖에 할 줄 모르냐?

우리의 몸 머리끝에서 발끝까지와 우리나라의 구석구석 전반에 걸쳐 창조행동 실적을 쌓을 것만 있다. 세계 무대에 나가서 어디에서나 전면 전쟁이 일어나도 무너지지 않는 전 전선이 너의 몸에 구축되어 있어야 한다. 어디에서 홍수가 날지라도 어떠한 압력에도 무너지지 않는 제방이 너의 몸에 구축되어 있어야 한다. 그래야 너는 너 자신과 가정과 사회와 직장과 민족과 국가를 책임지는 자가 된다. 그러기 위해서는 너는 세계 최초의 신적인 수련으로 의지창조 행동가가 되어야 한다.

13
인간혁명 2

001

　세계를 제패할 신적인 의지창조 행동가가 되려면 너의 사고와 행동의 통찰, 포용, 분석력의 결과도 지금까지의 세상 차원을 초월해야 한다. 너는 슈퍼맨수련을 통하여 세계 최고의 행동창조자가 된다. 그리고 세계 최고의 행동철학자가 되고, 세계 최고의 행동심리학자가 되며, 세계 최고의 정신분석가까지 된다. 오랜 세월을 요하면서도 수확이 없었던 백발의 표, 즉 연령적인 위인은 필요가 없다. 네 나이가 많건 적건 간에 신적인 창조 결과는 시대적인 위인으로서 너의 성공과 인류에의 봉사를 한꺼번에 하게 된다. 몸 속에 때만도 못한 너의 자존심 따위쯤은 짓밟아 버리고 나이를 초월하여 시대적 위인으로 재탄생하자.
　너는 이조 7대의 왕 세조(수양대군)를 잘 알고 있을 것이다. 그리고 이 수양대군을 앞세운, 반란을 일으켜 왕으로 만든 한명회(1415~1487)도 잘 알고 있을 것이다. 지금부터는 아는 것은 소용 없다. 차분하게 행동으로 확인하면서 분석해 가는 것이다. 엄청난 의지창조력을 확인하게 된다. 한명회가 좌부승지, 좌의정, 영의정이 되기 훨씬 이전 동부승지(승정원의 정삼품, 지금 청와대의 민정 비서관 역)였을 때 한명회에겐 절세 가인인 사촌 여동생이 한 사람 있었다. 지금의 미스코리아 진보다도 더 가인이었던 모양이다. 이 사촌 여동생이 너무 예뻐서 상당한 권력층에게 시집을 잘 갔다. 신랑은 4대(代) 독자였다. 그런데 이 여동생이 시집간 지 10년이 지났건만 자식을 낳지 못했다. 시집에는 남편과 시어머니뿐이지만 고대광실에 많은 하인들이 있었다.

002

　옛부터 고부간에는 사이가 좋은가, 나쁜가?
　외아들이 아니어도 고부간에는 사이가 나쁜데 더군다나 4代 독자 며느리이다. 여기까지는 좋았다. 문제는 10년 간 자식을 못 낳으니 어느 시어머니인들 아무리 미녀 며느리라도 좋아할 리가 없었다. (의지창조 수련은 이렇게 사이가 나쁜 것도 다 해결해 주지만.) 남편은 보기 드문 효자이고, 또 10년 간 애를 낳지 못했지만 아내 하나 사랑해 주는 것도 끝내주었다. 그러나 시어머니 입장에선 그게 아니었다.
　하여튼 한명회의 사촌 여동생은 이 시어머니한테 10년 간은 지독한 구박을 받았다. 아무리 시어머니가 미워해도 또는 세상 전부가 미워한다 해도 남편의 사랑만 끝내준다면 여자들은 모든 걸 다 이겨 낸다. 옛날에 칠거지악 중에서 가장 첫번째가 무엇인가? 물론 아이를 못 낳는 것이다. 지금은 칠거지악쯤은 별것 아닌 소리지만 그 당시로서는 4代 독자인 그런 가문에 시집가서 며느리가 떡두꺼비 같은 아들 하나만 낳아 주었다면 그런 시어머니의 등에라도 업힐 판인데 세상은 한꺼번에 좋은 일이 몰리지는 않는다. 나중에야 자식을 낳았지만 이 며느리가 10년 간은 남편 사랑으로 버티어 왔다. 그런데 이젠 도저히 더 이상 버틸 수가 없었다.
　드디어 이 며느리는 시어머니를 죽일 계획을 세운다. 더 이상 시집살이를 견디 내기는 힘들고 그렇다 해서 남편을 포기할 수는 더욱더 없고 시어머니는 살 만큼 살았으니 이젠 죽어도 될 성싶었다. 아무리 돈이 많고 신분이 높은 집안이지만 감쪽같이 시어머니를 죽여 버리자니 보통 일이 아니었다.

003

　시어머니와 같이 죽어 버리는 문제라면 간단하지만 문제는 자기는 행복하게 살고 시어머니만 제거하자니 섣불리 누굴 시킬 수도 없고, 그렇다고 해서 지극한 효자인 남편에게 어머님을 죽이자고 상의할 수도 없고 정말 좋은 방법이 좀처럼 떠오르지 않았다.
 타인을 미워하고 해치려 하면 타인이 피해를 당하기 전에 누가 먼저 괴롭고 피해를 입는가? 이건 틀림없이 자기가 먼저 괴롭고 피해를 입게 된다. 이젠 이 며느리에게는 고통이 하나 더 가중되니 이중 고통 속에서 지내게 되었다. 시어머니의 자기에 대한 구박이 심하면 심할수록 살인 의욕은 더욱더 가중되고 며느리 역시 고통이 더욱더 엄습하는 것이었다. 시어머니를 죽이기 전에 이 며느리는 자기가 먼저 죽을 운명인지, 시어머니는 점점 더 떼갈떼갈해지는데 자기는 반대로 몸져누워 버리게 되었다. 며느리는 현대판 노이로제에 시달리다가 쓰러지게 된 것이다.
 옛말에 '미운 며느리 제샷날 병난다'고 시어머니 입장에서는 그렇지 않아도 미운 년이 이젠 몸져누워 버렸으니 더 미울 수밖에 없었다. 시어머니의 구박은 더욱더 심했다. 며느리는 몸져누워서도 오로지 어떻게 해야 시어머니를 감쪽같이 죽여 버릴까 하는, 이것 한 가지 염원뿐이었다.
 그러던 어느 날 며느리 머리에 섬광이 번쩍했다. '아차! 그렇구나. 나에게는 천하에 유명한 모략가 사촌 오빠 한명회가 있지 않느냐?' 자랄 때부터 자기가 예쁘다고 무척 사랑해 주신 오빠이니까 자기의 부탁 하나쯤은 들어주시겠지 하는 기쁜 마음으로 며느리는 다음날 가마에 태워져서 사촌 오빠에게 갔다.

004

 오랜만에 동부승지 오빠를 만나 큰절을 올렸다. 오랜만에 절세가인인 미녀 동생을 본 한명회는 기쁜 마음과 목소리로 맞이하고서 "너 어인 일인고?" "네, 오라버니. 이 동생은 만사에 부족함이 없사오나 오라버니께만 긴히 드릴 사연이 있사오니 골방으로 드시어요." 한명회는 즉시 주위의 사람을 모두 내보냈다. "이젠 사연을 말하라." "오라버니에게 드릴 사연은 이 동생의 생명에 관한 사연이오니 소원을 거두어 주신다는 허락이 있어야만 아뢸 수 있나이다." "어허, 고이얀 놈 좀 보게나. 아무려면 동생 소원 하나 못 들어줄 오라버니일까. 그래, 내 친히 너의 소원을 들어주겠노라. 어서 아뢰어라."

드디어 오라버니의 허락을 받은 사촌 여동생은 차분한 목소리로 "오라버니, 이 동생이 시집가서 10년 간을 시어머니한테 지독한 시집살이와 구박을 받으면서 지내 왔사온데 이제는 도저히 시어머니와 같이 지낼 수 없사옵니다. 시집살이 고되다 하여 서방님을 포기할 수는 없사옵고 시어머니는 이제 살 만큼 살았사오니 시어머니를 감쪽같이 돌아가시게 하는 방법을 지도해 주시옵소서. 오라버니의 말씀이라면 물불도 가리지 않겠나이다."

한명회는 이렇게 아름다운 사촌 여동생의 입에서 첫말이 나올 때부터 짐작했던 독부 같은 말을 다 듣자 매우 분노한 태도로 변하면서 억센 손으로 여동생의 뺨을 "이 백여우 같은 년!" 하면서 사정없이 후려 갈겨 버렸다.

005

순식간에 오라버니의 인상이 험악하게 변하면서 욕설과 함께 눈에서 번갯불이 번쩍하게 얻어맞은 여동생은 피그르르 쓰러져 버렸다.

소원을 들어준다는 허락까지 받고서 목숨에 관한 사항을 아뢰었는데 오라버니가 이렇게 노하셨으니 이젠 오라버니 얼굴도 볼 수 없을 것 같고 또 오라버니의 배신적 행동이 분하기도 해서 여동생은 엎드린 채 울기 시작했다. 뺨 맞은 것이 아픈 것보다도 오라버니의 배신이 더욱더 분했다. 자신의 우는 몰골을 성난 모습으로 노려보고 있는 오라버니의 눈초리가 무서워 고개를 들 수도 일어날 수도 없는 여동생과는 달리 한명회는, 비록 부모가 악할지라도 자식이 고기를 달라고 할 때 뱀을 주면서 먹으라고 할 수 없다는 구약 성서의 말이 들어오기 전이지만, 악한 부모라도 자식에게는 좋은 것을 줄 줄 안다는 것쯤은 모를 리 없는 오라버니인지라 사촌 여동생이긴 해도 보호자 같은 입장에서 살인 행동을 선뜻 들어줄 수는 없었다.

여동생을 한참 동안 울게 한 뒤에 갑자기 벼락치듯 한 고함으로 오라버니는 "야, 이년아! 일어나라!" 했다. 이젠 도저히 오라버니의 얼굴을 쳐다볼 수 없게 된 여동생은 눈물을 닦으면서 일어나 앉았다. "너 이년, 천하에 죽일 년같으니라고. 내 네년에게 약속을 했기에 쥐도 새도 모르게 네 시어머니 죽이는 감쪽 같은 방법을 일러준다마는, 세상에서 너와 나 이외에는 일체 비밀이 되어야 하는데 네년 혼자서 감쪽같이 처리할 수 있겠느냐?" "네, 오라버니. 이 동생 이젠 죽은 목숨이온데 달리 여부가 있겠사옵니까. 분부만 하시옵소서." "이것은 너와 나 이외에 누구 한 사람이라도 눈치채게 되면 너와 나까지 죽게 되는 줄 알아라." "네, 오라버니. 분부 이행에 이 목숨 걸고 차질 없도록 명심하겠습니다" 했다.

006

"너, 이년아! 지금 돌아가거든 가평 밤[栗]을 구해 놓고 네년이 직접 매일매일 인시(寅時 : 새벽 3시~5시)에 아무도 몰래 일어나 깨끗한 옷차림으로 부엌에 나가 밤 한 그릇씩을 참숯불에 구워 까서 그릇에 담아가지고 시어미를 깨워 방에 들어가서 큰절을 올리고 밤 그릇을 내밀어 너의 시어미가 구수한 밤을 자시는 것을 보거든 너는 뒷걸음질 쳐서 나오면 되는데, 두 달 간만 인시에 하루도 빼지 않고 군밤을 드시면 15일쯤부터는 몸에 밤독이 올라 시어머니 살빛이 뽀얗게 변하면서 온몸이 퉁퉁 붓기 시작하여 두 달까지만 부으면 더 이상 부을 수도 없을 만큼 부어서 깨끗하게 돌아가신다. 너 감쪽같이 인시에 시간 맞춰 할 수 있겠느냐?" "네, 오라버니. 이 동생 목숨 걸고 이행하겠나이다." "그런데 듣거라. 네년이 내일부터 시어미에게 밤을 구워 올리면 시어미가 너에게 웬일이냐고 자초지종을 물을 것이다. 그러나 너는 밤에 대하여는 일체 대답도 해명도 해선 절대 안 된다. 시어미는 물론 남편이나 어느 누구와도 밤에 대한 이야기에는 일체 벙어리가 되어야 한다. 시어미가 다그치거든 너는 고개를 떨어뜨리고 울기만 해라. 시어미가 너의 우는 모습을 보고 어떻게 나오건 너는 울기만 하고 말은 말아라. 두 달 동안 밤 이야기를 한마디라도 하는 날은 모든 것이 모조리 수포로 돌아가고 네년과 이 오라비는 기필코 살아 남지 못하리라. 알겠느냐?" "네, 오라버니, 명심하겠나이다." "그럼, 어서 돌아가 밤을 구하도록 하라." "네."

한명회에게 올 때는 가마를 타고 왔으나 갈 때는 창조수련이라도 받은 것마냥 가마를 내팽개쳐 버리고 달려서 집으로 돌아가 즉시 하인을 시켜 가평 밤을 사오도록 했다.

007

다음날 인시에 일어난 며느리는 단정한 옷차림으로 부엌에 나가 아무도 몰래 숯불을 피우고 밤을 한 그릇 구워서 깠다. 며느리의 가슴은 완전히 전쟁이 벌어져 떨기 시작했다. 늦은 봄인데도 며느리는 한겨울인 양 떨면서 군밤을 들고 시어머니 방문을 두드렸다. "누구냐?"라는 물음에 며느리는 "네, 어머님!" 하고 답변했다.

시어머니는 며느리와 십년을 같이 살았지만 이렇게 이른 새벽에 며느리의 깨움을 받기는 처음이었다. 웬일인가 싶어 문을 연 시어머니는 놀라지 않을 수 없었다. 이른 새벽에 며느리가 갑자기 '백여우'나 된 듯이 단정한 옷차림에 양손으로 군밤 그릇을 들고 있었기 때문이었다. 시어머니는 놀란 목소리로 "아가, 너 웬일이냐? 그리고 웬 밤이냐?" "……." 며느리는 대답이 없었다. 영문을 모르는 시어머니 앞에 밤 그릇을 내밀고 고개를 숙인 채 떨고 있는 며느리를 한참 동안 바라다본 시어머니는 새벽의 찬기운을 의식했던지 "아가, 들어오너라" 했다. 방에 들어와 밤 그릇을 시어미 앞에 내려놓은 며느리는 얌전하고 정숙한 자세로 큰절을 했다.

　독자들은 여기서부터는 이 책을 눈과 머리로 읽지 말고 가슴으로 읽어야 한다. 다소곳이 앉아 고개를 숙인 채 떨리는 것을 억제하고 있는 며느리를 시어머니는 도저히 이해할 수가 없었다. "아가, 이제는 말 좀 해라. 이렇게 이른 새벽에 어인 일이냐? 아랫것들도 일어나지 않았는데…….""…….""왜 말이 없느냐?""…….""아범이 시키더냐?" 며느리에게서 일언반구 대답이 없자 시어머니의 언성이 조금 높아졌다.

008

　女人은 오라버니가 시킨 대로 고개를 떨군 채 울기 시작했다. 시어머니가 보는 며느리의 이 상태의 행동과 울음은 참으로 기이한 일이었다. 말은 전혀 하지 않으면서 어깨까지 들먹이며 우는 며느리의 모습에서 시어머니는 며느리의 의식(思考, 살해하려는)은 보이지 않으니 알 수 없고 보이는 것은 행동뿐이니 '이년이 오랜만에 시어미에게 효도하는구나……'라고 단정하지 않을 수 없었다.

　시어머니의 위와 같은 단정은 매우 합리적일 수밖에 없다. 의문은 많지만 어깨까지 들먹이는 울음은 시어머니의 모든 의문을 커버할 수 있었기 때문이다. 벙어리도 아닌 며느리가 깜깜한 새벽에 혼자 일어나 밤을 구워 까서 자기에게 바치면서도 오직 죄인 같은 태도로 자기의 선처만 기다리고 바라는 큰절과 애절한 눈물뿐이었으니 위와 같은 시어머니의 유추작용을 어느 누가 그르다고 하겠는가? 며느리의 思考와 목적은 시어미에게 안 보일 뿐만 아니라 귀신에게도 보이지 않으며 말을 하지 않는 한 어느 누구라도 감지할 수 없기 때문이다.

　세상에서의 인정과 평가는 행동과 실적에 의해서이지 思考에 의해서가 아니다. 인간은 神의 속성인 창조자이면서도 한없이 어리석은 면까지 겸하고 있다. 타인과 세상과 동물을 보고 평가할 때는 언제나 그들의 행동이나 실적을 봐서 평가하고 인간 자신이 자기를 평가할 때는 자기의 思考를 자기라고 평가한다. 왜 인간 자기 자신의 행동과 실적을 평가하지 않는지? 왜 망각해 버리는지? 우습지 않은가?

009

　한편, 며느리의 입장은 행동만 보고 행동에 감동된 시어머니와는 정반대 입장이다. 자기는 살인 목적에 맞추어 자기 오라버니가 시킨 대로 살인 범죄를 하고 있기 때문에 양심의 가책에 도저히 떨지 않을 수가 없었다. 며느리의 효도 행동에 감동한 시어머니는 새벽의 허전한 위장에 먹음직스럽고 구수한 군밤에 구미가 당겨 "아가, 울지 마라. 내 군밤 먹을 테니" 하면서 군밤을 손으로 집었다. 며느리는 드디어 눈물을 닦으면서 살며시 뒷걸음질 쳐서 밖으로 나왔다. 문을 닫고 돌아설 때의 이 여인을 독자들은 주목해라. 이 여인은 몇 초 전의 눈물과는 달리 속으로 시어머니에게 "너도 이년아, 이젠 두 달 뒤엔 인생 마지막이다" 하면서 만면에 기쁨의 희열을 느꼈을 것이다. 시어머니가 이걸 어떻게 알 수 있으랴! 이 시어머니와 며느리는 한 집에서 한 지붕 밑에서 한 우물을, 그리고 한솥밥을 10년이나 같이 먹으면서 생활해 왔건만 시어머니에게 보이는 것은 며느리의 행동뿐이다. 며느리의 사고나 마음은 헤아릴 수도 볼 수도 보이지도 않는다.

　날이 밝자 시어머니는 새벽 일이 궁금해서 며느리한테 또 물어보았지만 며느리는 '밤' 이야기에 관한 한 절대 묵묵부답으로 눈물만 흘릴 뿐이었다. 시어머니는 궁금하기 짝이 없어 아들에게 물어 봤지만 아들 역시 모르는 일이었다.
　다음날 새벽 인시, 시어머니 방 앞에서 인기척이 또 들렸다. "누구냐?" "네, 어머님!" 시어머니는 문을 열자 또다시 놀라게 되었다. 어제 새벽과 똑같이 단정하게 차려 입은 며느리가 또 군밤을 한 그릇 까서 들고 고개를 숙인 채 서 있는 것이었다.

010

　시어머니는 도대체 궁금하고 괴이하기 짝이 없었다. "아가, 오늘도 연이어 웬일이냐?" "······." "아가, 들어오너라." 시어머니는 어제와 같이 며느리를 방으로 들어오라고 했다. 방안에 들어선 며느리는 시어머니 앞에 밤 그릇을 놓고는 큰절을 한 뒤 고개를 숙인 채 다소곳이 앉았다. "아가, 니가 이렇게 새벽마다 이 시어미가 시키지 않은 밤을 구워 올 무슨 사연이라도 있단 말이냐?" "······." 며느리는 또 울기 시작했다.
　시어머니가 밤이 먹고 싶다면 하루에 한 가마라도 구워 먹을 수 있다. 며느리의 우는 모습을 본 시어머니는 또 밤을 먹기 시작했다. 며느리는 또 뒷걸음질 쳐서 나왔다. 다음날도 또 어김없이 밤은 진상되었고 며느리는 또 눈물을 보였다. 3일 동안이나 새벽 인시에 군밤과 함께 눈물의 큰절을 진상받은 시어머니는 며느리의 메가톤급 효도 행동에 난생 처음으로 감심하고 감복되어 감인당해 버렸다. 이 시어머니에게 있어서는 며느리의 사고나 마음은 헤아릴 수도 없고 볼 수도 없는 것이기 때문에 아무 소용이 없는 것이다. 오직 며느리의 행동에 반해 버린 것이다. 시어머니가 돈이 없나? 밤이 없나? 하녀들이 없나? 아무리 많아도 이제까지 며느리 같은 시키지 않은 행동은 없었고 기대할 수도 없다.
　한편 며느리는, 시어머니가 자기에게 반하게 되자 큰일이 났다. 며느리의 사고에서의 이 죄악, 이 범죄 행동, 이 양심의 가책······. 독자들이여! 가슴으로 통찰하고 포용하길 바란다.

011

 지금 이렇게 기가 막히게 감동하는 시어머니와는 달리 며느리가 하는 행동은 효도 행위인가, 살인 행위인가? 한번 큰소리로 답변해 보기 바란다. 독자께서 정신병자가 아니라는 사실은 필자가 증명해 드릴 터이니까 입으로 크게, 그리고 많은 사람들이 듣도록 외칠 때 독자의 가슴과 심장에 신적인 의지가 강력하게 심어진다. 이것이 창조의 기본이다.
 자기 마음과 의지와 의식은 워낙 어마어마하게 커서 보이지도 않고 확인할 길이 없다고 인류가 자기에게 심는 것은 인정하지 않는 것이 보통인데, 자기에게 지구에 있는 모든 물질과 54억 인류의 명단을 집어넣어 봐라. 많이 넣었으니까 한 가지라도 보이겠는가? 컴퓨터도 많은 자료가 입력된 컴퓨터와 자료가 전혀 입력되지 않은 컴퓨터와 외모는 똑같다. 사람이나 컴퓨터나 자기가 자기를 인정하지 않으면 그건 고깃덩어리고 목석이고 쇳덩어리일 뿐이다.
 시어머니에게 '밤'을 구워 바치는 며느리는 자기 사고의 노예이기 때문에 자기의 행동을 보는 것이 아니라 시어머니를 죽이는, 살인하는 자기 사고를 인정하기 때문에 자기 사고를 반복해서 인정하면 인정할수록 양심의 가책이 많아지겠나, 없어지겠나? 도대체 인류의 형이상학·형이하학이 무엇인가? 한 가정에서 시어머니는 며느리의 행동만 보고 인정하면서 좋아라 날뛰는데 며느리는 자기 사고만 인정해서 양심의 가책을 받아 괴로워해야 하니 현대판 정보 전쟁에서 한 사무실에서, 한 회사에서 10년, 20년씩을 같이 근무한 간첩이나 이중간첩이나 국제 간첩들보다도 훨씬 더 끔찍스럽지 않은가?

012

여러분들 가정에는 이런 일이 없는 줄 아는가? 지금은 더 많잖아? 재산 싸움, 권력 싸움, 명예 싸움, 사상 싸움, 사랑 싸움, 기분 싸움, 자리 싸움 등등 너무나도 많다. 그것도 가까운 사이에 말이야. 이 책은 분명히 독자의 가정을, 독자의 직장을 그리고 우리의 국가와 민족을 위해서 형이상학·형이하학의 경지를 한꺼번에 확인하는 극치이다. 계속하자.

양심의 가책이 가중되는 며느리와는 달리 며느리의 메가톤급 효도에 눈까지 뒤집힌 시어머니는 3일 후부터는 이제까지의 구박과는 달리 '내 며느리', '내 아가' 하면서 公主도 公主도 특급 公主의 사랑을 받게 된다.

가정에서 며느리가 손끝에 물 한 방울, 흙 한 톨 묻히지 못하게 하인들과 하녀들에게 특별 명령이 떨어졌다. 영문을 모르는 하인들과 하녀들의 놀람을 시어머니에게는 알 바 아니었다. 독자들께서는 양심의 가책이 더욱더 가중되는 며느리의 입장이 되어 볼 필요가 있다. 며느리의 살인 행동이 5일이 지나고 7일째가 되자, 시어머니는 이제 동네방네 돌아다니면서 온통 며느리 자랑뿐이었다. 동네 사람들마다 "사람은 오래 살고 볼 것이여! 시상에 저 할망구가 며느리 칭찬하며 돌아다니는 것을 다 보게 될 줄이야." 온 동네 사람들 역시 며느리의 효도 행동과 시어머니의 행동과 말로만 보고 듣고 믿는 것이지 며느리의 살인하려는 思考쯤은 추호도 알 수도 볼 수도 없었다.

며느리는 이제 괴로워서 집 밖으로 나갈 수도 없다.

013

누가 자기의 머리와 마음을 훔쳐보지나 않을까 해서 말이다. 괴로워 미칠 지경이 된 며느리는 시어머니에게 고백을 할 수도 새벽

인시에 밤을 구워 바치는 행동을 안할 수도 없었다. (독자 같으면 고백할 수 있겠는가? 대답해 보라. 크게 하라.) 사고의 노예는 어차피 괴로움 덩어리다. 이래도 괴로움 저래도 괴로움뿐이다.

유교든 불교든 기독교든 천주교든 회교든 어떠한 종교도 그래서 '괴로운 인생들아, 고통의 바다에 떠 있는 괴로운 중생들아 다 와라. 고통이 없게 해주리라!' 하고 외치지만 종교에 귀착하면 할 수록 이젠 더욱더 종교에 예속되어 이번엔 더 많은 회의와 질곡에 빠져 버린다. 그래서 필자의 수련은 인류 역사 이후 최초로 독자께서 어느 누구에게도 예속되지 않고 조물주(하나님)의 창조의지를 독자가 직접 행동으로 확인하고 독자 스스로가 창조주의 속성을 이어받은 창조자의 생활을 평생 동안 발휘하게 해주는 것이다. 神은 예속할 수도 없고 예속되어서도 안 된다. 사탄들은 예속하려 하고 또 예속되기를 바란다. 너는 神인가, 사탄인가? 필자가 분명히 말하되 독자는 사탄이 아니고 神이다. 창조주의 속성을 이어받은 창조자란 말이다.(《動》註)

창조주의 속성인 창조자, 즉 독자를 어느 누가 예속할 수 있으며 또 독자께서 예속당한다는 것 역시 용납될 수 없는 창조주에 대한 죄악이며 배신이다. 벌어먹기 위해 고용된 인류도 그의 고용기간까지는 독창성과 창조의지가 그 고용주에게 얼마나 빨리 박탈되어 버리던가?

014

인간에게 예속된 가축이나 애완 동물들은 얼마나 행동력이 약하고 얼마나 습관에 길들여지던가? 그들을 예속하는 사용주들 역시 자기 사고의 노예가 아니던가? 독자와 이 세계 인류가 지금까지는 선조들과 똑같은 무지와 무식으로 예속의 전철만 밟아 왔지만서도 그것은 지나간 과거일 뿐이다. 단연코 슈퍼맨수련을 통해서 독자와 이 세계 인류는 지금까지의 이 세상의 무식하고 무지한 차원을 초월하게 된다. 창조자로 태어난 독자가 한 가지 낡은 철학이나 고루한 종교관에 얽매여서 하나만 알고 천 가지, 만 가지 것은 모르라는 '예속에 길들여진 노예'가 된다는 것 자체가 바로 창조주에 대한 죄악이다. 독자를 얽어 맸던 사슬을 끊어 버려라. 너의 동작으로 끊어 버려라. 그리고 천 가지, 만 가지 것을 다 포용하여 창조하라. 그러면 너의 인생의 행복과 성공과 건강이 평생보장된다. 너의 현재 행동 그 자체로 창조하라. 너의 현재 행동 그 자체가 바로 극락이고 영생이고 천국이고 神의 행동이다.

무식하고 무지한 수직관계에서 개처럼 예속되면 어디서나 환영받는데 평생 발전이나 영광이나 창조는 없다. 받아 봤자 예속되는 고통뿐이라면 받을 필요가 뭐가 있겠는가? 사고로 받고 사고로 인정한다는 것은 모두 흙의 속성인데 그것이 흙의 속성이 아닌 창조주에게 무슨 소용이 있단 말인가? 떼거지같이 숫자가 많다 해서 그것이 진리이고 그것이 정의인 줄 아는가? 천천만만에다. 신적인 의지창조 행동으로 창조주와 똑같이 오히려 초월하는 창조자가 되어야 한다.

015

이젠 며느리는 시어머니가 너무나 좋다. 이렇게 좋은 시어머니가 며칠 전까지만 해도 왜 그렇게 지독해서 자기로 하여금 시어머니를 죽여 가는 행동을 하게 하였을까? 시어머니의 며느리에 대한 사랑이 깊어질수록 며느리는 이제 죽을 지경으로 되어갔다. 어차피 현세계 인류는 의식 정복을 못하는 한 시달리게 되어 있다. 며느리의 밤 구워 바치는 행동은 열흘이 지나고 열닷샛째가 되자 오라버니의 말씀대로 시어머니의 살빛이 뽀얗게 변하면서 몸이 불어나기 시작했다. '어머나, 오라버니 말씀은 기가 막히게 들어맞는데 이제는 시어머니가 이렇게 좋아졌으니 어떡하나?' 이젠 며느리에겐 시어머니가 친정 어머니보다도 더 좋을 정도가 됐다. 이렇게 좋은 시어머니를 도저히 죽일 수가 없었다. 이젠 시어머니를 살리는 방법을 강구해야 했다.

사실은 시어머니보다도 자신이 더 괴로워서 못 견딜 지경이 되었다. 시어머니에게 밤을 구워 바친 지 스무 날이 지나자 죄책감 때문에 미쳐 버릴 지경이 되었다. 이젠 어떻게 하면 시어머니를 살리냐에 집착을 하다 보니 지난번의, 어떻게 하면 죽여 버리는가의 반대 현상이 되었다. 현대판 노이로제에 또 철저히 시달리게 된다. 며느리의 얼굴과 몸은 말이 아니었다. 며느리의 이런 모습을 보고 염려해 주시는 시어머니에게 고백할까 하고 망설인 것만도 한두 번이 아니었다. 자기만 죽는다면 시어머니에게 고백했을 것이나 오라버니의 지위와 생명을 책임질 생각은 자기를 너무나도 아찔하게 했다. 이년은 이젠 너무도 괴로워서 밥도 먹을 수가 없었다. 음식물이 한 톨도 목구멍으로 넘어가지 않았다.

016

두 달을 채워서 시어머니가 돌아가시기 전에 자기가 먼저 죽을 것 같았고, 죽을 운명인지 25일을 채우고 30일까지 겨우 밤을 구워 바치고는 이젠 더 이상 인시에 밤을 구워 바칠 기력도 없게 되어 누워 버렸다. 몸은 완전히 말라 뼈만 앙상한 갈비씨 중에서도 국제 갈비씨가 되었다. 말할 기력도 없었다. 그 상태에서도 자신의 몸은 조금도 알 바 아니고 오로지 어떻게 하면 이 좋은 시어머니를 살릴 수 있을까 하는 생각뿐이었다.

시어머니는, 이 세상에 두 명도 다시 태어나지 못할 자기의 지극한 며느리가 몸져눕게 되자 손수 미음을 끓여다 떠먹여 주며 보약과 좋은 약이란 약은 모조리 다 구해 오도록 아들과 하인들에게 명령했으며, 전국의 명의들까지 모조리 불러들였다. 자기에게 극진한 남편과 막강한 시어머니의 필사적인 노력으로 약과 보약과 명의들의 정성이 쇄도하건만 며느리의 병은 전혀 차도도 없고 오히려 더 심해질 뿐이었다.
 독자들이여! 머리로 분석하지 말고 가슴과 심장으로 분석해 보라. 사고로 포용하지 말고 의지로 포용해 보라. 지금 이 며느리는 몸이 아픈 것인가, 마음이 아픈 것인가? 도대체 이 며느리에게 돈과 약과 보약과 명의들이 무슨 소용이 있단 말인가? 남편과 시어머니의 정성이 무슨 소용이 있단 말인가? 몸이 아프면 약이나 의원들의 힘에 의해 얼마든지 고칠 수 있다. 그러나 마음이 병들면 세상에 약이 없다.
 지금 현재도 이 나라와 이 세계에는 마음과 의식에 병이 들어 죽고 파탄되는 숫자와 사례는 몸이 병들어 죽는 숫자와 교통 사고로 죽는 숫자보다도 훨씬 더 많다. 그리고 마음과 의식에 병들면 육체는 필연적으로 병이 들게 마련이다. 설혹 육체에 병까지는 생기지 않았다 할지라도 실의와 자포자기로 주색잡기와 방탕과 노름으로 히로뽕과 마약으로 사는 인생들이 전인류의 20% 정도를 차지한다.

017

 실의와 자포자기까지는 안 되었다 할지라도 자기 인생을, 사업을, 가정생활을, 직장생활을, 학업을 자신 있게 하지 못하는 숫자가 선진국의 통계에 의하면 전인류의 60%를 점유하고 있다. 후진국은 더 많다.
 이걸 세상의 과학과 의학과 권력과 종교가 어떻게 해결하겠는가? 천만에다. 어림 반푼도 없다. 세계 최초로 신적인 의지창조 행동으로 의식을 정복해야 한다. 석가모니와 예수와 마호멧도 얼마나 괴로워했던가? 그러나 독자들은 이젠 세계 최초로 성공하게 된다.
 며느리는 숨이 넘어가지 않은 상태에서 오직 시어머니를 살리는 방법만 강구한다. 만일 그때 필자가 이 불쌍하고 가련한 여인을 봤다면 돈 한푼, 약 한 톨 쓰지 않고도, 필자를 믿으라고 하지 않고도, 필자를 믿을 필요도 없이 평생 행복을 보장시켜 주었었겠지만 그때는 지금으로부터 5백년 하고도 몇십 년 전이었다.
 발전이란 옛날이나 현대나 행동으로 성공해야지 말이나 思考로만 성공해 봐야 아무 소용 없다. 思考나 말만의 성공은 어린아이도 주정뱅이도 허풍쟁이도 정신병자도 병원의 환자도 지금 당장 다 된다. 공허한 소리일 뿐이니까.
 시어머니 살리는 방법을 강구하지 못해 사경을 헤매는 며느리의 머리에 그전 같은 섬광이 또 한번 번쩍했다.
 '아! 한명회 오라버니! 죽이는 방법을 일러준 오라버니가 살리는 방법을 모르실까! 그 오라버니에게 사정을 한번 더 하자.'
 미음도 먹지 못하던 며느리는 하인들에게 가마를 준비하도록 했다.

018

 한편 동부승지 한명회는 절세 가인인 사촌 여동생이 또 가마에 실린 채 자기에게 온다는 전갈을 받자 만면에 회심의 미소를 띄우고는 '그러면 그렇지! 제년이 안 올 리가 없지……. 그런데 왜 이제야 오는 거지? 훨씬 더 일찍 올 일이었는데……'라고 필자는 알아들을 말을 지껄였다.
 이윽고 오라버니 댁에 도착한 며느리는 두 사람의 부축을 받으며 한명회 앞에 뼈만 앙상한 모습으로 나타났다. 부축을 받은 채로 오라버니에게 절을 올리고 나자 한명회는 위엄 있는 자세로 "네 이년! 또 어인 일인고? 네년 신수가 거의 죽을 상인 걸 보니 또 무슨 간교인고?" 하자 여동생은 다 죽어가는 목소리로 "네, 오라버님. 불초 이년에게 간교는 없사옵고 마지막으로 한번만 더 오라버님을 찾아뵙고 인생을 하직할까 하여 찾아뵙는 것이니 주위를 물려 주시어요" 했다.

한명회 지시로 주위 사람이 모두 나가자 여동생은 "오라버님 ! 오라버님 말씀대로 시어미에게 밤을 구워 바치길 불과 3일 만에 양심의 가책으로 괴롭게 되었으며 열흘도 못 되어 시어미가 친어미 이상으로 좋아졌고 열닷새 만에는 오라버니 말씀대로 시어미의 살빛이 뽀얗게 되면서 몸이 불어나기 시작했으며 스무날을 넘기지 못하여 시어미가 안 계시면 살 수 없을 정도로 시어미를 사모하게 되었습니다. 밤을 구워 올린 지 한 달쯤부터는 몸과 마음의 가책상 밤을 구워 올릴 거동도 할 수 없게 되어 오늘까지 시어미의 보살핌으로 겨우 운신하였나이다. 두 달간 밤을 구워 올리기 전에 이 동생이 먼저 죽을 운명인지 이렇게 운신도 못하고 가책이 극에 달하여 며칠 전부터는 시어미에게 밤을 올리지 않고 있습니다. 오라버니, 이 동생이 제발 잘못했사오니 이년은 죽어 마땅하오나, 이제까지 시어미에게 지은 죄나 회개하고 죽겠사오니 시어미를 살리는 계책을 일러주옵소서" 하고는 울기 시작했다.

019

잠자코 이야기를 다 들은 한명회는 지난번보다 더 큰소리로 "이 불여우 같은 년 !" 하면서 억센 손바닥으로 다 죽게 되어 울고 있는 사촌 여동생의 뺨을 손자국이 나도록 강력하게 때렸다. 여동생은 목석이나 송장처럼 한쪽 구석으로 나뒹굴었다. 사람을 때리는 지성이란 환영할 수 없다. 그러나 한명회의 여동생은 맞아야 했다. 몸이 아픈 환자라면 때릴 수가 없다. 그러나 이 여인은 몸이 아픈 것이 아니었다. 오라버니가 동생에게 가서 때린 것도 아니다. 동생 자신의 의지로 오빠에게 왔던 것이다. 한명회가 필자를 만났더라면 훨씬 더 차원 높게 대할 수도 있었다.

여동생은 뺨을 맞을 때 지난번에 이어 이번에도 또 한번 눈에서 번갯불이 작열했으나 이번에는 여동생도 전과자였다. 전번에 오라버니에게 맞아 봤고 오라버니에게 맞으면 좋은 수확이 있다는 경힘을 했던 것이다. 아픈 것은 순간이고 오빠에게 또 맞았으니 이젠 시어머니를 살리는 좋은 계책은 받아 놓은 밥상이라고 확신한 이 간교한 여동생은 지난번과 같은 방식으로 울기 시작했다. 속으로는 멀쩡하면서…… "고이얀 년같으니라구……. 오라비가 모를 줄 알고?"

여동생은 자기를 노려보고 있는 오라버니의 눈을 피해서 지난번만큼만 울면 또 오라버니가 고함치는 욕소리와 함께 좋은 계책을 줄 줄로 믿었다. 게다가 어깨까지 들먹이면서 울었다. 사촌 여동생이라지만 단둘만의 방에서 천하의 미녀가 자기한테 얻어맞고 어깨까지 들먹이며 우는 모습을 지켜보고 있다.

020

독자는 한명회를 조금 더 이해할 필요가 있다.

한명회는 추남으로서 수양대군을 용상에 앉힐 때 '권남'과 같이 30여 명의 동지들을 모아 이끌고 무고한 사람들을 수많이 죽였었다. 이들의 손에 맨 처음 김종서와 그의 두 아들이 희생된 것을 시초로 마지막에 다시 단종을 즉위시키려던 사육신(死六臣 : 성삼문·박팽년·하위지·이개·유응부·유성원)을 죽이고 생육신(生六臣 : 김시습·이맹전·조여·원호·성달수·남효온)을 낳게 했으며 1463년에 세조(수양대군)가 죽자 영의정에서 몰락했다가 다시 공을 세워 또다시 영의정이 되어 많은 공을 세우기는 했으나 인생 말년에 또다시 변란에 휩쓸려 모진 고문을 받다가 풀려난 희대의 정치가요 모사가였다.

여동생은 자신의 추측으로 지난번에 울었던 시각만큼 울었다. 그러나 오라버니의 입에서는 아무런 주파수도 안 나오는 것이었다. 여동생은 울면서도 여전히 자기의 귀를 오라버니의 입에다 싸이클을 맞추어 두고 있었다. 그리고 지난번보다 두 배쯤 울었다. 그래도 오라버니한테서는 반응이 없었다. 울고 있는 자기를 지켜보고 있는 오라버니를 생각하면서 이번엔 세 배쯤 울었다. 그래도 오라버니한테서는 일체 말이 없었다. 바로 그때 귀청이 찢어질 듯한 소리로 "야, 이년아! 돌아가라"라고 오라버니가 외쳤다.
여동생은 울다 말고 벌떡 일어섰다.

021

오라버니가 자기에게 돌아가라고 한 것을 보면 분명히 해결책을 주신 것인데 자기는 들은 일이 없다. 하도 이상해서 자기가 우느라고 잘 듣지 못했는가 싶어 처음부터 다시 회상해 보았다. 아무리 회상해 봐도 오라버니의 "야, 이년아! 돌아가라"란 말 이외엔 아무런 소리가 없었다.
그래도 동생은 오라버니에게 확인을 해야 했다. 그래서 "오라버니, 시어미를 살리는 계책을 일러주옵소서"라고 했다. 오라버니는 지체없이 여동생을 잡아먹을 듯 달려드는 자세로 눈을 부라리며 "야, 이년아! 주었잖어?" 하면서 대로했다. 속으로는 역시 미녀 동생에게 자애가 넘치고 있었다.
여동생은 미치고 환장할 일이었다. 도대체 이렇게 답답할 수가 없었다. 그러나 들은 일이 없다고 또 한번 말을 하다가는 살아가지 못할 것 같았다. 요샛말로 닭 잡아먹고 오리발이라도 내밀면 그래도 이해할 수 있겠지만, 이 오라버니는 오리발도 내밀지 않고 털도 내놓지 않고 주었다고 하니 더욱더 기가 차는 일이었다. 이 여인이 아무리 세 번, 네 번 회상을 해봐도 오라버니가 해결책을 말해 주진 않았다.
그래서 이 여인은 이젠 맞아 죽을 각오로 오라버니에게 바른말을 한 번만 더 하기로 작정하고 "오라버니, 이 동생이 천지 신명께 맹세하고 오라버니에게 바른말씀 드리는데 이 동생은 오라버니에게 시어미 살리는 계책을 받은 일이 없사옵니다" 했다. 그러자 오라버니는 펄쩍 뛰면서 "이○○아! 한 달 전에 주었잖아!" 했다.

022

 오라버니가 얼마나 큰소리로 외쳤던지 동생 얼굴에 침까지 튀었다. 여동생은 이젠 처음에 왔었을 때부터 낱낱이 회상하기 시작했다. 오라버니는 일체 말이 없었다. 여동생 스스로 확인하고 깨우치도록 놔두는 것이다.
 이 여인은 아무리 회상하고 회상해도 지난번에 일러주었던 시어미를 죽이는 방법 이외의 계책은 전혀 생각이 나지 않았다. 그런데 오라버니는 시어미를 살리는 계책까지 다 주었다니 터무니가 없어도 이토록 터무니없는 일은 세상에 없을 것 같았다. 귀신이 곡하고도 남을 노릇이었다. 얼마의 시각이 흘렀는지 한참 뒤에 여동생의 얼굴에 환한 미소가 넘치면서 "오라버니! 너무 너무 감사해요" 하면서 기쁨을 가누지 못한 채 오라버니에게 큰절을 올렸다. 도대체 이 여인은 얼마나 기쁜지 어쩔 줄을 몰라했다. 그때야 비로소 한명회는 빙긋이 미소를 지어 보였다. 사촌 여동생의 병은 순식간에 다 나았다. 하인들 두 명이 부축을 해도 잘 걷지 못했던 이 여인은 가마고 뭐고 모두 다 팽개친 채 하인들보다 더 빨리 집으로 달려가 시어미에게 생전 처음으로 환하고 밝은 모습으로 큰절을 올렸던 것이다.
 독자들은 처음에 한명회에게 사촌 여동생이 와서 시어머니를 죽이는 계책을 일러 달라고 했을 때를 기억할 것이다. 오빠는 동생년의 말 몇 마디를 듣더니 단번에 알아차렸다. 그렇게 하인들이 많은 큰 집에서 자기가 섬길 사람은 시어머니와 남편밖에 없는데, 얼마나 효행이 모자랐으면 시어머니의 눈 밖에 나고 시어머니를 죽이려까지 하는 걸 보니 악부 중에도 악부인 이년에게 오라버니 입장에서 "야, 이년아! 너는 효도가 부족해서 그러하니 이렇게 이렇게 효도를 해봐라. 그러면 사이가 좋아질 것이다"라고 이야기를 했다면, 그 동생 년이 말을 들어 먹었겠는가, 더욱 반발을 했겠는가? 독자들은 답변해 보기 바란다.

아마 위와 같이 충고를 했더라면, 아무리 오라버니가 천하를 주름잡는 세도가라 할지라도 그 동생 년은 오라버니의 말에 코방귀도 안 뀌었을 것이고 그 동생이 더욱 불행해졌을 것은 너무도 뻔한 일이다.

023

　독자들이여, '밤'에 독이 들어 있는가? '밤'에는 전혀 독이 없다. 새벽 인시에 텅텅 빈 위장 속에 영양가 높은 밤을, 그것도 군밤을 한 그릇씩 먹게 되면 몸에 독이 되겠는가, 보약이 되겠는가? 이러한 이야기는 오라비와 동생년 둘이만 알아야지 제삼자나 어린아이한테라도 말하게 된다면 모두에게 웃음거리가 되어 버린다. '밤'에 무슨 독이 있나? 동생년도 어이없어 할 것은 너무나도 당연하다. 동생년의 사고야 어떻든 간에 행동의 실적은 사고와는 너무나도 판이하다.
　우리 민족과 현대 세계 인류여! 당신이 어떻게 태어났건 어떠한 사고의 인간이건 신적인 의지창조수련으로 순식간에 자신을 성공시키고 행복하게 만들어 주고 재창조해 보아라. 인생은 절대적으로 행복한 것이다. 절대적으로 행복하다는 사실을 세계 최초로 필자가 확인시켜 준다.

14
무의식의 大혁명

001

필자도 과거에 꿈에서는 죽을 때도 있었다. 꿈에서 도박을 하여 가산을 탕진하고 부동산 문서까지 잡히고 탈탈탈탈 털려 버린 때도 있었다. 꿈에서 망한 것이 생시에도 망한 것인가? 지금은 신적 인식으로 현재 의식, 잠재 의식, 무의식이 일치되어 꿈속에서도 절대 불안이나 고통이나 불행이 없다. 현대의 정신분석학에서는 아무 필요도 없는 꿈을 분석하기 위해 많은 시간을 낭비한다. 이 세계의 정신분석 학자들이 의지창조수련을 받으면 평생 시간 낭비를 하지 않게 된다.

인간의 사고라는 것은 신적인 의지에게도 아무런 필요성이 없으며 현재 행동에는 더욱더 필요성이 없다. 현재 의식에서 자기 사고를 무시한 의지의 행동이 강해야 꿈에서도 의식이 의지와 행동에 예속되어 절대로 당하지 않는다. 꿈에서 보는 너의 의식과는 아무런 관계 없이 너의 의지와 몸은 방안에서 잠을 자지 않던가? 몽유 증세 역시 자기 의지 아닌 무형체의 노예지만 이건 성장 과정에서 아무에게나 나타날 수 있다. 15세 내지 20세 이상쯤 되면 몽유 증세 같은 것은 걱정하지 않아도 된다. 생시나 지금 현재 보고 느끼는 너의 사고에 의지의 동작이 태도로 이행하여 주지 않는 한 꿈을 꾸는 거나 다를 바 없다.

'의지의 창조 행동', '자기 사고를 초월한 행동 창조', '무조건적인 모험 행동을 통해 자기 수평적 思考 완성과 창조 확인', 참으로 신기하지 않은가?

너의 사고에서야 신기할 것이고 현세상 인류의 입장에서는 누구에게나 최초이기 때문에 신기할 수밖에 없지만 신적인 창조 행동 앞에는 하나도 신기할 것이 없다.

002

사고를 통해 이해하려면 평생을 연구해도 감도 잡지 못한다. 그러나 행동으로 확인하는 데는 며칠이면 확인해 버린다. 너는 평생 동안 실패하기를 바라는가? 행동으로 며칠 만에 성공하기를 바라는가? 신적인 의지창조 행동을 하지 않으면 너가 죽을 때까지 성공도 못할 뿐더러 신기할 수밖에 없는 신기함이 사고에서만 영원히 이어진다.

신적 의식으로 되는 과정에서 필자가 체험한 예를 들어 보겠다. 네가 세계 최고의 행동창조자, 행동철학자, 행동심리학자, 행동과학자로 탄생되기 위해서는 필자의 체험 행동이나 의식 정복 결과가 현세상에서 사고를 통해 쌓는 학문 따위와는 얼마나 차이가 많은지 금세 확인하게 될 것이다.

오래 전의 일이다. 필자가 많은 사람들을 통솔하느라고 참모들 6, 7명과 함께 커다란 방을 함께 쓰고 있을 때였다. 워낙 바빠서 제대로 먹을 수도 없었던 어느 날 밤, 바삐 숙소로 가던 중 먹음직스런 귤이 가게 앞에 보여 시지 않은 귤만 한 상자 사겠다고 했더니, 가게 주인이 시지 않은 것은 조금밖에 없다고 해서 上品의 귤만 20여 개를 사가지고 숙소로 들어갔다. 참모들도 모두 들어와 있었다. 오랜만에 필자의 손에 든 귤을 보자, "야! 먹을 복이 있구나" 하면서 두어 명이 귤을 받더니 모두에게 두어 개씩 나누어 주었다. 필자는 필자 몫이 많기에 빨리 먹은 사람은 필자 몫까지 먹으라고 했다. 문제는 여기서부터 시작되었다. 필자보다 두 살쯤 아래인 김장식이라는 먹성 좋은 운영위원이 평소의 위장병에도 불구하고 2주일 정도 만에 먹어 보는 귤이라 두 개쯤은 너무 적다면서 적은 음식은 남길 것이 없다고 귤 껍데기까지 먹어 치웠다.

003

귤껍질을 꼭꼭 씹어먹기만 했어도 괜찮았겠지만 빨리 먹고 필자의 몫까지 더 먹으려 했던 모양이다. 김장식이가 필자 몫까지 자기 자리로 가져간 지 2분도 채 못 되어 얼굴이 갑자기 샛노랗게 변하며 "아~어지럽다" 하면서 엎드리듯 엎어져 버리는 것이었다. "아니, 김 위원 왜 이래?" 필자와 여러 명이 일으켜 세웠으나 눈을 감은 채 말을 못하는 것이었다. 얼굴 색이 완전히 사색이었다. 즉시 내과병원에 연락하자 의사가 달려왔다. 의사는 그를 진찰하더니 고개를 저으며 "빨리 병원으로 옮겨 수술을 해야 합니다. 오늘 밤을 못 넘깁니다"라고 했다. 필자는 즉시 그 당시 광주에서 제일 유명하다는 외과병원에 연락하여 김장식이를 입원시켰다. 입원은 시켰지만 병원에서도 난리가 났다. 수술을 집도할 책임자가 부재중이었다. 두 시간쯤 지나 천신만고 끝에 책임자를 데려오자마자 수술은 즉시 시작되었다. 밤은 깊었고 수술 현장은 참관할 수 없다 하여 일행은 숙소로 돌아와 눈을 붙였다.

필자가 잠든 지 30여 분 만인 밤 12시 30분쯤이다. 꿈이지만 너무 생생했다. 홍 형, 홍 형! 누가 필자를 부르는 소리에 잠을 깼다. 김장식이가 방문 앞에서 문 손잡이를 꼭 잡고는 "홍 형, 홍 형, 좀 도와줘요. 밖에 괴한들 5,6명이 나를 잡아가기 위해 문을 열려고 해요. 빨리 좀 도와줘요." 다른 사람들은 모두들 잠들어 있었다. 필자가 순간적으로 본 것이지만 방 문짝이 금방 열릴 듯이 들썩들썩했다. 금방이라도 문짝이 열리고 괴한들이 우르르 몰려들 찰나였다. 필자는 꿈에서였지만 "장식아! 내가 문짝을 두 발로 차는 찰나에 너는 문고리를 놔라" 하고는 몸을 날려 단단한 방문을 두 발로 차면서 "세계 최고의 강자 홍민성이가 나간다!"라고 외쳤다.

004

 문은 밖으로 떨어져 나가면서 박살이 났고 필자의 몸이 문 밖으로 나가 떨어졌을 때는 아무도 없었다. 그때서야 필자는 진짜로 잠에서 깨었다. 일행들은 모두 자고 있었다. 필자는 12시 30분이라는 시간을 확인하고 즉시 병원에 있는 김장식의 수술 결과를 확인했다. 그런데 기가 막힌 사실은 김장식의 수술 도중 가장 고비였던 순간이 필자가 문을 박차고 나온 시간과 일치했다는 것이다. 수술을 하게 된 원인은 귤 껍질 때문이었다. 귤 껍질에는 농약이 묻어 있어 껍질을 먹어서도 안 되지만 먹더라도 씹어서 위장으로 내려갔더라면 괜찮았을 텐데 제대로 씹히지 않은 껍질이 위장으로 내려가 위장 벽에 모조리 붙어 버렸던 것이다. 귤 껍질들이 반대로 위장벽에 붙었으니 그 위장이 어떻게 되었겠는가?
 다음날 새벽 김장식을 만나 간밤에 필자가 문짝을 두 발로 차고 나왔던 시간과 수술 도중 가장 고비였던 순간이 일치했음을 말하자, 그 역시 놀라면서 완전 마취 상태에서 수술한 그였는데 의식에서는 누가 자기를 방 밖에서 우르르 몰려와 찾기에 문을 열었더니 아주 험악하게 생긴 괴한들 5, 6명이 자기를 나오라고 했다는 것이다. 그래서 그들에게로 나가면 죽을 것 같아 재빨리 문을 닫아 잠근 채 문이 열리지 않도록 막고 있는데 문이 금방이라도 부서질 것 같아서 언제나 공격하는 필자를 깨워서 구원을 요청했는데, 김장식이가 보는 꿈에서도 필자가 즉시 일어나, 필자가 나가서 처치할 터이니 비키라면서 문을 부수고 뛰쳐나가니 불과 몇 초 전까지만 해도 문을 부수고 들어오려던 괴한들이 거짓말처럼 없어졌다는 것이다.

005

 필자와 김장식의 꿈이 일치했던 시각과 수술에서 가장 고비였던 순간이 일치했던 것이다.

 배와 위장을 가른 수술은 상처가 아무려면 병원에서 보통 일주일 이상은 입원해 있어야 한다. 그런데 필자는 김장식을 이틀 반 만에 퇴원시켰다. 돈이 없어서 그런 것이 아니었다. 신적인 의지 컨트롤이 회복을 빠르게 했기 때문이다. 병원에서는 안 된다고 난리였으나 바쁜 필자가 그들을 이해시킬 시간은 없었다. 창조자는 행동만 하는 것이다. 김장식을 잡아가려고 나타난 괴한 5,6명이란 다름아닌 저승 사자들이었다. 앞으로 필자가 그 세상에 가면 그들을 색출해 볼 판이다. 문짝에 치여서 뒈졌는지, 문짝에 다치지나 않았는지, 분명히 확인해 볼 참이다. 지금 김장식은 서울에서 조그마한 제조업체를 경영하고 있다. 가끔씩 만나면 "자네 귤 껍질 기억하나?" 하면 "귤 껍질을 먹을 시간은 내 평생에 없어유" 한다.

 자기가 창조주와 같은 창조자임을, 즉 神임을 인정해야 신적인 행동 발휘가 되고 또 신적인 행동을 통해 신적인 의식으로 바뀌는데, 현대 인류는 무지해서 자기는 神이 아니라 사탄이므로 또 동물보다 조금 나은 연약한 사람이라고만 인정하므로 강한 행동과 강한 의식이 평생 발휘되지 못하고 사탄 괴수들에게만 자꾸 보호해 달라고 매달린다. 그런 작자들 평생 빌어먹을 짓 아니야? 자기가 거지라고 인정하면 거지 행동이 나올 건 뻔하지 않은가? 神이라고 인정해야 창조자로서의 능력이 발휘되고 또 밖으로 뿜어내고, 쳐내고 항상 공격하고 또 항상 봉사한다.

006

 김장식은 자기가 사탄이고 사람이라고 인정하고 행동하였기 때문에 괴한들을 무서워했고 항상 당할 것만을 생각하고 항상 공격을 하지 못했던 것이다.

 필자의 몸은 분명 너와 같지만 행동이나 의식은 창조주의 속성 그대로 공격이고 쳐내고 포용이고 창조이고 행복이고 봉사이다.

흙의 속성인 너의 대가리의 사고야 어찌됐건 너의 의지와 행동이 강력하게 홀로 서기에 성공하면 너의 의식도 홀로 서기가 되고 5차원, 9차원, 10차원의 세상에 가도 홀로 서기엔 문제가 없다. 필자는 꿈속에서도 홀로 서기가 되는 것은 의지와 창조행동으로써 세계 최초로 의식을 정복했기 때문이다.

신적인 의식은 인류에게 자랑하지 않는다. 우주 전체와 세상 인류 54억이 똘똘 뭉쳐도 네 손가락 손톱의 때만도 못하지 않은가? 그런 인류에게 무얼 자랑하겠나? 그런 인류와 세상에게 너는 창조자로서 봉사만 하는 강력한 地上神이다.

살아서 극락을 건설하고 살아서 천국을 건설한 자는 차원이 달라지는 5차원, 9차원, 10차원에서도 그대로 발휘되어진다. 생시에는 강한데 꿈에서는 약해지고 꿈에서는 강한데 생시에는 약한 이런 무식하고 무지한 현세계 차원을 초월해야 세계를 제패한다. 지금까지의 이런 세상적 차원을 연구하고 있는 우리나라와 선진국이라고 말하는 나부랭이 국가들의 수준 가지고는 언제나 약자이고 아무에게나 매달리기를 바라고 그런 것만 찾아 헤매는 자들이라면 자기가 자기 자신을 돌아봐도 평생 한심스런 것이다.

이 세상과 이 세상 인류 전부가 다 너의 것이다.

007

네가 보호해야 할 대상은 너의 부모·형제·자매들뿐만이 아니다. 이 국가와 국민과 세계 인류까지 다 네가 보호해야 한다. 자기들이 약자라고 울부짖으면서 보호받기 위하여 파리떼처럼 몰려가서 귀찮게 괴롭히는 저 석가모니·공자·맹자·예수·마리아·마호멧, 저 하나님 그분들은 누가 보호할 거냐? 그분들은 무지한 인류에게 시달리기만 하는 노예인 줄 아나? 너는 전인류에게도 봉사를 해야 하지만 인류한테 가장 많이 시달린 저 하나님과 석가모니와 예수와 마리아와 마호멧에게도 지구 창조 이후 최초로 보호해 줄 가장 강한 창조자이다. 그렇게 해야만이 너는 5천년 만에 처음으로 우리의 무지했던 조상들에게 영광을 돌리는 최초의 후손이 될 뿐더러 이 세계도 너의 것이 되고 우리 민족의 것이 된다.

15
주관성의 大혁명

001

　사람이 홀로 서기를 못하면 세상에서 사람같이 쓸모 없는 것은 없다. 먹을 수도 놔둘 수도 죽일 수도 없기 때문이다. 그러고도 홀로 서기 하는 사람들의 인생을 빼앗기까지 한다. 그런데 사람이 홀로 서기를 하게 되면 세상에 사람같이 쓸모가 많은 것 또한 없다.
　기성세대들이 너를 10개월씩이나 뱃속에서 키우다가 태어나게 해준 것만도 너는 평생 그들에게 감사해야 한다. 이 감사란 것은 자기를 낳아 준 기성세대에게 매달리는 것이 아니다. 홀로 서기를 하는 것이 가장 근본적인 감사의 표시이다. 기성세대들이 유치원에서 고등학교까지 교육을 시켜 주면 그 이후로는 너가 기성세대들을 보호는 못해 줄망정 강력하게 홀로 서기를 해야겠는가, 하지 않아도 되겠는가?
　지금 중·고등학교도 홀로 서기로 다니는 자들이 많다. 기술을 익히건 공부를 하건 사업을 하건 독학을 하건, 홀로 서기란 바로 신적인 의지창조의 지름길이다. 현대문명이 엉뚱하게 빗나가고 있기 때문에 현대 인류는 모두 다 조물주에게 얼굴을 들지 못한다. 너, 조물주 얼굴을 똑바로 쳐다볼 수 있나, 없나? 뭐? 없어? 그러면 염라대왕 얼굴은 똑바로 쳐다볼 수 있나? 뭐? 염라대왕도 똑바로 쳐다볼 수 없다고? 그러면 누구를 똑바로 쳐다볼 수 있어?
　조상들 얼굴은 똑바로 쳐다볼 수 있어? 어째? 방탕하고 네 욕심만 차려서 조상들 얼굴도 똑바로 쳐다볼 수 없다고?
　그러면 후손들 얼굴은 똑바로 쳐다볼 수 있겠어? 아이~구, 후손들 얼굴은 더욱더 쳐다볼 수 없다고? 그러면 너는 지금 얼굴을 어디다 두고 사나? 얼굴을 어디다 감추고 사느냔 말야? 얼굴을 가지고 살지 않으면 뭘 가지고 사나? 뭐? 思考(뇌) 가지고 산다고?

002

이놈의 새끼, 도둑놈의 새끼 아냐! 보이는 얼굴은 감추고 보이지 않는 思考만 가지고 살다니! 사람이 자기를 감추면 할 바를 못한다. 숨어서 사는 사람을 보라. 어떻게 살던가? 얼굴을 감추는 사람이 제대로 살 수가 있겠는가? 사람이 얼굴을 들지 못하면 큰소리도 치지 못하고 자기가 자기에게도 큰소리를 못 칠 뿐더러 사탄들에게까지도 큰소리를 못 친다. 이것이 사람 생활인가, 동물 생활인가, 본능 생활인가, 도둑놈 생활인가, 사탄 생활인가? 대답해 봐라. 뭐? 대답도 안 나와? 이래 가지고 어떻게 너와 이 사회와 이웃을 책임지고, 나아가 국가와 민족과 세계까지 책임질 수 있겠는가. 책임을 지지 못하면 어떻게 되는 줄 아나? 선조들과 똑같은 전철을 밟게 되는 것이다. 어떻게 밟는가? 저놈이 죽일 놈이요, 이놈도 죽일 놈이요, 그놈도 죽일 놈이요, 모조리 죽일 놈이요라고 평생 지껄이면서 자기가 가장 빨리 썩는 것 말이다. 어째서 너는 직접 할 수가 없고 타인들 욕이나 하고 평가나 하는 무지하고 무능한 자로 살아야 하나?

똑바로 얼굴을 들고 세상을 보면서 큰소리로 말을 해봐라! 절대 선조들같이 숨어서 지껄이지 말라! 현대 인류같이 얼굴을 감추고 철판을 깔고 가면을 쓴 채로 말하지 말라! 화장하지 않은 창조자 그대로의 얼굴로 우리 민족을 똑바로 보면서 큰소리로 말을 해라.

003

도대체 어떻게 살아야겠나? 그래도 말이 안 나와?
"알어, 임마! 바보 자식같으니라구."
지금부터 세계 최초로 너가 조물주도 똑바로 쳐다볼 수 있고 조상들도 현대 인류도 후손들도 너의 얼굴마저도 똑바로 쳐다볼 수 있게 해주마. 조물주와 친구가 되게 해주겠다. 세상 인류의 힘으로 안 되던 것을 세계 최초로 필자가 너는 되게 하는 것이다. 반드시 해내야만 한다. 없어야만 할 존재를 반드시 있어야만 될 창조자로 만드는 것이다. 없어야만 할 존재란 바로 思考의 노예자를 말한다. 어딜 가나 손님 역할밖에 못하는 자가 주인 역할로 바뀌는데 주인 역할 중에서도 창조자로 바뀌는데 특별한 과정이 있는 줄 아는가? 천만에다. 사고의 노예에서 의지창조 행동으로만 바뀌면 되는 거다. 교육에도 거짓이 있고 思考에는 거짓이 훨씬 더 많이 있으나 의지창조 행동만은, 즉 경험만은 거짓이 없다.
너와 인류는 누구나 다 자기에게서 한계라고 인식하는 것이 결코 의지나 행동의 한계가 아닌 자기 사고의 한계였었다는 사실을 피할 도리가 없다. 언제나 인류를 괴롭히는 사고, 언제나 너를 괴롭히는 사고를 무엇으로 정복할 수 있겠는가? 의지의 행동 말고 그 무엇이 있을 수 있겠는가?
흐르는 피, 흐르는 땀, 흐르는 눈물을 어찌 개나발보다도 못한 사고가 감지할 수 있단 말인가? 오직 의지의 행동만이 포용하고 감지할 수 있으며 또 포용할 수 있는 것이다. 너는 언제나 성공하게 되고 매일같이 성공으로 나아가는 기본은 다름아닌 가슴에서 나오는 의지의 행동을 앞장세운 배짱이다.

004

비록 이놈(너의 머리를 한번 강력하게 쥐어 박아라. 왜 강력하게 쥐어 박아야 하나? 살며시 쥐어 박으면 타인들이 비웃기에 앞서 너가 먼저 너의 행동을 비웃게 된다. 그러나 강력하게 쥐어 박아 봐라. 너가 너의 행동에 놀라고 너를 포용하고 너를 인정하게 된다. 자, 다시 한번 번갯불이 번쩍하게 쥐어 박아라.) 머리에서는 언제나 혼란이 오지만, 여기(가슴을 한 대 쳐라. 5천년 묵은 체증이, 또 너의 당대에 가슴에 맺힌 한이 모두 내려가고 풀려 버릴 정도로 강력하게 쳐라. 너의 사고에서 비웃음이 없도록 야무지게 쳐라.)에서는 언제나 너에게 말해 준다. 너의 머리에서 너에게 이제까지 혼란이 왔던 것은 그만큼 너의 가슴의 행동을 부른 것이고 사고의 언어가 아닌 뜨거운 가슴의 언어를 요구한 것이다.

속을 먹으려거든 껍질을 깨야겠나, 깨지 않고도 먹을 수 있겠는가? 껍질을 깨려면 무엇으로 깨는가? 차디찬 뇌(思考)가 깰 수 있겠나? 문자 그대로 思考라는 무형체가 무슨 힘이 있겠나? 차디찬 것이 나오면 오히려 껍질은 더욱더 두터워질 뿐이다. 사람이 추운 곳에 가면 옷을 더 입지 않던가? 추운 곳에서 두텁게 입지 않으면 강력한 행동을 해야만 살 수 있다. 의지의 행동만이 어떠한 껍질도 열을 내게 해서 벗겨 버릴 수 있고 思考의 껍데기도 벗겨 내게 된다. 추운 곳에서 더운 곳으로 가면 옷을 입던가, 벗던가? 옷을 벗는 것은 행동이던가, 思考던가? 思考가 추운 것과 더운 것에 구애를 받던가? 그것은 思考와 아무런 관계가 없는 의지와 행동의 소관이고 책임인 것이다.

005

너는 이유없이 강력한 의지창조 행동으로 차디차고도 무식한 인류의 사고와 너의 사고를 깨서 지금까지 생각만 하고 말로만 했던 '너'라는 푸짐한 창조의 알맹이를 실컷 먹고 세계 인류에게도 나누어 줘라. 반드시 강력한 의지의 행동으로 공해와 낡은 문명과 선조들의 무지한 관념으로 똘똘 굳어진 너의 가정의 껍질도 강력하게 깨라. 그래서 푸짐한 성공과 푸짐한 단란과 푸짐한 행복의 알맹이를 실컷 먹고 이 사회와 국가에도 나누어 줘라. 그리고 너는 직장과 사회와 국가와 인류의 거짓과 배타성이라는 껍질을 너의 신적인 의지창조 행동으로 강력하게 깨뜨려 버려라. 산산이 부수어 버려라. 그래서 그들이 저마다 지구의 주인 역할을 할 푸짐한 알맹이들을 모조리 이 세계에다 흩어 버려라. 많이 흩어 버릴수록 세계 제패는 그만큼 빨라진다.

 떨리는 근육과 뼈, 무섭게 엄습해 오는 수면과 오관(五官)을 통해 날름거리는 욕구쯤은 필자의 세계 최초 최신 완전자동 단전호흡대가 모조리 해결해 준다. 지금 우리 사회와 세계 각국에서 단전호흡을 익히기 위한 행동들이 많이 시행되고 있는데 현재 시행되고 있는 방법들은 너무나도 무식하고 무지한 차원이라 세계를 제패할 우리 민족의 시간과 정력을 많이 낭비시킨다. 20년, 30년씩 해도 습관화되지 않는 단전호흡이 필자에게 오면 전혀 신경 쓰지 않고도 시간 낭비하지 않고도 자동으로 습관화된다. 그렇기 때문에 신적인 차원이다. 무식하고 무지한 차원에다 우리 민족과 세계 인류는 시간 낭비를 말라. 한번 행동으로 1천%, 1만%의 수확을 얻을 것인가? 20년, 30년의 행동으로 5%~10%의 수확을 얻을 것인가, 동물이라도 비교할 필요나 있겠는가?

006

 너와 우리 민족에게 기회가 적은 것도 아니고 없는 것도 아니다. 기회를 만들 줄 몰랐던 우리 선조들은 언제나 기회가 없었다고만 한탄했었다. 창조자들인 우리가 기회를 창조하지 않는데 세상에 어떤 귀신들이 기회를 줄 수 있겠는가? 기회를 기다리는 자들은 의지의 행동이 없기 때문에 기회가 와서 그냥 지나가도 그것이 기회인 줄을 모른다. 그런데 의지창조자들은 언제나 시간이 없을 정도로 많은 기회를 창조하여 인류에게 보급한다.

필자가 주는 신적인 기회 역시 우리 민족과 전세계 인류에게 보내고 있건만, 인류의 눈들에는 세상 차원이라는 더러운 껍데기가 씌워져 있기 때문에 그 기회를 붙잡지 못하고 필자가 일일이 공격해 들어가서 껍데기를 벗겨 주고 자기 몸뚱이에서도 필자가 직접 자기 알맹이를 꺼내 주기를 바라고 있다. 필자 몸이 하나인데 어떻게 이 세상 인류 개개인들을 다 찾아다닐 수 있겠는가? 의지의 행동으로 기회를 잡기만 하라.

재난을 좋아하는 자는 아무도 없다. 그러나 이것은 思考이고 비록 재난이라 할지라도 창조자는 재난에 피·땀·눈물을 혼합시켜 재산으로 만들어 낸다. 언제나 의지의 행동창조자가 있는 곳이나 가는 곳엔 언제나 길이 만들어진다. 인생에 있어서 가장 큰 기쁨이란 '너는 할 수 없다'고 너 자신이 말하는 것이나 세상 사람들이 이렇게 말한 것을, 또 너와 인류가 포기하는 것을, 나아가서 엄두도 못 내는 것을 바로 해내는 일이다. 아무나 할 수 있는 것만을 해내는 것으로 성공할 수 있겠는가? 누구나 다 하는 일을 해서 어떻게 성공하나? 이 미친○○○야!

007

너나 우리 민족은 누구나 다 비난을 두려워한다. 신문이나 방송이나 잡지나 여론에 비난을 받으면 좌절하기 일쑤인데, 그러면 이 바보 멍청이들아, 매스컴이나 여론에 비난 안 받은 자들은 모조리 다 성공했나? 아니면 성공의 과정을 이행하고 있나? 비난과 비평을 받게 되면, 즉, 성공을 못한 자들이 성공에 들어가려면 안하던 행동을 해야 하니 비난과 비평이 있겠나, 없겠나? 범죄짓 말고는 세상에 못할 것이 뭐가 있나? 너 잘되는 것 타인이 배 아파 한다고 타인들 배 안 아프게 해주기 위해서 너가 일부러 실패만 하고 너가 죽어 준다면 타인들이 행복하겠나?

아프리카나 방글라데시나 파키스탄은 아사자도 많고 천재지변도 많고 파탄되는 자들도 많은데 그럼 그런 국가들은 세계에서 가장 행복한가? 말을 해봐라! 선조들같이 우물우물하지 말고 큰소리로 대답해 봐라. 자기한테 비난 받건 인류 전체한테 비난 받건 범죄만 아닌 한 모두 다 자기가 더 강해질 자산이고 발전해 가는 자에겐 반드시 받아 내어야만 하는 재산인 것이다.

너는 이유없이 의지행동 창조로 너의 껍데기를 깨뜨려 벗겨 내야 그 알맹이 몸뚱이와 알맹이 눈으로 조물주도 인류도 민족도 조상도 후손들도 너 자신도 똑바로 볼 수 있게 된다. 너가 너를 깨뜨려 그 진짜 알맹이가 나오기 전까지는 절대 너를 함부로 판단하지 말라. 자기와 인류를 가장 잘 이해하는 방법은 단 한 가지밖에 없다. 그것은 너와 인류를 절대로 판단하지 말아야 한다는 것뿐이다. 너와 인류는 모두 어떠한 것에다 스스로들이 딱지를 붙여 놓고는 그것을 이해했다고 생각하거나 말들을 한다. 두터운 껍데기인 줄은 모르고 그리고 자기를 속이는 것인 줄도 모르고서……

16
죽음의 大혁명

□사람이 할일을 했으면 죽어야 한다.
그게 큰놈이고 책임지는 놈이다.

001

 큰놈이 없다. 전부 도망가는 놈들뿐이고 전부 발뺌하는 놈들뿐이고 전부 거짓말하는 놈들뿐이다. 이유는 책임질 줄 모르기 때문이다. 사람이 책임질 줄 알면 큰놈이다. 자기가 한 일을 책임질 줄 안다면 절대 도망가지 않는다. 책임질 줄 아는 자는 발뺌도 하지 않는다. 거짓말도 하지 않는다.
 진정 자기 목적을 위해서라면, 진정 국가와 민족을 위해서라면 자기 목숨 하나쯤은 과감히 던져 버릴 줄 알아야 한다. 자기가 한 일에 대해서 통하지도 않는 동정을 바랄 것이 아니라, 해명을 할 것이 아니라 솔직히 잘못이 있다면 자살을 하거나 교도소에라도 자신해서 가야 한다. 용서를 받는 것은 절대 창조가 아니다. 그것은 용서를 빌미로 예속하기 위한 사탄의 행위인 것이다.
 써먹으라는 교도소이고 자기 한 일에 대해 응보를 하라고 만들어 놓은 게 교도소이다. 교도소라는 것은 국민들의 돈이 썩어서 만들어 놓은 게 아니다. 교도소란 잘못한 자들을 잡아다 가두는 것만이 아니라 스스로도 책임지고 들어가 응보하라고 너와 우리의 혈세로 만들어 놓은 것이다. 큰일을 했건 작은 일을 했건 책임지는 놈이 큰놈이고 또한 애국자인 것이다. 교도소에 가는 것이 꼭 역적이고 범죄자인 것만은 아니다. 교도소란 진짜 애국자들이 가는 곳이기도 하고 책임지는 자들이 가는 곳이다.

너는 지금도 보고 있지 않는가? 자기만을 위했던 수많은 범죄자도 가지만 국가와 국민을 위했던 수많은 학생들도 가지 않던가? 그렇다고 해서 범죄를 하라는 것은 아니다. 범죄를 하려거든 노골적으로 표현해서 국가와 민족을 위해서는 범죄도 해야 한다. 국가의 경제를 망쳐먹고 투기만 하는 국회의원 족속들과 고관이라는 작자들과 士자 붙은 작자들은 교도소의 콩밥 먹을 자격도 없는 쓰레기들이지만.

002

　단 자신만을 위해서 하는 범죄는 파렴치범이고 국가와 국민을 좀먹는 범죄는 교수형 감으로서 용납될 수가 없다. 비겁하게 용서받으려고 동정받으려고 하지 마라. 죄를 지었으면 당연히 책임지고 교도소에 가거나 자결이라도 해라. 그래야 성공을 하고 창조자가 되고 큰놈이 되는 것이다. 도망가고 동정받으려 하고 용서받으려 하는 것은 돼지는 것만도 못하다. 神의 속성인 창조자가 무엇 때문에 도망가고 창조자가 누구한테 동정받을 수 있으며 누구한테 용서를 받을 수 있나? 말도 안 되는 철학 따위나 종교 따위에 예속되어서 영원히 비참해질 너가 아니다.
　인류는 누구나 다 처음 사는 것이니까 죽음을 경험한 자도 없다. 죽음을 경험해 보지도 못한 너와 인류가 죽을 것을 겁낸다면 그게 창조자냐, 동물이냐? 동물 이하일 수밖에 없다. 누구나 과오를 저질러 가면서 여러가지 일을 터득해 나간다. 그래서 神인 너이지만도 또 누구라도 실책이 없을 수는 없고 더군다나 한번도 실책을 경험해 보지 않은 사람은 없다. 조물주도 공자도 석가모니도 예수도 마리아도 마호멧도 다 마찬가지다.
　큰 잘못을 저질러 보지 않은 사람은 무사안일만으로 지낸 사람으로서 큰일을 할 수도 없고 나아가서 자기가 한 일을 책임질 수는 더더욱 없다. 우리는 역사에서나 현대에서나 보아 왔고 이 시점에서 지금도 보고 있다.
 일을 하게 되면 잘한 것도 있지만 잘못도 있게 마련이다. 더군다나 큰일을 하려는데 죽을 일이나 나쁜 일이 왜 안 생기겠는가?

003

 우리 민족은 큰일보다도 나쁜 잘못이 두려워서 다 포기해서 망해 버렸고 지금도 그런 족속들이 이 땅에 얼마나 많은가? 큰일을 하는 데 있어서 오판하기 쉬운 것은, 내 잘못쯤이 커버가 되지 않겠냐 하는 따위의 빌어먹을 판단을 버려야 한다. 누가 하라고 했나? 민족이 하라고 했나? 하라고 했더라도 책임을 져야 하는데 누가 하라고 시킨 일도 아니고 자기 멋대로 한 일을 왜 책임을 안 져? 왜, 왜, 왜, 왜, 왜 안 지냔 말이다. 자기가 한 일 자기가 책임 안 지면 그 일을 안한 자가 책임을 져야 하나? 이런 법이 어디에 있나? 책임 안 질 자들에게까지 책임이 돌아가기 때문에 그들이, 민족이 가만히 있겠나? 두고 두고 역사적으로까지 떠들어대도 불씨는 남는다.
 시시한 탈주범들도 자기가 한 일은 대가리에 방아쇠를 당겨 책임지고 또 잡혀 들어가 몸으로 때우는데, 명색이 큰일을 했다는 자들이 할 일을 했다는 자들이 비겁하기는 파렴치범들보다도 더 비겁해! 사람은 남자가 됐건 여자가 됐건 할 일을 했으면 죽어야 한다. 할 일을 마땅히 해놓고도 죽지 않으면 뒤에 애통거리가 된다. 그렇다고 해서 사람이 죽기 위해서 산다는 당위성의 주장은 아니다.
 할 일을 위해서 목적을 가지고 사는 것, 나아가서 죽을 곳을 찾아서 죽는 것같이 어려운 것도 없지만 죽을 명분의 기회를 잘 잡아 죽는 것이야말로 제대로 자기 죽을 곳을 잡는 것이다. 영광스런 민족의 大애국자가 죽을 기회와 죽을 장소를 놓쳐 버리고 나중에 한탄과 저주로 생을 마친 예를 우리는 많이 알고 있고 또 보고 있다.

004

 지금으로부터 4백여 년 전이지만 아직까지도 세계 전쟁 역사에 빛나고 있고 선진 국가의 해군사관 학교들에서까지 학과에 응용하고 있으며 일본과 중국에서는 역사 대대로 철저히 연구 대상으로 삼고 있는 우리 민족이 낳은 大명장 이순신(1545~1598) 장군은 세계의 명장들 중에서도 업적도 뛰어났지만 죽을 곳을 가장 뛰어나게 잘 찾아 죽은 명장이다. 혁혁한 공을 세우고도 죽을 곳에서 죽지 않고 죽을 곳을 찾지 못하여 나중에 혁혁한 공까지도 다 무산시켜 버리고 애통거리가 되어 죽어간 인재들이 세계 역사에서나 우리 역사에 그 얼마나 많던가?
 이순신의 유명도는 분명히 제대로 죽을 곳에서 죽었기 때문에 더욱더 빛나게 됐던 것이다. 만일 그때 이순신이 안 죽었더라면(얼마든지 안 죽을 수 있었다. 이순신은 분명히 자살 행동을 했지만 자기 손으로나 부하들의 손으로 자살하지 않고 나중에 당쟁에 휩쓸려 개죽음을 당하지 않기 위해 왜군의 총탄에 자살했던 것이다) 어떻게 되었겠는가? 세계에서 가장 무지했고 무식했었던 조정과 이순신의 모함자들이 가만 두었을 줄 아는가? 일본과 전쟁을 하면서 일본이 원하는 원균이를 수군통제사로 시켜 조선의 수군과 군함들을 일본의 뜻대로 깨끗하게 망쳐 먹었던 일본 첩자한테 놀아난 조정이었었다.
 해가 서쪽에서 뜨는 것이 쉬웠으면 더 쉬웠지 공을 세운 이순신을 그들이 가만 두는 일은 천하에 있을 수 없는 일이었다. 이유는 단 두 가지뿐이다. 이순신이 공을 세웠다는 것과 다른 하나는 아첨을 하지 않고 뇌물을 바치지 않는다는 것이다.

005

　이순신이 적탄에 자살해야만 할 이유를 만드려면 국가와 민족에게 공을 세워야만 했으며 또 역적들같이 뇌물을 바치지 않고 아첨을 하지 않아야만 가능했던 것이다. 명장이 되는 것도 어렵지만 죽을 곳을 제대로 만드는 것은 얼마나 더 어려운가?
　다른 하나, 평생 조국 광복을 위해 몸바친 이승만(1875~1965)은 죽을 곳을 제대로 찾지 않았고 또 죽을 기회를 모조리 놓쳐 버렸다. 그 결과 그는 이국 땅에 망명하여 죽을 기회에 못 죽었음을 한탄하면서 애통스럽게 죽어 갔던 것이다. 그의 혁혁한 공헌과는 달리 장례식 하나 치르지 못했고 죽은 뒤에야 비로소 시신으로만 겨우 고국에 돌아올 수 있었다.
　민주화가 이 박사 자기만 되어 있었는지는 몰라도 부하들은 민주화가 전혀 안 되어 있었고 또 책임질 줄도 모르는 도둑놈들한테 우롱당한 이승만이었다. 너와 독자들은 어떻게 하겠는가? 책임질 줄 아는 자가 되겠는가, 도둑질 해먹고 도망치는 자가 되겠는가? 아니면 청문회 때같이 거짓말로 끝까지 발뺌하는 자가 되겠는가? 책임질 줄 아는 자가 되겠다면 너는 오늘부터 이유없이 죽을 명분을 만드는 일에 너의 피와 땀 전부를 의지창조하는 행동에 몸바쳐라.

17
교육의 大혁명

001

네가 피땀과 눈물로 사업하고 공부하는 이유가 무엇 때문인가? 설마 커다란 도둑놈이 되려고 그러는 것은 아니겠지? 설마 공산주의자가 되어 개죽음을 당하고 싶어 그러는 것도 아니겠지? 네가 피땀과 눈물을 흘리면서 뼈빠지게 일하는 목적이 무엇 때문인가? 설마 너만 생각하고 처먹어서 현대병 환자가 되고 싶은 것은 아니겠지? 설마 죽으면 10분도 못 되어 썩기 시작하는 너 하나만의 몸뚱이를 위해 예비하려고 그러는 것도 아니겠지? 왜 말이 없나? 너의 부모·형제들이 다 들을 수 있고 세상 인류가 다 들을 수 있도록 큰소리로 좀 외치면 누가 너의 아가리를 찢는다던? 도둑놈들과 공산당과 자기만 생각하는 놈들은 외칠 수가 없을 뿐만이 아니라 조마조마해 하면서 떨고 있지만 너는 그들과 다르지 않는가? 짜-아-식, 외치지 않는 걸 보니 도둑놈 되고 공산 졸개 되고 제 욕심만 차릴 놈 아냐? 짜-아-식, 살기 싫어 환장한 놈 아니야? 뭐? 아니라고? 그러면 너의 목적은 하나뿐이다.

민족과 국가를 위하는 일 하나밖에 없다. 민족과 국가를 위하는 일을 하게 되면 자기 생활은 어디서나 다 보장되어 버린다. 민족과 국가를 위해 일하는 놈이 거짓으로 공부할 수 있나? 거짓으로 정치할 수 있나? 거짓으로 사업할 수 있나? 이 새끼 또 말을 안해! 이 새끼야, 너가 벙어리냐? 너의 아가리는 거미줄이 쳐지고 곰팡이가 슬어야 하나? 피까지 쏟으면서도 터뜨려라.

○ 공화국 때 아가리에다 권총 아가릴 들이밀면 입을 딱 다물어 버렸던 그런 빌빌한 조상이 되어야 하겠나?

002

 권총 아가리가 아니라 포신 아가리를 들이밀더라도 너의 입에서 나오는 열과 불로써 녹여 버려야 한다.
 이젠 이 땅에 필자가 있다. 안심하고 국가와 민족에게 쏟아 내고 퍼내라.
 이 세계에서도 교육열이 높기로는 우리 민족같이 교육열 높은 민족은 없다. 단, 방법이 좀 개판이어서 그렇지. 미국보다도, 아니 일본보다도 훨씬 더 높다. 대단히 좋은 현상이다. 그런데 문제는 교육정책이 언제나 문제이고 또한 가르치는 것이 수직 차원에서 언제나 예속인지 아무리 공부를 하고 나와도 창조력이 없어. 왜 이래? 왜 이 따위로밖에 못하나? 유치원에서부터 대학교까지의 과정의 교육자들 거의 모두가 우리 민족의 보물들에게 창조력은 심어 주지 못하고 자기들이 예속당했던 것을 지식이라고 전달만 해주면서 촌지는 왜 그렇게들 바래? 교육자들한테도 정치무대판같이 정치자금이 필요한 곳이냐? 교육기관이 정치무대인지 의심스러울 정도다. 가뭄에도 콩 나는 것처럼 안 그런 자도 있다. 신적인 의지창조 수련을 받아 우리의 현상과 세계의 현상을 초월해야 한다. 당국자들과 교육자들에게도 의지창조가 필히 필요하지만 학부모와 학생들에게도 필히 필요하다.

003

 미국의 문교성의 보고서를 보면 일본의 교육이 우수한 원인 두 가지를 들고 있다. **첫째는 어머니들의 극성이다.** 어머니가 절대적인 가정교사이고 또 후견인이다.
 둘째는 교사들의 자질이다. 절대로 촌지를 바라지 않는다. 자질 없는 머저리들은 촌지를 바라지만, 미국의 교사들은 어떻게 가르칠까를, 일본의 교사들은 무엇을 가르칠까를 교육 받는 동안 교육

받는다. 우리나라야 저들의 모방이 아닌 신적인 의지창조수련으로 이젠 얼마든지 뛰어날 수 있지만. 수업 일수도 중학교 2년생의 경우 일본이 연 243일이고 독일이나 러시아는 210일 내외인 데 비해 미국은 겨우 180일이다.

U.S 뉴스지가 독자적으로 세계의 교육 전문가들을 상대로 선진 공업국의 고교 교육 실태를 조사한 바에 의하면, 수학에서 1위는 일본, 2위는 러시아, 3위는 독일, 4위는 프랑스, 5위는 미국, 6위는 영국이었다. 과학에서는 1위가 일본, 2위 러시아, 3위 프랑스, 4위 독일, 5위 미국, 6위 영국이었다. 미국에서 이공계 박사학위 취득자의 60%가 외국인이며 외국인 박사 5명 중 3명이 미국에 눌러앉게 되나 일본인은 90%가 귀국하게 된다. 그런데 미국의 교육 개방 정책이 드디어 바람을 타게 되었다.

미국이 애써서 교육을 시켜 놓으면 모조리 귀국해 버려서 미국은 첨단 인력 부족의 영향을 받게 되었기 때문이다. 유엔의 한 연구 기관이 10개 국가의 고졸자를 상대로 조사한 자료를 보면, 미국에서는 고등학교를 나와도 20%가 자기네 나라가 세계 지도상 어디에 있는지조차 모르고 있었다 한다. 1988년 9월에 1천1백16명의 미국인에게 세계지도를 주고 태평양이 어디냐고 물은 결과 25%가 찾아내지 못했다. 이래가지고야 어디 미래 세계의 강국이 될 수 있겠는가? 더군다나 가정생활에 필요한 수학 정도를 제대로 하는 학생은 6%뿐이었다.

004

지금 미국의 교육 실상은 소련의 1950년대 스프트니크 위성을 쏘아 올렸을 때와 비슷한 상황이라고 미국 문교성은 〈오늘의 일본 교육〉이라는 자료에서 밝히고 있다. 우리나라의 고등학교까지의 교육 결과는 어떤가? 공업계와 상업 계통 외의 학생들은 전부가 외우느라고 시험 준비로 3년 간의 시간을 보내 버린다. 대학이 성공의 열쇠가 아닌데도 말이다. 똑같은 시간의 인생을 보내면서도 예속과 창조의 결과는 심각한 결과를 낳는다.

창조력이 없는 우리나라 대학과 대학원 및 박사 과정은 어떤가? 석사 과정을 거친 자가 제대로 석사 논문 하나 쓰지 못하여 거의가 다 대작(代作)이다. 보통 석사 논문 대작 알선은 학과의 조교나 행정실 직원을 통해 이루어지며 가격은 1백만~2백만 원 선이다. 석사 논문 작성 기간은 2주일 내지 2개월 정도 걸리는데 이렇게 창조를 못하는 석사가 이 사회에 나와서 주인 역할을 할 수 있겠는가? 손님 역할을 할 수 있겠는가? 본전 빼려고 도둑놈 안 된다고 말할 수 있겠는가? 창조 교육이 안 됨으로 인해 수준 미달의 학위 논문이 양산되는 이 현상을 책임질 자는 누구냐?

대학원 과정 2년 만에 석사 논문이 통과된 예는 거의 드물다. 서울대 국사학과나 동양사학과 같은 곳은 3, 4년씩 걸리는 것이 예사다. 박사 과정이라서 예외일 수는 없다. 절대 학문적이나 창조력만이 필요한 박사학위 논문 심사에 지금도 학문 외적인 요인이 거의 작용하고 있다.

실례를 들어 보자. 1988년에 지방 S대에서 문학 박사 학위를 받은 K씨는 박사 과정 4년 만에 박사 칭호를 듣게 되었는데, K씨는 3차례의 논문 심사에 6백만 원을 투자했고, 심사 때마다 심사위원 5명에게 매번 30만 원짜리 봉투와 저녁식사를 대접했으며, 최종 심사가 끝난 뒤에는 요정에서 거나하게 향응까지 베풀어야 했다.

005

같은 대학 교수의 박사 논문 심사도 맨입으로 안 되어 호텔 방에서 심사하기도 한다. 특히 '사고 파는 박사'라는 말을 듣던 의학박사의 수준은 개선되고 있으나 K대 의대는 아직도 박사 과정에 합격하면 1천만 원을 학과 연구비 조로 희사해야 하는 것이 불문율로 되어 있다.

박사의 질이 높다 낮다를 따지기에 앞서 논문 작성에서부터 심사 과정 자체와 심사위원들의 자질이 수직관계에서 얼마나 창조성을 외면한 예속물인지 참으로 한심스럽다. 물론 여기에도 예외로 특출한 창조적 실력파나 실적파가 있긴 하지만.

 학문에만 몸바칠 각오가 되어 있지 않은 도둑놈들이 끼어 있어서, 그런 도둑놈들 때문에 학원에 정치가 개입되고 이권과 본전 빼기 돈거래가 이루어지며 학원 사태가 심화된다. 대학의 재단 비리가 공개되듯 학문적 비리도 낱낱이 공개되어 사회와 민족의 비판을 받아야 깊이 있는 학구열과 오랜 피땀으로 값지게 따게 되는 석·박사들의 학위 가치를 제대로 평가받을 수 있고 또 2천년대에 세계 제패를 위한 창조 학문의 풍토를 조성해 가기 위해서는 교수들과 박사들과 석사들과 학사들도 모조리 신적인 의지창조수련을 받아야 한다.

 대학에 들어갈 때부터가 부정과 도둑질, 즉 특혜다, 몇천만 원, 몇억 원 기부금 입학이다, 5천만 원~1억 원씩의 대리 시험이다, 거액의 시험관 매수다, 거액의 채점 매수다, 당국과 결탁한 부정이다, 컨닝이다 등등으로 대학생활을 하고 이 사회에 나오면 그들이 이 사회를 뭘로 대할 것이며 또 대학생활을 하는 동안 대학 당국과 교수들을 어떻게 대하겠는가?

006

 신선한 학문의 전당으로 보겠는가, 도둑놈들로 보겠는가?
 국민학교, 중·고등학교 학생들과 학부모들한테 촌지를 받은 것보다 훨씬 더 커져 버린다. 어린 학생들이 "야~, 오늘 우리 선생님 봉투 받는 것 봤다. 엄마, 아빠, 나 학교 안 갈래!" 그래서 부모가 학교에 가서 선생님을 만나고 오면 자식이 학교 가서 선생님 눈치보고 공부하는 것이 도대체 공부야, 도둑질이야?
 학생들이 자기 선생님과 교수를 물질과 봉투 두께 차원으로 대할 때 도대체 공부가 되겠는가, 도둑질과 비행이 싹트겠는가?
큰소리로 말해 보라. 학생들의 비행과 도둑질이 누구의 책임인 줄 아는가? 부모 책임 절반에, 절반은 누구의 책임이냐? 소리내어 말해 보라. 이들이 대학을 마치고 사회에 나와 쌀 서너 가마 월급이 간에 기별이나 가겠나? 국민학교 때부터 기십만 원, 기백만 원씩 들여 엉터리 공부하면서 알 것 모를 것 다 알아 버린 예비 도둑놈이 되어 버리는데, 이놈들은 사회생활 시작부터 도둑질에 눈이 떴는지 피땀은 생각지도 않고 월급 많이 주는 곳에만 대가리가 터지게 많이 몰린다. 이유는? 빨리 본전 빼려고?

  썩어빠진 현대 인류여!(모두가 다 이렇다는 것은 아니지만.) 왜 후손들을 이렇게 키워야 하나? 이 따위 놈들, 필자가 모두 다 씹어먹고 말 테다. 도대체 얼마나 빨리 본전 빼기가 바빴던지 가짜 아닌 것이 별로 없다. 정치에서 종교까지, 교육기관에서 교사까지, 학생들에서 상인들에까지, 약에서 식품들까지, 의복에서 가정생활 용품에까지, 심지어 아파트에서 자동차의 기름까지, 라면에서 간장·된장·참기름까지 모(某)박사의 말처럼 식품과 통조림 따위도 믿고 사먹을 것이 제대로 된 것은 거의 없다. 현재 사용하고 있고 먹고 있는 것들과 세계 인류의 생활 자체까지와 태양과 지구까지도 언제 가짜라고 발표될지 모르는 일이다. 못돼먹어도 아주 못돼먹은 현대 인류여! 모두 다 필자의 神的수련에 와라. 그래서 모두 다 창조자가 되어야 세계의 주역이 된다.

18
神들의 大혁명

001

당신은 地上神이다. 왜 地上神이냐? 세계 최초로 당신과 인류 개개인 모두가 神임을 《動》과 《强》에서 이미 다 밝혔지만 이 페이지에서는 좀더 구체적인 행동으로 확인시키겠다. 《動》과 《强》에서 지면 관계상 줄였던 부분을 잇겠다.

예수와 그의 일행들이 전도를 가다가 산모퉁이의 무덤에서 쇠사슬에 매여 있던 미친 귀신 들린 자(마태 8 : 28~34, 마가 5 : 1~19)의 귀신더러 예수가 "이젠 그 사람을 그만 괴롭히고 나오너라" 하자 그 선량한 사람에게 빙의(憑依)됐던 귀신이 그 사람 입을 통해 "예수여! 내 이름은 무리가 많은 군대니이다. 그러면 내가 이 사람에게서 나가 저기 멀리에서 풀을 뜯고 있는 돼지 떼에게로 가겠나이다" 했다. 예수가 "그리하라" 하니 미친 귀신 3천 마리는 그 사람에게서 나와 돼지 떼에게로 들어갔다. 산비탈에서 풀을 뜯던 거의 2천 마리의 돼지 떼에게도 들어갔다. 동물인 돼지는 의지가 사람보다는 약하니 무형체인 미친 귀신이 자기들에게 빙의되자 그것이 자기들인 줄 알고 모조리 달려서 바다에 몰사했다. **무형체는 자기가 몸(유형체)이 없으니 몸이 있는 사람이나 동물에게 빙의하여 파괴하는 것이 목적이다.** 여기에서 군대라는 무리의 미친 귀신은 뭐냐? 신약성서 주석에 보면 3천 마리로 나온다. 그러면 현대인들과 성직자들과 종교인들은, 또 과학자들과 정신과 의사들과 심리학자들은 이 3천 마리라는 무리 지은 귀신을 분석하고 확인할 필요가 있다.

002

지금의 전쟁과 옛날의 전쟁은 차원이 달랐다. 지금의 전쟁은 화력이 좋아서 원거리 전쟁을 한다. 옛날 같은 백병전은 극히 드물다. 전사자 외에 부상자 처리는 신속하고 의료시설이 좋아서 웬만한 중상자도 진보된 의학의 힘으로 옛날 같은 통증 없이 거의 다 살아난다. 그래서 통증으로 인한 원한이 맺히는 일은 거의 없다. 그런데 옛날 전쟁은 무기도 모두가 재래식인 칼, 창, 활, 철퇴 등이고 전쟁도 했다 하면 언제나 백병전이다. 언제나 살상자가 무더기로 생긴다. 백병전이기 때문에 상대를 죽이지 않게 되면 1,2m 앞에서 자기가 죽는다. 몸과 얼굴을 똑똑히 보면서 창으로 찌르고 칼로 베어 버리는 행동으로 죽이지 못하면 자기가 순식간에 죽기 때문에 최소한도 자기에게 반격을 못하게 해야 하니 죽이거나 치명상을 입힐 수밖에 없었다.

옛날의 백병전에서는 칼을 맞거나 창에 찔리면 즉사하거나 살아도 치료할 방법이 없었고 요행히 왕족이나 장수들이 구원을 받더라도 평생 불구였다. 그런 귀족이 아닌 한 중상자는 물론이지만 웬만한 경상자도 자기 발로 전장에서 걸어 나올 정도가 되지 못한 전상자들은 그 전쟁터에서 죽도록 방치해 버렸다.

《삼국지》나 《열국지》, 《수호지》에 보면 지금부터 2천여 년 전에도 중국에서 1백만 대군, 50만 대군들이 전쟁을 했다 하면 人馬가 살상되어 피가 하천같이 흘렀다고 한 말은 사실이다. 말과 사람이 죽거나 부상당해도 피는 모조리 다 흘리게 되어 있었다. 부상자 처리는 엄두도 못 냈던 것이다.

그런데 미친 귀신 3천 마리도 옛날 전쟁시 벌판에서 백병전을 하여 순간에 죽으면 안락사가 되니 통증이 없어서 미치지 않는다.

003

　중상이 되면 어떻게 되겠나? 경상은 거의 없다. 적의 반격을 막기 위해 백병전에서는 누구든지 치명상을 입힌다. 때문에 거의 중상이다. 중상을 당하면 지금같이 처리할 수가 있었느냐? 천만에다.
　벌판에 중상자들이 수천 명, 수만 명이 발생한다. 그 아비규환의 상황을 연상해 보라. 피 냄새와 살려 달라는 아우성과 물 달라고 외쳐 대며 단말마적으로 퍼드럭거리고 외마디 소리를 지르면서 죽어 갔던 아비규환을 현대 인류와 성직자들과 종교인들은 연상해 봐야만 미친 귀신 3천 마리를 행동으로 이해하게 된다.
　살아 있는 성한 사람들은 그 상황에 뛰어들 수가 없다. 지금 같은 병원 시설이나 수혈을 해줄 수 있는 물적 여력과 인적 여력과 기술이 있을 턱이 없었다. 그래서 옛날의 백병전에서는 전투가 끝나면 바로 그 전장에서 중상자들의 진통이 멎게 해주기 위해, 즉 안락사를 위해, 현대전에서도 그러는 예가 많지만, 적군이건 아군이건 제대로 죽여 주었던 것이다. 그런데 죽여 주는 행운을 당하지 못하는 전장에서는 중상자들의 숨이 끊어질 때까지 통증으로 인한 수백, 수천 명의 비명이 벌판과 하늘을 진동한다. 주위에서나 인근 마을 사람들은 멀리서 보고만 있을 뿐 섣불리 접근할 수가 없다. **그들은 죽어갈 때 성한 사람들에 대한 원한이 사무칠 대로 사무친다. 그들의 원혼은 덩어리, 즉 무리가 된다.**
　백제의 계백장군(?~660)도 신라와 당나라 연합군이 접전할 황산 벌판에 나가기 전 자기의 가족들을 모두 칼로 베어 안락사시킨 후에 전쟁에서 전사했다.

004

　그렇게 해서 빙의된 3천 마리이기 때문에 힘이 억세어 세상에서 가장 튼튼한 쇠사슬도 여러 번 끊어 버렸던 3천 마리가 빙의된 미친자의 내용이 마태복음과 마가복음에 나온다.
　무형체(귀신)가 무서워하는 대상은 창조주 하나뿐이다. 예수는 자기가 창조주의 아들임을 자기 의식과 의지와 동작에서도 인정했다. 신적인 의지를 자기가 인정하지 않는 자는 무형체의 노예가 되게 되어 있다. 비록 神이라도 행동을 하지 않게 되면 의지가 약해지기 때문에 무형체가 침입하게 된다.(예수도 귀신 시험 세 번 당함. 신약 성서.) 그런데 하물며 자기가 神이 아니라고 하는 자들은 얼마나 빨리 무형체의 노예가 되어 버리겠는가?
　미친 귀신 3천 마리가 빙의됐던 그 사람은 자기가 神이라고 인정하지 않은 것 외에는 예수와 같았다. 본능만 가진 동물과는 달리 미친 귀신 3천 마리가 빙의됐지만 그자가 죽지 않았던 것은 또 3천 마리 무형체의 힘으로도 그자를 죽이지 못했던 것은 창조주의 의지가 있었기 때문이다.
　현대 인류여! 이래도 너와 현대 인류가 신적 인식을 하지 않아도 되겠는가? 너는 분명히 神이다. 미친 귀신 3천 마리가 지금 현재 너에게 빙의됐다면 어떻게 하겠는가? 현대 의약이 듣겠나? X-Ray에 찍히겠나? 뇌파검사 하면 보이겠나? 과학으로 해결이 되겠나? 종교로 해결이 되겠나? 천만에다. 어림도 없다. 그러나 너는 세계 최초로 신적인 수련을 받으면 평생 무형체에 빙의되지 않게 된다.

005

 돼지 2천 마리는 무어냐? 오늘날은 양돈 시설이 좋아서 돈사에서 얼마든지 기르지만 옛날에는 돼지를 들에다 방목했었다. 제주도의 한라산에 가면 말들을 방목하는 것처럼 말이다. 들에다 돼지를 풀어 놓으니 돼지들이 들에서 새끼 치고 기하급수적으로 번식해서 양떼같이 무리를 지어 다니고, 주인은 일꾼들과 같이 감시만 하면 됐던 것이다. 그런 돼지가 2천여 마리나 됐던 것이다. 무형체의 귀신 3천 마리가 그저 본능뿐인 돼지에게 들어가면 어떻게 되겠는가? 무형체는 유형체에게 원한이 있어서 빙의되면 죽이는 게 목적이다. 돼지들은 미친 귀신이 자기인 줄로 알고 그대로 바다에 몰사했던 것이다.
 예수는 남의 돼지 2천여 마리를 죽여 돼지 주인 수백 명을 알거지로 만들었다. 예수한테는 변상할 능력도 없었지만, 먼 곳에 있던 돼지 주인과 일꾼들은 영문을 모르니 예수를 고발하지도 못했고 예수는 바삐 그 자리를 떠났던 것이다. 살인 강도는 살려 주고 예수를 죽게 만들었던 군중들은 극소수가 아닌 선량한 서민들이었다.
 진짜 문제는 현대 인류와 종교들인들이 간과할 수 없는 사실로서 2천 마리의 돼지 떼가 몰사할 때 3천 마리의 미친 귀신들도 같이 죽었겠는가 하는 것이다. 시간과 공간에 제한을 받지 않는 무형체가 바닷물에 구애를 받나? 천천만만에다. 유형체 돼지는 물을 먹어서 죽었는데 돼지 시체에 무형체 3천 마리가 남아 있을 것 같은가? 무형체는 죽을 수가 없는 것이다. 미친 귀신 3천 마리가 바닷물을 먹고 죽은 2천 마리 돼지 떼에게서 나와서 또 어디로 가겠는가? 의식과 의지와 행동이 신적임을 인정하고 무형체의 정체를 아는 필자 같은 사람에게 빙의될 수 있겠는가? 안 그러면 자기 정체를 모르고 神이라고 인정하지 않는 아까의 그자에게 도로 빙의되겠는가?

006

너는 神이다. 神임을 인정해라. 神임을 인정할 때 노골적으로 표현해서 창조주가 神이라고 인정하는 너나 필자에게, 무형체를 보내더라도 너와 필자에게 빙의할 수 있겠나? 절대로 빙의될 수 없다. 또다시 말하지만 필자의 의지와 행동만은, 또 신적인 의식은 창조주보다도 더 강하다. 그 당시에 미친 귀신 3천 마리가 의지가 약한 사람을 골라서 싸우며 들어가는 것이 쉽겠는가, 지난번에 자기가 거처했던 아지트로 편하게 들어가는 것이 쉽겠는가?

너는 세계에서 가장 강력한 신적인 의지행동 창조자로서, 너는 너대로 가정과 직장을 가지고 행복한 인생 설계를 해놨는데 만일 너에게나 너의 사랑하는 처자들에게 어떤 무형체가 빙의되어 너의 인생을 송두리째 빼앗아 어떤 괴질이나 몹쓸 함정에 빠뜨렸다고 해보라. 그리고 더욱더 어이가 없는 것은 너나 너의 처자가 너의 지난날의 행복했었던 생활이나 너의 인생 설계를 깡그리 없었던 것마냥 잊어먹고 빙의된 괴질이나 몹쓸 환경이 자기 운명인 양 받아들일 때, 너와 인류와 과학과 의학과 종교의 발광하는 속수무책인 모습은 너무나 억울하지 않겠는가?

참으로 어이없게 억울하게 죽을 지경이 되겠지만 너나 그 당사자는 그 무형체를 볼 수도 잡을 수도 못 들어오게 할 수도 나가게 할 수도 없는 무력자임을 확인하게 될 것이다. 그런데도 너가 神임을 인정해야 되겠나, 안 해야겠나? 타인들에게 알아 달라고 외치는 것은 사탄의 행동이지 神의 행동이 아니다. 오직 너 자신 하나가 우주요 창조자요 지구의 주인이므로 주인으로서의 행동만 하면 되는 것이다. 신적인 강력한 의지창조 행동으로 항상 너를 인정하고 확인하는 봉사생활을 하라. 신적인 의지창조자에게는 무형체가 빙의될 수 없을 뿐더러 네 자신이 무형체를 감지하고 처리할 수 있게 된다. 세계 최초 행동으로 확인하려거든 만사 제쳐놓고 의지창조수련에 참석하라. 영원한 강자로 성공과 행복이 보장된다.

19
민족의 혼까지 大혁명

001

사고[腦]에서 어려운 것이 의지와 동작에서도 어려우란 법이 있나? 의지와 동작에 파격적 공감을 주는 것은 思考가 아니라 파격적 행동 모험이다. 19세기에 영국의 유명한 과학자 윌리엄 캘빈은 당시 논란이 되고 있던 세 가지 발명에 대해 명쾌하게 단언했다. '첫째, 라디오는 장래성이 없는 발명이다.' '둘째, 공기보다 무거운 기계를 타고 날겠다는 것은 망상이다.' '셋째, 몸 속을 들여다볼 수 있다는 X선은 거짓으로 밝혀질 것이다'라고 하자, 그 당시 많은 인류는 그의 예언을 믿었다. 캘빈의 예언은 당시 사람들의 상식에도 딱 들어맞는 데다가 당대 최고 과학자의 말이었기 때문이다.

그런데 1백 년이 지난 지금 그 석학의 예언 세 가지가 모두 틀렸어도 한참 틀렸음을 너와 우리는 확인했다. 예언은 언제나 思考일 뿐 행동 확인은 이와 같이 엉뚱하리만치 판이하고 이 판이한 결과가 思考를 놀라우리만치 빠르고 크게 비약시킨다. 즉 어떤 일이 생기지 않으리라는 예언은 무슨 일이 생기리라는 예언보다 더 하기가 어렵다. 어떤 일이 불가능하다는 따위의 예언은 캘빈에게서 보듯이 함부로 해선 안 된다. 50년대 말 독재를 일삼던 자유당 정권에 실망한 어느 외국 기자는 "한국에서 민족주의를 기대하는 것은 쓰레기통에서 장미꽃이 피기를 기다리는 것만큼 어리석은 일이다"라고 예언했다. 우리 국민들이 듣기에 따라서는 대단한 모욕이었다. 우리 민족은 결코 민주주의를 해낼 수 없는 국민이라니? 그로부터 30년이 지난 지금까지 우리는 4·19와 80년 서울의 봄, 87

년 6·29 선언이라는 민주주의가 잡힐 듯 말 듯하면서 얼마나 많은 전진을 하고 있는가? 우리는 올림픽까지 세계에서 가장 성공적으로 치르었다.

002

행동주의는 심리학의 한 분파이기 이전에 인간에게 이해력이나 의지의 과정을 거치지 않고 곧바로 실적을 확인할 수 있는 것이다.

러시아의 생리학자 파블로프가 쥐와 개를 통하여 실험했던 그 유명한 조건반사는 아주 수준이 낮은 차원이고, 최근에는 하버드 대학의 스키너 교수가 하나의 행동을 여러 단계의 단순하고 세밀한 부분으로 분해하고 그 각각의 부문에 대해 일정한 행동 동기를 부여함으로써 특정의 행동을 형성하는 실험을 했다. 스키너 교수도 쥐를 통한 실험으로 확인했지만 하나의 행동을 통하여 전체 과정을 새로이 형성하는 것을 확인한 것이다.

만일 스키너 교수가 필자에게 왔더라면 좀더 간단하게 확인시켜 주었을 것이다.

현대 인류가 개인과 단체를 막론하고 생활에서나 사업에서나 학문에서나 국가 문제에서 골똘한 思考 과정을 거치다가 딜레마에 빠졌다 하자. 그때 어떤 전혀 예기치 않았던 사태를 통해 자기나 단체의 또는 국사 문제에까지 순식간에 대 비약을 하거나 또는 역회전되는 일이 비일비재하다. 더 쉬운 예로는 대자연의 사태 역시 우리의 모든 思考와 의지를 순식간에 변화시키고 멈추게 한다. 또 더 쉬운 예로 정치가들은 국민을 하나의 도구로 삼고 때때로 국민의 思考와 의지를 엉뚱한 돌발 사태를 일으켜 소화시켜 버린다. 더더욱 쉬운 예로는 폭력 세계나 전쟁터에서는 두목이나 사령관의 목적에 의하여 조직원들이나 수많은 병력은 전혀 자기의 思考나 의지와는 관계 없이 목숨도 버린다. 그것은 마치 동물 조련사들의 방법과 다를 바가 없다.

003

　마약 밀매업자도 동물 조련사들같이 처음에는 비싼 약을 공짜로 서비스하고 나중엔 돈을 모조리 긁어 모으고 생명까지 빼앗아 버린다. 그들의 思考나 의지쯤은 전혀 속수무책으로 행동에 이끌린다. 자기의 思考와는 전혀 관계 없는 이러한 행동주의를 받아들여 스스로의 행동을 조작할 수 있고 가공할 사태를 야기할 이런 시험 결과는 어느 누구도 부인할 수 없으므로, 이제 논의의 초점은 과연 이러한 방식으로 얼마만큼 행동을 바꿀 수 있느냐인데, 우리들이 자녀들을 양육하고 죄수들을 새로운 인간으로 갱생시키는 데까지 응용할 수 있도록 유익한 것인가?

　행동주의의 매력은 분명히 인간의 정신[思考]이라는 신비와 불확실성의 장막을 거둬 치워 버릴 수 있다는 사실이다. 이렇게 될 때 너는 너나 상대방의 정신을 지배하지 않고도 너나 상대방의 행동을 지배할 수 있으므로 더 이상 인간의 정신에 관하여 신경쓸 필요가 없는 것이다. 이렇게 되면 우리는 인간을 마음대로 프로그램할 수 있는 하나의 로보트로 바꿀 수도 있을 것이고 선천적으로 나쁘게 프로그램된 나쁜 인간보다는 계획적으로 적절히 프로그램된 인간이 세상에는 더 좋을 수 있다. 그러면 우리 인류는 이와 같은 프로그램을 그냥 우연에만 맡겨 둘 이유가 있는가? 현대 과학과 세계 석학들의 위와 같이 수준 낮은 사탄 차원은 지배하기 위한, 즉 타인을 예속하기 위한 죄악일 뿐이며 정신의 노예일 뿐이다. 그래서 필자는 네가 창조주를 대신한 창조자 입장에서 예속 없는 신적인 창조를 발휘하게 하는 것이다. 사탄들과 죄수들은 예속되겠지만 창조자는 과학이나 종교나 인류에게도 예속되는 일이 없다.

004

　1223년 5월 징기스칸의 몽고군은 루시(러시아)의 키예프 지방에까지 침공했다. 키예프의 공후(公侯) 로마노비치는 성 밖에 진지를 쌓고 완강히 저항했다. 몽고군은 강화를 제의하고 로마노비치가 무사히 키예프로 가게 해주겠다고 약속했다. 루시인들이 진지에서 나오자 몽고군은 그들을 전멸시켜 버렸다. 그리고 몽고군들은 포로가 된 루시 귀족들을 묶어 땅 위에 누이고 그 위에 널판지를 덮은 후 그 위에서 술 잔치를 벌였다. 널판지 아래 깔린 귀족들은 모두 질식되어 죽어갔다. 남 루시의 도시들은 모두 폐허가 되고 주민들은 거의 모두 살육당했다. 어차피 죽기는 마찬가지였기 때문에 도처에서 루시인들의 저항은 필사적이었다. 루시인들이 필사적으로 싸웠기 때문에 희생도 많았지만 몽고군도 치명적인 희생을 당했다. 몽고군들의 구라파 전역을 휩쓸 계획이 루시인들의 저항으로 양쪽의 희생이 커 징기스칸의 구라파 정벌 계획은 무산되고 말았다. 그 후에 루시인들은 몽고군들의 침입을 전혀 받지 않았다. 그 당시 루시인들 외에는 모조리 몽고군들에게 먹기 좋은 생선의 가운데 토막이 되어 주었던 것이다.
　우리나라는 고려시대였다. 고려 역시 몽고에게 손들고 몽고와 연합작전으로 두 번의 일본 정벌에 태풍을 두 번 만나 산산이 파괴됐던 것이다.(《動》註)
　한번 죽음을 무릅쓰고 싸운 대가로 루시는 몽고와 서유럽에 지금까지 8백여 년 간 위협적인 존재로 등장하여 오늘날의 소련이 된 것이다. 그런데 천하의 강아지 새끼만도 못했던 우리 선조들은 강한 것은 평생 가질 수 없는 것으로만 생각하는 思考의 노예로 짓밟혀 뒈지면서도 착하고 선한 것만 찾으면서 하나님 나부랭이나 귀신 나부랭이만 섬기고 세계의 못된 놈들한테 자청해 가면서 창남・창녀가 되어 철저하게 짓밟혀 주었던 것이다.

005

　러·일전쟁 때와 청·일전쟁 때는 이 강토와 이 민족을 그들의 격전장으로 3개국에 제공해 줌으로써 정말로 철저하게 짓밟혀 죽어 주었다. 석가모니와 하나님과 공자와 맹자와 귀신 들에게 잘 빌고 복을 많이 받아 5천년 간 세계에서 가장 잘 먹고 가장 행복하게, 최대 강국으로 가장 잘 살았으니까 행복에 겨워 그 대가로 약자들에게 양보하고 봉사하려고 했던 모양이지? 한심한 조상 놈의 새끼들! 그런데 아직도 이런 얼간이들이 있으니 때려 죽이고 싶지 않을 수가 없다.

　'일본은 조선을 식민지로 경영하면서 득은커녕 손해만 봤다'고 말하는 일본놈 고위층 새끼가 있다. 일본으로부터 차관, 기술 도입 등을 해와 돈을 많이 번 한국의 기업인들이 스승 놈으로 모신다는 장곡(長谷)이라는 일본 경제 평론가 새끼의 개나발이다. 이 새끼가 세계에 돌아다니면서 뭐라고 개나발 불었는지 아는가? 불쌍한 우리 동포여, 인정 사정 없이 강해야 한다. '일본이 식민통치에 필요한 항만, 철도, 도로, 전신, 전화 등 사회 간접자본 투자에 막대한 돈을 썼다'는 것이다. 그리고 '일본은 한국·대만 등에 경제의 근대화, 근대적 기술 등을 공급하는 주역이었으며 그 덕으로 지금 양국은 번영하고 있다'는 것이다. 더욱 가관인 것은 '식민지 경영의 무거운 짐(재정 부담)으로부터 해방된 일본은 비로소 스스로의 경제성장에 집중할 수 있었다'고 뇌까린다. 더욱더 우리를 약올리는 개소리는 '일본인은 참으로 온화한 민족이어서 왠지 상대방의 입장을 이해하고 가해자에게도 그 나름의 이유가 있는 건 아닐까 하고 배려하는 마음씨가 있다'는 것이다.

006

우리 민족은 왜 말주변과 표현력들이 없나? 제발 필자를 거쳐 말주변과 표현력을 세계 최고로 강화시켜 세계 무대로 나아가 마음껏 외쳐 대야 한다. 지면 관계상 명성황후(민비) 시해사건을 다루지 못함이 아쉽다. 이렇게 착한 일본놈들이 다시금 군국주의 교육을 부활시키고 있다. 풍신수길, 이등박문 등 꼭 우리 땅만을 침공해 왔던 놈들이 역사적 인물 42명 가운데 열거되어 교육하게 되었다 한다. 일본의 고액권 지폐에 한국 멸망론을 편 후꾸자와[福澤]의 초상화를 넣은 지도 몇 년이 되었다. 러·일전쟁의 영웅이라는 도우고[東郷]도 교과서에 삽입된다고 한다. 그네들의 후손들에게 어떻게 교육시키건 왈가왈부할 건 못 되지만 그 새끼들이 국권 확장주의자들만을 골라 위인으로 내세워 후세 교육에 힘쓰는 의도를 우리는 간파하지 않으면 안 된다.

노벨상 수상 작가나 과학자 등 보다 훌륭한 새끼들이 많은데도 그들은 교과서에서 제외됐으니 말이다. 그런데 **우리는 아직도 5천년 전과 똑같이 착하고 선한 것만을 원하면서 무형체 나부랭이들에게 빌고 바랄 테야**?

일본놈들이 저지른 죄과 중 가장 야만적인 것은 '테이신타이', 정신대란 이름으로 우리 여성들 20만 명을 종군위안부로, 즉 '도라지꽃'이라고 부르면서 데리고 다닌 것이다. 일본놈들은 한 손엔 총으로 다른 한 손엔 여자로 무장한 셈이다. 일본년들은 데리고 다니지 않았다. 세계의 전쟁 역사를 봐도 여자들을 위안부로 데리고 다니면서 전쟁에 승리한 군대는 없다.

007

정신대의 시초는 1941년 7월 일본이 독·소 개전 후 대소 전략으로 관동군을 24만에서 75만으로 증강시켰을 때다.

그때 관동군의 '하라' 보급 담당 참모장이 총독부를 방문, 2만 명의 한인 위안부를 요구했다가 1만 명으로 조정됐다. 이것이 첫 번째 여자 공출이었다. 정신대는 16세에서 40세 이하의 미혼녀로 되어 있으나 전쟁 막판에는 가정주부들과 보통학교(現 국민학교) 여학생들까지 노예를 사냥하듯 아무나 마구잡이로 잡아갔다. 총독 부에서 도청과 군청, 면사무소에 배정을 하면 말단에서는 간호원 이나 여공으로 취직을 시켜 돈벌게 해준다고 속여서 끌고 갔다. 최전선의 참호까지 여자를 데리고 다녀야만 전쟁을 할 수 있었던 새끼들이었던지? 그 새끼들은 사병 30명에 위안부 1명 꼴로 배치 하여 일본군 새끼들 주둔지마다 이런 위안소라는 창녀촌이 생겼 다. 전쟁 막판에는 여자 공출이 달려 우리 여자 1명이 왜놈 새끼들 3백 명까지 상대하다가 죽어갔다.

일본놈들은 패전하자 천인공노할 비인도적인 죄과를 감추기 위 해 근거 서류들을 모두 불태웠을 뿐만 아니라 침략 전쟁이 불리하 게 전개되자 이 새끼들은 우선 짐스러운 정신대 먼저 살해해 버렸 던 것이다. 요행히 살아 남은 정신대원들은 차마 입 밖에 내놓을 수 없는 과거 때문에 현지에서 정착하여 살고 있다. 극소수의 정 신대원들이 귀국했지만 그들 역시 숨어서 살 뿐 자기 노출을 피하 기 위해 일제의 만행을 고발하려 하지 않는다.

1991년대에 와서야 그 당시 정신대 모집책이었던 보통학교의 일 본인 여교사와 천왕과 도죠 수상과 육군대신과 조선총독으로부터 직접 명령을 받은 정신대 모집책 일본인 장교의 참회의 폭로로 적 나라하게 드러났으며, 종전 후 일본군 포로들을 다루었던 미군의 기록문서에서까지 밝혀지자 그제야 일본의 국회에서까지 사죄와 보상이 거론되게 됐던 것이다.

008

 1984년 9월, 우리 국민적 합의도 없는 가운데 전두환 전 대통령이 한·일 관계 사상 일본을 방문하는 최초의 한국 대통령이라는 석연치 않은 의미 부여를 한 것이 잘못이다. 그런 식으로 우리가 먼저 일본놈들을 무원칙하게 과거를 잊어버리자는데 죄를 저지른 저놈들 편에서는 얼마나 다행으로 여길 것인가?
 '한국교회 여성연합회'가 日王(히로히또)이 뒈짐에 따라 4개항의 입장 표명 중 '정신대'에 대한 사죄 부분에 가장 먼저 공감이 갔고, 필자 역시 비록 늦게 태어났지만 이 나라 남자로서 우리의 여성들에게 면목 없는 남자들 중의 한 사람이다.
 현대는 정복이나 전쟁을 국력이나 머리 숫자로만 하지 않는다. 이런 힘은 자체 파괴의 이적물이 되는 시대이기도 하다. 일본놈들은 우선 한·일 우호협력을 위해서는 '정신대' 문제의 진상 규명과 사죄와 보상이 있어야 한다. 1992년 1월, 미야자와 수상의 방한에서 말뿐인 사죄만으로는 안 된다. 우리 민족의 90년대의 전력투구로 2천년대의 우리 당대에 思考 아닌 행동으로 세계를 제패할 것을 확신한다.

20
죄책감의 大혁명

001

우리나라에 외세의 자원 침식이 최초로 시도된 곳은 평안도 청천강 상류의 운산금광이다. 제임스 모르스라는 미국인이 한국 왕실로부터 채광권을 얻자, 미국인 기사 5명을 거느리고 운산에서 금을 파기 시작한 것이 1세기 전 일이다. 금을 뜻하는 '노다지'가 '손대지 말라'는 'No touch'에서 비롯되었음은 운산금광 때문이었다.

한말에 조선을 다녀간 외국인들은 그들의 견문기에 예외없이 금에 대하여 언급하고 있다. 루벤츠오프는 '조선에는 금이 노출되어도 캐지 않는 나라'라 하였고 켐베르는 '조선에 금이 많다는 것은 두말할 나위 없는 사실이오. 문제는 어떻게 왕실과 교섭하여 금을 캐내느냐에 있다'고 했다. 이 같은 견문기가 구미에 퍼지자 조선은 '황금의 나라'로 인식되고 특히 모험심이 강한 미국인들은 조선은 '서부의 서부'라 하여 골드 러시의 꿈을 조선땅에 연장시키기까지 했다. 그래서 미국은 운산(雲山)에, 영국은 은산(殷山)에, 독일은 선천(宣川)에…… 하는 식으로 금을 노린 외세가 밀어닥쳤던 것이다.

조선은 왜 이렇게 금이 많았으면서도 파내지 못하게 하는 금령(禁令)을 수백년 간 유지해 왔을까? 첫째로, 명(明)나라가 해마다 바치는 세금으로써 과다한 황금을 요구한 데 대한 자위책으로 금이 나지 않는다는 명분을 내세우기 위함이요, 둘째는, 인접한 외국들이 그 황금 때문에 야심을 품지 못하게 하기 위함이며, 셋째는 홍경래의 난(亂)처럼 노동자를 광산에 취합시키면 반란의 온상이 된다는 데 대한 우려 때문이었다.

002

 그래서 백성으로 하여금 금을 금이라 부르지 못하게 하여 별은 (別銀)이라 불렀고, 금방을 금방이라 하지 않고 은방(銀房)이라 부르게 했던 것이다.
 1886년에 한국에 온 모르스는 운산의 금광에 잔뜩 군침을 흘리고 왕실에 접근했다. 때마침 내탕에 굶주려 사전(私錢)을 마구 찍어내고 있던 민비파에서는 5백여 년 간 내려온 금광(禁鑛)의 전통을 봄눈처럼 녹여 버렸다. 운산 일대의 광산 개발은 한국 왕실과 공동사업으로 하되 일체의 경비와 경영은 미국이 맡는다. 이익은 4분하여 3은 미국인이 취하고 1은 왕실이 취한다는 계약에 도장을 찍고 있다. 그런데 첫해의 이익 분배에서 계약대로 20만 원을 받았을 뿐 그 후에는 이 핑계 저 핑계로 1년에 7만5천 원을 받았을 뿐이었다. 그 후 조사된 바로 운산금광의 1년 생산고는 1백50만 원에서 2백만 원에 이르렀다. 머저리 왕실을 알아봄 직하다. 1백여 년이 지난 지금 운산에 일본 재벌이 손을 대고 있다니 약소 민족이 언제나 강해지나!
 미국이 서부에서 금이 처음 발견된 것은 1842년이다. 동부 미국인들로 하여금 일확천금의 꿈을 안고 '서부(西部)로 서부로' 몰려들게 하였다. 1세기 반이 지난 옛얘기다. 그 후 캘리포니아는 미국 부(富)의 상징처럼 급성장하여 오늘날 미국 전체 모든 분야의 10분의 1 축소판을 이룩하게 됐다.
 캘리포니아가 일취월장을 하는 20세기 초엽까지 서부를 대표하는 4대 부자로 스탠포드 1세, 철도 재벌 헌팅톤, 신문 왕 허스트와 크로커 등을 꼽는다.

003

억세게도 돈을 많이 긁어 모은 이들 4명은 각기 다른 유산을 남겼다. 연방 상원의원과 주지사까지 지낸 스탠포드 1세는 요절한 2세를 애통해 한 나머지 대학을 세웠다. 샌프란시스코 근교의 스탠포드대학이 바로 그것이다. 헌팅톤은 로스앤젤레스 교외 패사디나 시에 도서관 및 예술관을 지어 무료로 시민들에게 공개하고 있다. 허스트는 성(城)을 짓고 어머니와 자신이 수집한 컬렉션을 진열, 유료로 만인에게 관람케 하고 있다. 크로커는 자신의 이름을 딴 지방 은행을 남겼다.

이들 4대 부자는 모두 고인이 됐고 대개 후손마저 시원치 않아 이들의 유산은 사회의 것이 되어 버렸다. 자본주의 체제하에서 열심히 벌어 모은 이들의 재산은 형식이야 어떻든 사회에 되돌아온 셈이다. 잉여가치를 독점한 부자는 더욱 부유해지고 빈자는 더욱 가난해지는 것이 최대의 단점인 자본주의도 선진국에서는 이런 식으로 개인 재산의 사회 환원을 통해 건재할 수 있는 것이다.

우리네 재벌들은 자기 재산의 사회 환원은 고사하고 은행들마저 외국으로 빼돌리기에 급급했던 악덕 재벌들을 많이 보고 있다. 기업은 망해도 자신만은 호화 호식해야겠다는 비뚤어진 기업정신을 바로잡기 위해서는 의지창조와 모험이 필요하다.

위기란 보통 신문사 내에 있는 것일 뿐 바깥에 있는 것은 아닌가 하는 의심이 든다. 신문들은 저마다 각가지를 위기라고 대서 특필한다. 경제 위기, 노사관계 파업 위기, 교육의 위기, 신뢰성의 위기, 정치적 위기, 대통령 선거에서 지도력의 위기 등등 우리 주변에는 언제나 위기가 넘쳐나고 있다.

004

그러다가 마땅히 위기라고 부를 만한 뉴스가 없을 때가 있는데 이때는 그 나름대로 또 다른 위기가 되는 것이다. 사람들은 어떤 일이 벌어지는 것을 좋아한다. 그리고 극적인 순간에 다다르는 것을 좋아한다. 그리고는 항상 그 다음에 어떤 일이 일어나게 될까에 조바심한다.

여객선이 항해 도중에 납치되고 열차가 달리는 도중에 납치되고 비행기가 공중에서 납치되고 있는 동안에는 한 편의 박진감 넘치는 드라마가 펼쳐지고 있다고 할 수 있다. 이런 사태는 또다시 모종의 사태가 벌어질 국면에 연이어 일어나기 때문이다. 그러나 어떤 일에 대한 기대로부터 우리가 얻는 흥분과 즐거움은 실상 그 내용과는 전혀 별개다.

천둥과 태풍과 지진이 지나가도 땅은 그대로이듯 자신이 모험과 창조행동을 통하여 변화시켜 내는 실적이나 결과가 없으니 말이다. TV나 신문이나 라디오 방송이나 잡지 들은 사회에서 아무거나 마구잡이로 인간적 필요에 맞추어 수시로 드라마를 창출해 내며 그것이 위기라고 하고 문제라고도 한다.

문제나 위기란 단순히 다음 번에 어떤 일이 일어나리라고 기대하는 시점일 뿐이다. 우리가 어떤 결정이나 행동을 취할 시점일 뿐으로서 이때 아무 대응도 하지 않게 되면 사태는 급속히 악화되어 대재난이나 파국의 국면에 이르게 되고, 반면에 어떤 대응을 하게 되면 그 문제나 그 위기 자체가 큰 발전과 진전을 이루어 주게 된다.

005

우리 민족의 역사는 이 점에 있어서도 무식과 무지만 창조했을 뿐이었다. 역사적으로나 현재나 가장 많은 발전과 진전을 이룰 수 있는 우리 민족은 현재도 자기 思考의 노예로서 외부에 대한 기대가 자기 도전력과 창조력을 파괴한다. 위기가 오고 결정적 시점에 도달해서 풍비박산이 되어도 모험을 기피하는 도전력과 창조력을 말살한 채 자기 발바닥의 때만도 못한 온갖 잡종의 神들에게 앵무새나 미꾸라지 같은 행동으로 현재까지 습관화하고 있다.

자기가 神이고 창조자라고 인정하지 않는 인류는 동서 고금을 막론하고 언제 어디에서나 죄책감에 빠졌고 또 빠지게 된다. 그래서 언제나 바라고 찾는 것이 많다. 창조는 포기한 채 이 현실의 사실은 평생을 이어진다. 가련한 우리 민족과 이 세계 54억 인류여, 우리는 神이기 때문에 神적으로 확인하자. 세상이란 무관심과 공포의 혼합물을 바탕으로 움직인다. 사람들은 행동을 할 때 그 동기는 습관적이거나 별다른 생각 없이 그렇게 하기도 하고 또는 법을 어기면 그 결과로 이웃들이나 사회로부터 지탄을 받게 되리라는 두려움 속에서 행동한다.

사회와는 달리 가족생활은 거의 죄책감을 근본으로 하여 이루어진다. 가족들은 서로간에 어떤 특정 행위를 기대하며 이 기대는 상호간에 이해되고 있다. 그러나 이 세상의 어떠한 가정이나 가족들간의 사랑과 존경의 교환을 제어하는 규칙이 정해져 있는 가정은 없다. 전혀 불명확하기 때문에 모든 인류는 자신들이 가족들에게 해야 할 도리를 다하지 못하고 있다고 하여 언제나 죄책감에 빠진다.

006

누구든지 자기 마음 한구석에 은은한 죄책감이 깔려 있기 때문에 우리는 가족생활을 전혀 불가능하게 만들 수 있는 무관심이나 외로움을 극복하고 원만한 가족생활을 하게 된다. 현세상의 정신분석과 정신요법은 많은 부분이 환경이나 기질로 인해 지나치게 많은 죄책감을 가지게 된 경우, 그 사람들에게서 바로 그러한 죄책감의 압력을 완화시켜 주려는 데 목적을 둔다.

 예를 든다면 처녀들이 자신의 결혼을 위해 가족들과 어머니를 떠난 사실에 극단적으로 죄책감을 느낀다. 사랑하는 자녀들이 자살을 했을 때 부모들은 극단적으로 죄책감을 느낀다. 가족관계를 떠나 사회적 차원에서의 죄책감은 상당 부분이 성적 욕구의 억제와 환상에 대한 죄책감에서 야기된다. 그래서 현대 인류에 대한 프로이드의 정신분석의 목적은 인간의 잠재의식 속으로 탐구해 들어가 죄책감의 뿌리를 밝혀 내고 완화시켜 주려는 것이 목적이었다. 창조의지로 인한 의식의 예속에, 즉 의식 정복에 전혀 무지했던 프로이드의 의식 갈등이 얼마나 심각했었는지 필자는 통찰한다. 동기 부여의 요인으로써 죄책감은 두려움보다도 훨씬 더 강력하다. 왜냐하면 두려움이란 절정을 이룬 후에는 점차 사라지게 되고 그 다음에는 어떤 숙고된 행동이 뒤따르거나 행동하는 것을 피하게 되는데 죄책감은 여전히 연속적이기 때문이다.

 처녀 시절에 한번 봉변을 당했던 처녀는, 또는 소년 시절에 창녀에게 가서 성병에 걸려 봤던 소년은 공히 평생을 두고 그 사건 때문에 죄책감을 느낄 수 있다. 죄책감이란 자신이 저지른 사건과 연관되는 것만이 아니다. 죄책감은 어떤 일을 하고자 하는 욕구에서 나오기도 한다. 부부간이나 젊은이는 자기들이 상대방이나 부모를 충분히 사랑하고 있지 않다고 하여 죄책감을 느낄 수도 있고, 사랑하는 애인이나 사랑하는 자식을 한동안 미워했고 때려 주고 싶은 생각을 가졌다고 하여 죄책감을 느낄 수도 있다.

 현대 인류 중에는 자기가 어찌나 죄책감에 약한지 자신이 죄스럽게 느낄 일을 가지고 있지 않다고 하여 죄책감에 빠지는 사람도 있다. 인류에 대해서나 선조들에 대해서나 후손들에 대한 죄책감으로 인한 인류의 무의미한 희생은 오직 세계 최초의 슈퍼맨수련을 통한 의식 정복으로만 행복과 성공의 자산이 되게 한다.

21
자신감의 大혁명

001

지금 지구상에는 민주주의를 갈망하는 국가들과 민족들이 사방팔방에서 난리를 일으키고 있다. 왜일까? 지구상에서 가장 이상적인 제도라서 그럴까? 민주주의도 모순투성이지만 이보다 더 나은 제도나 패러다이스가 없기 때문일 것이다. 인도의 네루가 민주주의를 신봉한다고 했을 때 그도 다른 제도가 더 나쁘기 때문이라고 했지 민주주의가 절대적인 이상이라고는 하지 않았다.

중국에서도 민주화 운동이 거세게 전개되던 중 사상 최대의 유혈 사태를 일으키고야 말았다. 민주주의가 이 세상에서 가장 좋다고 한다면 그건 거짓말이다. 그렇다고 다른 주의나 제도가 좋다는 것은 절대 아니다. 민주주의도 병폐나 고민이 많을 수밖에 없다. 가령 어떤 사람을 대표로 선출했다면 좋든 싫든 그 사람이 보장받은 기한까지는 참고 기다려야 한다. '무능한 다수'라는 말이 이래서 있는 것이다. 무능하다고 해서 다수가 부정당할 이유는 없다.

다수란 무능하기도 하고 또 최상의 명답이 되기도 하는 게 민주주의다. 그러기에 '무능한 다수'를 압도할 기회를 노리는 사람이 항상 도사리고 있는 것도 민주주의다. 독재가 노리는 바가 바로 이것이다. 그럼에도 불구하고 인류가 민주주의를 원하는 것은 민주란 민권에 의해서 영원히 계속되어야 할 인류의 행진이기 때문이다.

002

 미국의 모든 공직자들은 철저하게 청렴 결백하기를 바란다. 분명한 증거는 없어도 모든 정황으로 봐서 부정의 혐의를 받게 되면 발 붙일 곳이 없다. 여기에 비하면 일본의 공직자나 정치가들은 뻔뻔스럽기 그지없다.
 뇌물 받은 증거를 코앞에 들이대기 전까지는 시치미를 딱 잡아 뗀다. 그러나 다께시따 前 수상이 몰래 받았다는 정치 헌금은 몇 억밖에 안 된다. 이런 것까지 다 밝힌다면 우리나라에서 살아 남을 정치인들과 공직자는 몇이나 될까? 천문학적인 정치자금에 염라대왕도 놀래 가지고 필자 신세를 져야 할 판이기 때문이다.
 '한 사람을 죽이면 사형을 받는다. 그런데 천 사람, 만 사람, 그 이상을 죽이면 영웅이 된다.' 우리는 지금 사람을 많이 죽이는 영웅들은 잡지 않고 좀도둑들만 잡는 시대에 살고 있다. 지금 서울에는 1천만 명이 넘는 시민들이 무더기로 산소 결핍과 대기 오염으로 인한 약물 중독에 걸려 가고 있다. 범인이 누군지는 빤히 알고 있다. 무더기로 살인하는 범죄가 진행중인 물적 증거도 충분하다. 그런데도 범인은 거리를 활보하고 있고 범행을 막으려는 정부도 치안 당국도 시민들도 없다. 모조리 죽어가고 있으면서도 말이다.
 승용차가 5시간 달리면 산소 45kg이 사라진다. 이 분량은 성인 남자 45명이 하루 동안 마시는 산소 양이다. 이만한 산소는 1백만㎡의 숲이 꼬박 하루 걸려서 만들어 낼 수 있는 양이다. 그래서 도시의 녹지대는 '도시의 폐(肺)'라고 한다.
 녹지대는 제3공화국이 만들어 냈다. 경부 고속도로와 함께 이것 두 가지만은 우리 국민들이 인정해 주고 자랑할 만한 공적이다. 그런데 어느 때부터인지 우리의 폐를, 즉 녹지대를 갉아먹는 살인마들이 생겨나기 시작했다.

003

　어느 놈이 얼마나 입김이 센지 우리의 폐 안에 버젓이 갈비집을 세우고 어떤 놈은 별장까지 지었었다. 지은 작자들이나 허가해 준 작자들이나 우리의 폐를 갉아먹는 도둑들이 아니고 뭐냐? 자동차와 공장 배기로 인한 아황산 가스, 일산화탄소, 질소 산화물, 탄화수소 등이 범람하는 속에서 우리의 폐를 살려 내야 하겠냐, 내버려 둬야 하겠냐? 기막히게 좋은 의도를 가지고 있을지라도 후속 조치가 따르지 않으면 그것은 무용지물이 된다.
　정치가들은 교육문제와 공해문제, 민생문제와 관련해 많은 것을 공약하지만 달라지는 게 거의 없다. 후속 조치가 따르지 않기 때문이다. 선거 때마다 많은 공약이 남발된다. 경주에 참가한 말이 첫번째 장애물을 멋지게 뛰어넘고는 멈추어 서서 풀을 뜯는다면 경주에서 이길 수 있나? 배구 선수와 테니스 선수가 자기의 강서브에 너무나 흐뭇해서 넋을 잃고 그냥 서 있기만 한다면 시합에서 이길 수가 있나, 없나? 후속 조치 행동이 있어야겠냐, 없어야겠냐? 말로만 해야겠냐, 행동으로 해야겠냐?
　어떤 연구자가 치밀한 질문서를 작성했다고 할지라도 응답해 줄 대상을 못 찾으면 소용이 없다. 후속 조치란 이니셔티브(initiative : 발의, 창의)를 취하기보다는 지루하고 힘든 일이다. 분명한 사실은 후속 조치가 없을 때는 아무리 멋진 이니셔티브일지라도 무로 끝난다. 뛰어난 인사들 가운데 많은 사람들은 후속 조치보다는 이니셔티브에 훨씬 더 유능하다. 그들은 은근히 자신들의 이니셔티브가 그 대상자들로부터 필요한 행동을 유발할 수 있기를 바란다.

004

 물론 그렇게 되면 그 자신들로서는 후속 조치를 취할 필요가 없다. 하지만 아무리 좋은 아이디어일지라도 그 당사자 이상으로 타인들에게 흥미로울 수 있는 아이디어는 없으며 따라서 기대하는 행동 유발 효과는 별로 일어나지 않는다. 그래서 너는 너 스스로가 세계 최초 神적 수련을 통해 의지창조 행동가로 탄생되어야 하는 것이다.
 전선에서 한 지휘관이 탁월한 공격을 펼치지만 후속 공격이 따르지 못하면 최초의 공격으로 얻어진 승기(勝機)도 사라져 버린다. 일단 기회는 마련하지만 후속 조치가 따르지 않는 일은 사업이나 광고나 마케팅에서 많이 일어난다. 이 점에 관련하여 일본놈들은 어떤 이니셔티브를 취하기에 앞서 후속 조치를 살피기로 평판나 있다. 섬기기로 가장 잘 길들여져서 창조자가 부려먹기 가장 좋은 민족은 바로 일본놈들이다. 반대로 약자들과 자기들을 모방하는 자들을 가장 잔인하게 대하는 놈들도 일본놈들이다.
 포용, 도전, 파괴, 창조만큼 신적인 창조의지를 빨리 확인하는 것은 이 세상에 없고 또 있을 수도 없다. 바람둥이 처녀·총각이 대단한 관심을 보이며 돌아다니면서도 결정적인 후속 조치는 취하려 하지 않는다. 회사에서 임원 한 사람이 사직하겠다고 하면서도 실제 행동으로는 나서지 못한다. 思考와 의지는 다르기 때문이다. 희망은 思考요 현실은 행동이다. 연애는 사고로 가능하나 결혼은 생활이기 때문에 행동이라야 한다. 후속 조치는 단순히 자신감만으로는 안 된다.
 불황이나 호황은 앞으로의 경기에 대한 자신감에 크게 좌우된다.

005

사업자가 돈을 빌려 투자를 하면 그에 따라 고용이 창출되고 시장이 생긴다. 물론 어느 사업가 한 사람만의 자신감으로 이 같은 효과가 나오지는 않는다. 그러나 다수의 경영인들이 동일한 자신감을 갖고 있다면 호황은 오게 된다. 반대로 경기에 대한 자신감 상실은 투자와 마케팅의 축소를 가져오며 그 결과 고용이 감소되고 시장이 위축된다. 유능한 경영인들은 스스로의 자신감이 흔들릴 때는 시장의 지표에 따라 움직인다. 그러나 역시 기업인들의 행동을 결정짓는 최후의 열쇠는 기업인들의 자신감이다. 낙관적인 무드에 나쁜 뉴스를 듣게 되면 우리는 적절한 구실을 붙여 이를 무시해 버린다. 그러나 비판적인 무드에서는 그 뉴스가 눈덩이처럼 커져 무드를 한층 더 어둡게 만든다.

자신감은 근본적으로 심리상태의 일종이다. 심리상태인 점에서는 불안이나 공포와는 정반대의 상태이다. 그러나 자신감은 두려움을 이겨 내는 것을 뜻하는 용기와는 다르다. 자신감은 단순히 냉정을 뜻하지도 않는다. 다른 사람의 자신감을 이용하는 세일즈맨이나 정치인이나 노름꾼이나 야바위꾼도 자신감을 가지고 있다. 흔히 보는 일이지만 정신병 환자들에게서도 우리는 자신감을 느낄 때가 있다. 이처럼 잘못된 자신감은 그 기초가 되는 사태 추이에 대한 잘못된 예측이나 아니면 불완전한 정보나 심지어 당사자들의 우매함 때문에 일어난다.

흥미로운 사실은 자신감의 적극적 피드 백(feed back) 효과가 너무나 강하기 때문에 경우에 따라서는 자신감 그 자체만으로도 사태가 당초에 의도했던 방향으로 귀결되기도 한다. 즉 세일즈맨이 스스로 거래 성사를 자신하는 만큼 그의 성공 가능성도 그만큼 높아지는 것과 같은 이치이다.

006

자신감과 오만의 차이는 냉담과 냉정 혹은 안일과 만족의 차이 만큼이나 모호하다.

오만은 실패의 가능성을 받아들이려 하지 않지만 자신감은 아예 그것을 감지조차 않는다. 어리석은 과학자나 의학자는 자신감의 묘약을 연구하기도 하지만, 먼저 특별히 유의하여야 할 점은 자신감이란 결코 흥분이나 환상이나 약물 복용한 스포츠맨 같은 의식이 아니라는 사실임을 알아야 한다. 이런 정도는 뇌를 파괴하는 흥분제나 진통제나 안정제나 술, 마약, 히로뽕 등등으로도 얼마든지 가능하기 때문이다. 세상적 차원을 세계 최초로 초월하여 의지 창조자가 되어야 평생 동안 후속 조치까지 창조하는 지상 최대의 강자가 된다.

22
민족의 大혁명 1

001

'과거와 현실이 싸우면 미래가 손해를 본다.' 이 말은 영국의 처칠이 한 말이다. 과거와 현실이 싸울 필요가 없다. 이 말은 후회하고 반성하는 思考의 노예들에게나 합당한 말이다. 우리는 지금 선진국으로 편입되느냐, 아니면 후진국 이하로 처져 버리느냐의 갈림길에 서 있다. 선진화란 경제력을 창출한 기술과 과학이 반드시 뒷받침되어야 한다. 기초 과학이 없는 우리나라에서 기술과 과학을 발전시키려면 행동으로 모험을 해야 한다. 전통 교육과 思考의 예속에 습관화되어 있는 우리 민족이 선진국의 전철 밟는 것에 예속되지 않고 창조의 실적으로 선진국을 능가하기 위해서는 5천년 간 길들여진 우리의 의식과 안일한 행동에 상대적인 모험 행동을 하지 않고는 안 된다.

선진국으로의 진입 문턱이 국민소득 1인당 4천 불 선이다. 우리보다도 훨씬 더 잘 살던 중진국들이 이 4천 불 선을 넘지 못하고 도중 하차한 예를 우리는 많이 보고 있다. 남미의 아르헨티나는 2차대전 이전에 이미 제2의 미국이라는 말을 들을 만큼 경제적으로 번창한 나라였다. 이런 나라가 그 나라의 경제력과 정치력이 감당해 낼 수 없는 욕구가 한꺼번에 분출하는 바람에 오늘날처럼 엄청난 외채더미에 깔려 버리고 말았다. 우리보다 훨씬 잘 살던 브라질과 멕시코도 마찬가지다. 1950년대 말 우리보다 훨씬 잘 살던 필리핀 역시 정치 혼란으로 우리보다 멀리 처져 버리고 말았다. 결코 남의 일 같지가 않다. 그들은 국토가 넓고 지하자원이 풍부하고 국토에 비하면 우리보다 인구도 매우 적다.

002

 2천년대를 향해서 창조자가 되어야겠나, 안 되어야겠나? 창조자라야만 재력과 인력을 초월하게 된다.
 우리가 오늘만 살고 내일은 바라다보지 않을 것인가? 우리는 조상들과 다르다. 내일의 세계 제패를 위해 선조들과 차원이 달라야 하고 다른 나라와도 차원이 달라야 한다. 서울 올림픽을 계기로 세계를 향한 우리의 시각은 크게 돌변했다. '외국' 하면 언제나 미국만을 의식할 정도였던 우리들의 시각이 이젠 세계 전체를 의식하게 되었다. 한·미간에 꺼림칙했었던 몇 가지 사항쯤은 '큰 바위는 교만하지 않고 큰 바위 곁에 있는 작은 바위는 비굴하지 않다'는 사실같이 한·미간에도 새로운 인식이 필요하다.
 우리는 아직까지 미국에 경제적 거점을 가지고 있다는 사실 말고도 감정적으로만은 대할 수 없는 나라가 미국이다. 미국이라는 나라와 미국인들을 감정적으로 대해서는 안 될 이유는, 미국이라는 국가와 민족은 단일민족 국가가 아니라 이 지구상의 수많은 민족들이, 즉 잡종들이 모여 사는 나라다. 그리고 나라를 세운 지 불과 2백 년밖에 안 된 나라이기 때문에, 우리 식으로 표현하면 철이 덜 든 나라다. 미국민들 56%가 미군들이 해외에 주둔하는 이유를 모르고 사는 민족이니 의리와 신의를 저버리기 일쑤고 함부로 우쭐거리면서 가는 데마다 타민족들의 비위를 건드려 버리기 때문에 가는 데마다 달갑지 않은 대접을 받고 있는 것이 오늘날의 미국인들 실정이다.

003

 미국이라는 나라는 우리에게 가장 큰 우방인 동시에 가장 좋은 시장이기도 하지만 또 그들 역시 아직은 우리 영토를 함부로 포기해서도 안 된다. 미군을 계속 우리나라에 주둔시킴으로써 일본의 재무장을 막음은 물론 미국이 큰 전쟁으로부터 벗어나게 되는 결과가 되기 때문이다. 즉 전쟁이 일어난 후에 미국에서 다시 군대를 동원 파견하여 와서 싸워 이기는 것보다 경제적·인적 손실이 훨씬 적을 것이기 때문이다. 지금 우리 민족이 동구권보다 돈푼이나 좀 만진다고 하니까 중국·소련 등등의 동구권에서 손짓을 하고 있지만 언제 그들이 우리를 거들떠보기라도 했던가? 그들을 상대로 한 시장 잠재력은 한계적일 수밖에 없다. 손님으로 불쾌하게 대할 것은 없지만 국제 정세의 변화로 언제 어떻게 될지 모르는 세계의 정치이고 경제이다.

개방과 화해의 물결 앞에 우리라고 해서 세계를 외면하고 억지와 고집으로 버티면서 미국만을 섬겨 주길 바라는 마음을 미국도 이젠 가져서는 안 된다. 그리고 지금도 불신과 비방으로 정식 대화를 외면하는 분단의 벽 앞에서 곧 통일이라도 되는 것처럼 흥분하고 서두르는 것은 정부건 언론이건 민간이건 간에 위험 천만이다. 이제는 늪 속에서 그만 허우적거리고 앞으로 거세게 불어올 태평양 바람을 쐬러 모두 대양으로 좀 나가자. 태평양 바다를 제패하지 않고는 세계 제패 절대 안 된다. 더 이상 너의 몸과 마음을 조상들과 이 땅에 또 정치판에 학원판에 붙들어 매지 말라. 너는 이젠 이 땅에서만 시들어 버리고 말 존재가 아니다.

풍토학(風土學)에서 반도 기질(半島氣質) 하면 왕성한 진취적 모험심을 뜻한다.

004

역사적으로 해양을 지배했던 스페인, 포르투갈, 그리스, 로마가 모두 삼면이 바다로 둘러싸인 반도였다. 이 같은 지리적 특성 때문인지 삼국시대 때만 해도 우리 민족에게 반도 기질이 진취적으로 왕성했었다.

신라 젊은이들은 모험을 많이 했었다. 장보고 같은 우리 역사에 빛나는 해상 왕자가 나왔었고, 혜초를 비롯한 많은 승려들이 히말라야 준령을 넘나들었으며, 신라 왕실의 방손인 大世는 항상 좁은 신라 땅에서만 산다는 것이 불만이었다. "신라의 산골짜기에서 내 인생을 마친다는 것은 물 속의 고기나 조롱 속의 새와 다를 게 뭐가 있겠소? 조그마한 낚싯배를 타고라도 넓은 창해를 좇아 무한히 떠나고 싶소. 만약 오월(吳越)의 땅에 이르면 스승을 찾아 도를 닦고 온몸의 뼈를 신선으로 바꾼 다음 표연히 구름을 타고 온 천하를 날아다니며 천하의 기관장관을 두루 구경할 것이오" 하고 大世는 '구칠'이라는 동지를 구해 남해에 낚싯배를 띄워 떠나갔다. 신라 내물왕 9년(364년)에 있었던 일이다.

신라 진평왕 43년(621년)에도 설계두라는 젊은이도 일엽편주를 띄워 모험을 했다. "도대체 신라 사람들은 골품이나 논하고 문벌 따위만 따지며 뛰어난 걸공(傑功)을 못 보니 답답해 못 견디겠다. 나는 멀리 서유(西遊) 영달하여 신검을 차고 천하를 호령하고 싶다"는 말을 남긴 채 밀항한 설계두는 당 태종에게 중용되어 장수가 되어 호령하다가 전사했었다.

005

모험을 해도 대부분 중국과 일본을 벗어나 보지 못했다. 그러나 이 같은 모험이나마 신라 젊은이들의 왕성했던 모험 정신이 시들어 버린 이유로는 빌어먹을 놈을 중국의 정치적·사상적 사대주의와 오직 죄인같이 고요한 산속만을 깊이 파고드는 불교사상, 그리고 무지의 표본인 가족 중심의 가치관을 중시한 유교사상이 복합되어 넓은 세상으로 눈을 돌리지 못하게 했던 것이다.

불과 2백년의 역사를 가지고도 세계를 지배하고 있으며 그리고 우리 조상들 몇 사람에게 이끌려서 돈벌이나 좀 하겠다고 따라간 자들의 후손들이 오늘날의 일본인의 조상이 되고 천황 가문이 되었으나, 이젠 자기 조상들마저 부인하는 이놈들은 세계에서 가장 튼튼한 경제대국이 되었으며 또다시 군사대국으로까지 발돋움하려는 판에 우리는 아직도 앉아서 서로 대립이나 하고 노사분규나 일으켜야 하겠나? 아직도 이웃들한테 먹이가 되어 주고 싶어서 환장들을 했나? 애써서 길을 터놓은 수출 시장마저 노사분규 때문에 다른 나라에 빼앗기고 있다. '길 닦아 놓으니까 ○○○이 먼저 지나간다'고 지하에 숨은 몇 놈들 때문에 시민 생활과 국가 경제가 위협받아서는 안 된다.

한국과 일본의 올림픽 개최 년도의 경제를 비교하면(한국 : 1988년, 일본 : 1964년) 국민 1인당 GNP가 한국은 3천6백 불, 일본은 8백29불로 일본이 우리보다 GNP가 4배 이하일 때 동경 올림픽을 개최했다. 물론 일본과 같이 비교할 수는 없다지만 그들은 올림픽 개최 24년 후 GNP 2만 불이었다. 그런데 우리나라는 올림픽 개최 24년 후인 2012년에 GNP 8만 불이 가능하겠는가?

006

필자는 자신 있게 우리 국민의 30분의 1만 의지창조수련을 받으면 2천년대 초에 GNP 8만 불이 된다고 단언한다. 대안은 10년 앞선 현재 불과 며칠 간의 수련으로 누구나 다 확인하게 된다.

우리 민족은 예로부터 철학이 없었다. 무식해서 그런 게 아니었다. 너무나 유식이 지나쳐서 하도 눈치만 보면서 살다 보니 철학이 있을 턱이 없고 내버릴 철학만 잔뜩 가지고 있었다. 사랑해야 할 철학과 정의로워야 할 철학을 구별하지도 못했던 것이다. 거짓말할 때와 솔직해야 할 때를 구별하지 못하면 동물만도 못하다.

사회에서 정의를 외치며 시어머니에게 반항하는 며느리는 인간일 수 없다. 직장인이 공금을 유용하여 친구를 도와주는 자 역시 동물만도 못하다. 거짓말에도 솔직 이상과 솔직 이하가 있다. 우리는 철학이라고 묘안을 가졌을 리 없다고 체념했던 우리 조상들과는 달라도 너무나 달라져야 한다.

대안이 없이 세상을 비판만 하고 한탄했던 조상들과는 달라져야 한다. 우리에게는 세계 최초로 맨몸으로 직접 성공을 확인하게 되는 창조철학이 있게 되었으며, 이와 같은 신적인 창조철학과 의지 완성으로 민족 번영과 세계 제패라는 중차대한 임무를 수행해 내기 위해서는 강력한 행동 비판이 필요한 지금이다. 교만과 비굴 따위도 여지없이 짓밟아 버리는 강력한 의지의 행동이 너와 우리에게서 발휘되어야 한다.

23
유년기의 大혁명

001

외지를 봤더니 '기상천외'라는 말은 아마도 이러한 것을 두고 한 말인가 싶다. 미국의 워싱턴에 18세 이하의 10대들에게 야간 통행 금지령이 실시됐다. 어느 시대 어느 나라에서도 시도해 봤다는, 예를 들어 본 적조차 없는 10대 금족령이다. 통금 시간은 평일은 밤 11시부터 다음날 6시까지이고 토요일과 일요일은 밤 12시부터 다음날 6시까지이다. 워싱턴 시장은 10대들의 마약 거래와 폭력을 근절하기 위해 이 같은 비상조치를 취한다고 발표했다. 위반자는 횟수에 따라 몇백 달러의 벌금이 부과된다. 10대들에겐 적지 않은 액수이다. 이 10대 통금령은 시의회의 승인을 받지 못하거나 법원의 위헌 판결을 받게 되면 철폐해야 하는데 문제는 행정조치만으로도 최소한 90일 동안은 유효하다는 데 묘미가 있다. 이 조치가 나오자 당사자인 10대들과 부모들은 즉각 반대하고 나섰다.

지구 위에서 가장 자유스러운 사회인 미국에서 신체의 자유를 속박하는 조치가 취해졌다는 데서 이 '기상천외'의 효험은 온통 지구촌의 눈길을 끌 것이 분명하다. 미국이라는 곳은 조금만 삐꺽해도 각종 기관과 사회단체들이 벌떼들같이 떠드는 곳인데, 이번만은 모든 단체가 모른 체하고 있으니 그만치 이 만국병의 병폐가 고질화됐다는 증거겠다. 더욱이 더욱더 기이한 일은 입바르고 말 많기로 유명한 그곳의 언론들이 끽소리도 않고 있다는 사실이다. 미국에서는 현재 성인을 포함한 범죄로서 강도가 8초에 1건, 무장강도가 50초에 1건, 폭력 범죄가 18초에 1건, 살인사건이 20분에 1건씩 일어나고 있다. 자유의 나라 미국은 범죄 많기로도 세계적이다.

002

미국에서는 '코카인 베이비'로 일컬어지는 마약에 오염된 아기가 급격히 늘어나고 있다. 임신부에게까지 마약이 확산되어 어느 병원에서는 4명 중 1명 꼴로 아기 오줌이 마약에 오염되어 있다는 보고까지 있었다. '코카인 베이비'의 증가는 미국의 또 하나 사회 문제가 되고 있는 것이다. 그리고 해마다 4만 명 이상의 갓난 아이들이 산모의 산전·산후 조리 잘못 등으로 죽어가고 있는데, 이는 19개 선진국가 중 최악의 수준이다.

미국 어린이 빈곤율은 다른 선진국보다 2~3배나 높아 5명 중 1명의 어린이가 빈곤 속에서 자란다. 그뿐만이 아니다. 최근 외지는 〈버림받고 있는 미국 청소년〉이란 제목에서 '폭력·살인·납치·강간 위험 속 전전긍긍, 알코올·약물 중독 만연, 자살 날로 증가'라고 밝히면서 미국 어린이들은 지난날 상상치도 못했던 일을 겪으며 살고 있다. '어린이 학대 및 방임은 차라리 낫다'고 했다. 그들은 집 밖에만 나서도 폭력, 살인, 방화의 위험에 휩싸이며 약물 중독, 가정 불화, 임신, 자살 등의 위협에 뒤덮여 있다. 수치로 봤더니 하루에 7명의 10대가 자살을 하며 11명의 어린이들이 총에 맞아 죽는다. 또 매일 397명의 10대가 유산을 하고 8백 6명의 10대가 성병에 걸리며 1천 2백 99명이 낙태를 한다.

003

아기를 낳는 10대는 하루에 1천4백87명이며 하루에 3천9백89명의 10대가 임신을 한다고 했다.

미국에서 10대의 청소년들에게 약물과 알코올이 만연되어 있는 것은 더 이상 뉴스거리가 아니다. 또 공부를 잘해도 돈이 없어 대학에 못 가는 일도 흔하다. 이 같은 고민에 빠져 있는 젊은이들에게 유일한 탈출구는 자살일는지도 모른다.

경제 동물 일본은 어떤지 확인해 보자. 비누를 때 빼는 약으로 핥아 먹고 성씨를 아무렇게나 주워 만든 일본놈들의 모방은 언제나 상상을 초월한다. 선을 모방하거나 베푸는 데는 언제나 부족하지만 악을 모방하거나 자행하는 데에는 언제나 기대와 분수를 초월하여 항상 철철 넘친다.

세계 인류와 우리는 일본놈들의 잔인성을 어린이들에게서도 확인하게 된다. 일본에서 시험 전쟁에 지친 학생들이 가정과 학교와 사회에서 저지르는 범죄 등은 차치하고 어린 학생들이 부모들까지 거리낌없이 살해했던 사실을 몇 건만 예시한다.

004

1979년 동경의 세전곡(世田谷) 구(區)의 한 명문 고등학교 1학년생이 할머니를 살해하고 스스로 아파트에서 몸을 던져 자살한 것을 시발로 1980년 11월에는 가와사끼[川崎] 市에서 재수생이 잠자는 부모를 살해했다. 어리기만 하던 어린이가 어느 날 갑자기 가정에서 폭력으로 나오는 것은 흔한 일이지만, 몇 개월 전 어느 날 새벽 4시 반경 동경 메꾸로[國黑] 구(區) 고급 주택가에서 건재회사 사장 사와노미 히로스케(澤野井宇祐·44)의 외아들인 메꾸로 구 중학 2학년 A군(14)이 자택에서 아버지와 어머니 그리고 할머니를 식칼과 금속 배트로 살해한 끔찍한 사건이 발생했다.

범행 후 A군은 목욕실로 가 피묻은 손을 씻고 아침이 되자 B라는 친구에게 전화를 걸어 범행을 알렸으며, B군은 학교에 가 이를 담임에게 말했고 학교로부터 통보를 받은 경찰이 현장에 가보니 끔찍한 사건이 벌어져 있었다. 경찰은 그날 오후 현장 부근의 주차장에서 A군을 체포 조사한 결과 A군의 진술이 상식적으로는 납득하기 어려운 점이 많았다는 것이다. A군은 '어릴 적부터 어머니에게 안겨 본 적이 없었으며 부드러운 말 한마디 들어 본 적이 없다'고 말해 부모에 대한 원한이 주요 동기임을 드러내고 있다.

005

　A군은 어릴 적부터 어머니가 몸이 약해 할머니 손에서 키워졌으며 아버지는 몇 년 전부터 건제 회사를 설립하여 매일 일 때문에 귀가가 늦은 데다 일요일이면 골프에 반해 아들과는 접촉할 시간이 거의 없었다.
　그런데다 술만 먹으면 성적이 나쁘다고 아들을 나무랐던 것이다. A군의 진술은 A군이 중학교 2학년에 올라가면서부터 어머니가 "넌 하나밖에 없는 아들이야. 기대가 커요" 하면서 "성적이 이래서야 4류, 5류 고등학교밖에 못 가" 하며 공부 독촉이 심했다고 한다. A군은 범행 전날에 집안에서 제일 어른인 할아버지가 여행으로 집을 비우자 범행을 결심한 듯하며, 결정적으로 살해를 결심한 것은 당일 새벽 3시 30분경 배가 아파 어머니에게 가 약이 없느냐고 묻자 어머니가 "언제까지 깨어 있느냐?"며 꾸중을 했다고 진술하고 있다. 이에 대해 일본의 두 전문가들은 "부모와 조모에 대한 강한 의존성과 동시에 지배되는 데 대한 반발이 공존하고 있기 때문이 아닐까?" 하고, 또 다른 전문가는 "중학생이 되면 한두 번은 부모를 죽이고 싶다는 생각을 하기는 하지만 제동이 걸려 실행까지는 가지 않는 법"이라면서 얼핏 보기에는 3代가 함께 사는 대가족으로 보이지만 가족생활은 각각이었다는 점을 지적하고 있다.
　가족과의 유대관계가 단절된 채 TV퍼스컴이나 만화를 상대로 커가는 어린이들에게 시험이라는 또 하나의 경쟁 요소가 가미되면 상대방을 헤아릴 줄 아는 마음을 심어 주기가 점점 어려워지는 현대 사회에선 세계 각국의 어떠한 어린이들이라도 현대 세상 차원을 초월하는 필자의 의지창조수련이 필히 필요하다.
　그러면 이제 우리나라의 실정은 어떤가? 밤마다 음란 퇴폐 쇼를 철야 영업하는 허가·무허가 디스코클럽들이 서울에만도 이태원, 천호동, 영등포 등지에 줄잡아 1백20개소는 넘는다.

006

　이 독버섯의 소굴에서 미성년자들이 마냥 몸을 흔들고 비틀며 광란의 밤을 찢고 있다. 또 한편에선 '비디오 공해(公害)'란 것도 있다. 어떤 비밀 루트를 잡지 않고선 어림도 없었던 그 옛날의 이른바 '문화 영화'가 요즘엔 심야 만화 가게란 데서 10대를 상대로 버젓이 벗겨지고 있다.
　10대 통금령은 워싱턴보다도 서울이 더 급한 것 같다. 꽤 오래 전 우리에게도 '통금령'보다는 훨씬 부드러운 '사랑의 종'이 있었다. 밤 9시께 이 종을 쳐 10대들의 귀가를 종용했었다. 이런 것은 잠꼬대보다도 못하다.
　요즘 청소년 비행의 특성은 폭력화와 집단화 경향으로 압축되는데, 폭력범의 연령별 구성비를 보면 강도 49.6%와 강간 43.2%의 절반 가량이 10대에 의해 발생했으며 청소년 비행의 66.6%가 집단 비행으로 밝혀졌다.
　1989년 5월 서울에서 부유한 가정의 차남인 중3의 徐모(15세)군이 자기가 졸업한 같은 국민학교 3학년 여학생을 강간하고 살려달라는 8세의 여학생을 8군데나 칼로 찔러 살해했다. 서군은 지금까지 도합 7차례에 걸쳐 여자 어린이를 폭행했다. 서군의 부모는 상류층으로서 서군의 과외 교습비로 월 40만 원 지출에 용돈을 10만 원씩을 지출했지만 서군의 학교 성적은 최하위였다. 한때 정신과의 진료도 받았다는 것이다. 바쁜 현대인들과 교육자들이 언제 이런 아이들에게만 매달릴 수 있겠는가? 현대인들과 교육자들과 청소년들은 세계 최초 의지창조수련으로 3박 4일 만에 재탄생되게 해야 한다.

007

 중·고등학생들 중 나이가 많을수록, 가족의 사회적·경제적 지위가 높을수록, 서클 참여자일수록 폭력과 비행을 저지르는 학생이 많은데, 최근에는 흥분제, 환각제, 본드 등의 약물 사용도 비행과 직결되는 경향을 보인다. 청소년 문제는 현대 사회의 특성과 밀접한 관계를 맺고 있으며 ① 급격한 경제성장에 따른 경제적 성취 일변도의 가치관 ② 가치관 규범의 혼란 ③ 청소년기의 조숙화 및 연장화 ④ 농촌 청소년의 도시로의 이동 ⑤ 역사적 경험이 다른 세대간의 갈등 ⑥ 매스컴에 의한 대중문화의 보급 등이 청소년의 가치관과 인격 형성에 큰 영향을 미치고 있다.
 얼마 전에 술에 취한 대학생이 단골로 다니던 룸살롱에서 술주정을 하다가 불을 질러 두 사람을 죽게 했다. 그 학생은 부유층의 자제였다. 아무리 돈이 많아도 대학생이 고급 유흥가를 출입할 수 있을 만큼 흥청망청 돈을 쓰게 한 부모에게도 큰 문제가 있지만, 아무리 여유가 있다 해도 벌써부터 그런 데 출입하는 그 학생에게는 더 큰 문제가 있다. 가난이 죄라는 말은 이젠 전혀 맞지 않는다.
 법무부의 최근 통계로는 소년범 중의 중산층 출신이 55%가 넘는다. 전인구의 80%가 중산층이라면 중산층 소년범이 제일 많은 것도 당연하다. 집안이 좋아 수감되지 않고 훈방되는 율도 중산층이 제일 많을 게다. 상류층에는 비행 청소년이 없는 게 아니다. 오히려 상류층일수록 자녀들이 빗나갈 위험은 더욱 크다.

008

 한비자(韓非子)에 이런 말이 나온다.
 '조금도 부족함이 없이 자란 부잣집 자식은 물건을 소중히 여기지 않고 사치에만 흐른다. 엄하게 다스리는 사람도 없으니까 어리광만 는다.' '부유한 집안의 자식들은 자기가 해달라는 대로 부모가 다 해주니까 마음만 먹으면 안 되는 게 없는 것으로 여기게 된다.' 그리고 불편한 것은 조금도 견디지 못할 만큼 유약해진다. 뿐만 아니라 자기 비위에 맞는 것이 바로 선이요, 그렇지 않은 게 악으로 여기게 된다. 이리하여 그릇된 윤리관을 갖게 된다. 가난이 아니라 돈이 유죄(有罪)가 되는 것이다.

떠돌이 생활자의 범죄는 겨우 2%밖에 안 된다. 양친 중 한쪽을 잃은 소년범도 양친이 있는 수감자에 비하면 월등히 적은 편이다. 가정이 나빠서 범죄에 흐르기 쉽다는 말은 별로 맞지 않는다. 가난한 집 아이는 너무나 살기에 바빠 범죄로 흐를 여유가 없다. '사람은 너무 여유가 생기면 꾀를 부리게 된다.'

더욱 심각한 것은 히로뽕 주사를 맞고 환각 상태에서 저질러지는 범죄가 전국 곳곳에서 잇따르고 있는 점이다. 히로뽕만이 아니다. 매사돈 대마초(마리화나)에 이어 본드가 청소년들 사이에 유행병처럼 번지다가 부탄 가스까지 환각제로 둔갑했다. 비행 학생의 52%가 각종 환각제를 사용한 경험이 있다는 통계이다. 요즘은 히로뽕보다 훨씬 더 강력한 코카인까지 적발되고 있다.

홍익大 이 某 교수(심리학)는 '오늘날의 학교는 학생 폭력을 유발하는 온상이 되고 있는 셈'이라고 지적하면서 ①지식 전달 교육관 ②입시 위주 교육 ③비교육적·비인간적 학교 환경 ④교사의 사기 저하 ⑤생활 지도 활동의 미흡 ⑥대화 기회의 결여 등 요인이 청소년들의 올바른 성장을 저해하고 있다고 했다.

009

이 교수는 청소년의 범죄 예방을 위해서는 가정과 사회와 학교의 공동 대처 방안으로서 ①가정의 교육 기능 회복 ②부모가 긍정적·모범적 삶을 보여주며 ③과잉 보호 및 과잉 기대에서 탈피해야 한다고 했다. 또 학교에서는 ④학교 교육의 정상화 ⑤교사의 자질 향상과 교권 확립 ⑥특별활동 강화 등의 조치를 서둘러야 하고 사회 각계에서 청소년에게 관심을 갖고 보살피는 '사회의 학교화'가 필요하다고 했다. 이상이 오늘날 청소년 탈선과 범죄 예방 및 선도 요인으로서 가정과 학교와 사회가 할 바라고 했다.

　오직 思考에 호소해서 말썽 없는 존재자로의 기대뿐이다. 스스로가 강자로 비상되는 의지창조는 전연 없다. 가정이나 학교나 사회를 책임질 창조자로 재탄생되려면 반드시 의식 정복을 해야 된다.

24
여성들의 大혁명

001

인간은 역경에 처해 보아야 강해진다. 얻어맞은 복서일수록 더욱 강해진다. 태풍을 이겨 낸 나무는 더욱더 뿌리를 깊이 내린다. 천재지변 속에서도 살아 남은 사람은 역시 강하다. 어찌 사람뿐이랴. 보리는 이른 봄에 짓밟아야 뿌리가 튼튼해져 여름에 좋은 결실을 한다. 잡초도 똑같다. 밟히지 않은 풀은 나약하지만 마구 밟힌 풀은 강하고 성장도 좋다. 시골에 가면 길가에 질경이의 끈질긴 생명력에서 역경을 이겨 낸 강인함을 볼 수 있다.

우리 민족의 반만년 간의 역경은 세계 기록쯤 몇 번을 수립하고도 남는다. 그렇게 많은 역경에도 불구하고 찬란한 영광은커녕 왜 처참한 비참만을 생산했던가? 이유는 한번도 전력투구를 하지 않았었다. 항상 비겁했었다. 인간이 살면 얼마나 산다고 비겁하게 동물보다도 못하게 왜 그랬을까? 죽음을 각오한 책임감도 없었다. 어차피 뒈지면서도 그랬었었다.

전쟁터에서 도망치면 어떻게 되나? 어차피 군법회의에 회부되어 즉결 처분된다. 불명예에 개죽음이다. 그러나 싸우다 죽으면 명예 전사이지만 전력투구하면 이길 수도 있고 이기지 못하고 자기가 죽는다고 하더라도 자기 죽음의 공격은 죽음의 도망이 아니기에 뒤에 후손들에게 영광으로 돌아온다. 그런데 우리 조상들은 그렇지를 못했다. 행동으로는 비겁하게 죽으면서도 후손들에게는 자기들의 비겁을 합리화시키려고 항상 양보하고 착하고 선하라고 했던 것이다. 빌어먹을 놈의 조상들같으니라구, 조상들이 그렇게 살았다고 해서 너도 그렇게 살아야 되겠냐?

002

　비록 그런 조상들이었지만 우리는 세계 최초로 창조자로 성공하여 그런 조상들에게 영광을 돌려 드려야 한다. 조상 없이 너와 필자가 태어날 수 있었나?
　소크라테스의 부인은 성질이 고약해 평생 남편을 괴롭힌 것으로 유명하다. 소크라테스 자신이 '평생의 흉작(凶作)'이라고 했을 만큼 무지하고 사나웠던 부인 때문에 그는 항상 긴장과 갈등 속에 시달렸고 그것이 자극제가 되어 그의 철학을 대성시켰던 것이다. 절대로 하늘 같은 부인을 상대로 싸우지 않았고 때리지도 않았던 것이다.
　러시아의 문호 톨스토이도 악처에게 시달린 갈등이 수많은 명작을 쓸 수 있게 했던 것이다. 그도 역시 하늘 같은 부인을 상대로 싸우거나 때리지 않았던 것이다. 우리 조상들은 어땠는지 아는가? 밖에 나가서는 아첨과 비겁과 개죽음의 선수들인 우리네 남자들이 집에 와서 아내들한테서는 최고의 대우를 받았고 또 그런 대우를 해주는 아내들을 사정없이 구박하고 구타했으며 얼마나 아내 구타를 밥 먹듯 했으면 여자는 3일에 한 번씩 몰매를 맞아야 한다고 했다나? 당대의 남자들은 빼겠다.
　왜 빼느냐? 머저리 조상들이 어머니들과 아내들과 딸들에게 못해 줬던 것을 한꺼번에 다 해주어야 하기 때문이다. 차라리 우리네 여인들이 남자들을 닭 잡듯이 개 패듯이 잡았더라면 우리 민족은 옛날 옛날 그러고도 아주 옛날 옛적에 세계를 제패하고도 남았을 것이다. 우리네 여인들이여! 제발 좀 분발하고 강해 다오. 남자들을 좀 잡아 다오.

003

　수발만 잘 해줬지 강력하게 잡아 주지 않으니 우리네 남자들이 5천년 간 바보짓 한 것을 남자들에게만 책임이 있다고 할 수 있겠는가? 우리네 남자들이여! 대통령에서부터 길거리의 남자 걸인들까지라도 자기가 남자라면 우리네 여인들에게 반만년 간의 빚을 갚아라.

　요새도 인신 매매단 새끼들이 있다. 너의 마누라를 모시지 않고는 너는 성공도 세계 제패도 못한다. 아내를 하늘같이 모시라고 하니까 필자에게 이유를 다는 작자들이 있어. 이런 놈들은 조상들과 국가와 자기 아내까지도 팔아 먹고도 남을 놈이다. 이 자식아, 너가 당대에만 너의 아내를 사랑해도 너는 성공해 버리는데, 반만년 간 우리 조상들이 못했던 것까지 다 해주어 버리는데 네가 세계 제패를 못하겠나? 물론 지금 현재도 자기 아내를 하늘같이 모시고도 성공을 하고 있는 행복한 남자들 많이 있다. 마누라 등쳐먹고 사는 놈들, 박사나부랭이 학위 따위 같은 것 땄다고 마누라한테 손 벌리는 놈들, 얼마나 얼마나 벌어먹을 힘이 없길래 마누라한테 손 벌리나? 이것 정말 큰 도둑놈 아니야?

　결혼할 때 아내한테 손 벌리는 놈들, 그 따위로 살려거든 필자한테 터지기 전에 생활방식을 바꾸던 중국인들같이 홀아비 신세로 자위 행동이나 해라. 요즘도 중국의 실정을 알아보니 신부감으로서는 우리나라 여인들이 최고인데 중국인들이 우리나라 2세, 3세 여인들을 아내로 맞이하려면 적어도 1억은 짊어지고 와야 하는 실정이다.

004

 외국에서 이렇게 대우받는 우리네 여인들을 국내에서 박대를 해! 그게 말이나 돼? 인신 매매단 새끼들, 교도소도 아까우니까 현재 위치에서 영원히 없어져 버려라. 없어지지 않으려거든 너의 애인이나 아내를 항상 하늘같이 대하면서 업고 다녀라.
 이 나라 2천2백50만 명의 남자들이여, 성공에 자신이 없거든 망설이지 말고 필자 수련에 와라. 주변 국가들이나 무형체나부랭이(공자, 맹자, 석가, 예수, 마호멧)같이 너를 예속하지 않고 모두 성공시켜 준다. 너무나도 많은 부부들이 이혼하기 위해 가정법원을 찾는데 가정법원은 힘이 없다. 부부가 같이 필자의 신적인 의지창조 수련을 받으면 평생 이혼 없이 행복과 성공이 넘치게 된다. 유능한 선장은 망망대해를 항해중에 갑자기 폭풍우가 몰아쳐 올 때 도망치면 배와 함께 몰사한다는 걸 안다. 그래서 유능한 선장은 절대 도망치지 않고 배를 돌려 폭풍우의 중심을 겨냥해 정면으로 돌진한다. 포용을 해야 포옹도 하게 되는 것이다. 폭풍우의 중심은 무풍지대로서 가장 안전하기 때문이다.
 매년 대학 입시에서 낙방되어 재도전하는 수험생은 수십만 명이다. 인생 초반부터 쓰라린 역경에 처한 이 많은 재수생들에게 가정과 사회와 교육계 어느 한 구석에서도 보살펴 주는 곳이 없다. 외면당하는 재수생들이 애처롭기 그지없지만 이것이 현실이다. 그러나 이들 역시 필자 수련에 오면 지금까지 빗나오고 있고 또 빗나가고 있는 현대 인류의 학습 방법이 일시에 급진전하여 대학 입시에 성공하게 된다. 나아가서 자기 인생을 평생 동안 성공시킬 발판까지 된다. 인류는 어차피 의지 가지고 사는 것이지 머리로 사는 것이 아니기 때문이다. 학업도 강력한 의지로 하게 되어 머리는 조금도 신경 쓰지 않고 자동으로 좋아지게 된다.

005

현대 인류는 동서고금을 막론하고 수없이 많은 걱정을 하면서 산다. 순간을 스치는 걱정에서부터 나아가서는 밤잠을 설치는 걱정도 있고 고질병까지 유발시키는 심각한 걱정도 있다. 걱정거리들을 연구한 미국 대학의 어느 심리학 팀이 있다. 조사 결과는 사람들의 걱정거리 중 40%는 일어나지 않는 것들이었다. 쓸데없는 걱정을 그만큼 많이 한다는 것이었다. 걱정거리 중 30%는 이미 과거에 있었던 일에 대한 것이었다. 이제 와서 걱정한다고 되는 일들이 아니다. 12%는 타인의 일이지 자기에게 닥친 걱정거리들이 아니다. 그야말로 모두가 쓸데없는 걱정거리들이다. 그러면 이제 나머지 18% 중 10%는 병에 관한 걱정거리다. 그 중엔 실제 걸리지 않은 병에 관한 것이 더 많다. 진짜로 걱정할 만한 것은 8%밖에 되지 않는다. 그러나 이 8% 중에서도 정말로 머리를 싸매고 걱정을 할 만한 것은 별로 없다는 결론이었다. **현대 인류는 아무리 걱정해야 소용도 없는 일들에 대해 걱정들을 하고 있다. 거의 쓸데없는 걱정들을 가지고 괴로워하고 있다.** 한가한 사람들을 위한 연구 조사 같다.

학교마다 직장들마다 문제들은 다 있다. 어디를 둘러보나 마음 편한 일들은 하나도 없다.

006

우리네 생활과 직결되어 있어서 걱정을 안할래야 안할 수도 없다. 까딱하면 우리도 남미짝이 되지나 않을까 염려되는 판이다. 아무리 걱정을 한다 해도 되는 일 안 되는 일 따로 있다. 그래서인지 정말로 걱정하는 사람들이 별로 없다. 그러나 이대로 가만히 있을 수만은 없다.

고서에 의하면 못된 신하가 왕을 농락하여 정치를 그르치게 만드려면 여덟 가지 방법이 있는데, 그 중에서 현대 인류에게 통용되고 있는 몇 가지 예를 든다. 먼저 두번째 방법이, 늘 왕 곁에서 시중드는 하인들에게 금·은·보석을 바치는 것이다. 요즘 같으면 보좌관이나 비서나 운전수를 꼬시는 것이다. 세번째 방법은 통치자의 친척이며 인척 중의 가까운 사람들을 돈이나 술과 여자로 유혹한 다음에 이들을 이용하는 방법이고, 네번째 방법은 통치자 자신이 사치를 즐기도록 타락시키는 방법이다. 다섯번째는 칼잡이며 폭력배들로 하여금 성실한 신하며 서민들을 위협하는 방법이다. 이렇게 하면 통치자가 무력해지고 인심도 그를 떠나게 된다. 그러면 통치자는 민중을 더욱 억누를 수밖에 없게 된다. 제일 첫번째 방법은 왕과 이부자리를 같이하는 사람을 통해 농락하는 방법이었다. 과연 이 방법은 직통일 수밖에 없다. 아무리 무섭거나 뛰어난 권력자라 해도 아내에게만은 약하다. '베게 밑의 충고'라는 말이 있다. 제 아무리 아내 말도 안 듣겠다고 단단히 무장한다 해도 이부자리 속에서는 소용이 없다. 예로부터 전제 군주들이, 정치인들이, 영웅 호걸들이 현대에도 베게 밑의 속삭임에는 모조리 녹아 버렸던 것이다.

007

아내가 아닌 창녀 한 명이 1개 국가의 내각을 흔들어 버리고 바꾼 일도 있다. 미국에서 유능한 정치인이 여자 관계 하나로 정치생명이 끝나 버린 예는 최근에도 봤었다.

밖에서 큰소리 치는 사람일수록 더 쉽게 넘어가 버린다. 최근에 공개된 마르코스의 일기를 보면 '독재가 좋다'는 부인(이멜다)의 말을 듣고 마르코스는 계엄령을 선포했다. 그렇다면 이멜다만 나쁜년이 되느냐? 천만에다. 마르코스는 그저 아내의 말을 잘 듣는 착한 남편이었다는 죄밖에 없는 것인가? 만만에다. 이멜다의 조언이 없었다고 해서 마르코스는 독재를 안했을까? 더더욱 천만에

다. 절대 그렇지 않을 것이다. 통치자는 언제나 외로운 법이다. 그의 주변에는 언제나 손금이 닳도록 두 손을 싹싹 비벼 대는 간신들이 많다. 그러나 결과는 통치자 한 사람에게 돌아간다.

　어떤 환경과 어떤 사람들의 말에도 구애받지 않고 모조리 포용하고 창조력을 발휘해 내려면 세계 최초로 슈퍼맨수련을 통해 의식을 정복한 의지창조자가 되어야 한다.

25
사회의 大혁명

001

현대 인류는 누구나 다 결코 쉽게 치유되지 않은 질병들을 가지고 있다. 동서고금을 막론하고 정말 심각한 사실로서는, 인류는 예외없이 자신만이 의식 문제에서건 심리 문제에서건 건강 문제에서건 인생 문제에서건 심각한 문제를 가지고 있다는 확신들을 가지고 있다. 이 사실 앞에는 어느 누구 한 사람도 예외일 수가 없다는 사실은, 인간들은 누구나 다 운명 앞에서 환자 아닌 사람은 없기 때문이다. 또 운명 앞에서는 필연적으로 환자일 수밖에 없다는 사실은 역사 앞에서 피해자가 아닌 자는 한 사람도 없기 때문이다. 이 역사 앞에서 피해자들인 인류는 이제 곧 난파하려는 배에서 우왕좌왕하고 있는 것 같다. 이 가운데에서 너는 타인이 알 수 없는 너만의 문제로 너는 요동이 더욱 심하다. 이런 세상에서 너는 세상에서 성공하는 것보다 너 자신에게서 먼저 성공해야 한다. 너가 세상에서 아무리 성공해도 너 자신에게서 성공하지 못하면 그것은 성공이 아니다. 오히려 세상에서는 성공하지 못해도 자신에게서 먼저 성공하는 자는 진짜 성공과 행복이 보장된다.

우리는 지금도 세상에서나 주위에서나 이웃들에게서나 가족들 중에서도 정치·경제·사회·문화적인 면에서 성공해 놓고도 자신은 망해 버리는 사례와 사람들을 많이 보고 있다. 지금 곧 난파하려는 배에서는 사람들이 자리를 지킬 수 없듯이 너는 지금도 제자리를 지키지 못하고 있다.

난파선에서는 사람들이 자리를 떠나듯이 너는 지금 너에게서 떠나고 있어. 그래 너가 가면 갈 곳이 어디냐? 세상 인류는 하나같이 누구나 다 자기에게서 떠나고 있다. 너뿐만이 아니다.

002

제자리를 지키지 못하는 사람들이 너무나도 많다. 정치인들, 기업인들, 노동자들, 교육자들, 언론인들, 신문·방송인들, 연예인들, 종교인들, 성직자들, 공무원들, 직장인들, 가장들, 주부들, 학생들, 아이들 등등……. 인류가 타고 있는 이 지구는 폭풍우를 만난 것이 아니다. 너가 타고 있는 이 대한민국은 난파선이 아니다. 어떠한 폭풍우에도 그리고 어떠한 파도에도 끄떡하지 않을 전천후 모선이다. 너는 너 자신만 포용, 도전, 공격, 창조하여 성공하면 너의 인생과 우리 민족의 평생 성공과 행복이 보장된다. 반만년 만에 처음으로 필자가 책임진다.

국가와 사회와 민주화는 한순간에 벼락같이 이루어지는 것이 절대 아니라는 차디찬 진리를 우리는 행동으로 포용해야 한다. 민주주의란 너무나도 다양하기 때문이다. 인간은 본질적으로 평등(平等)하다. 그러나 모든 인간이 평준(平準)한 것은 아니다. 강한 자도 있고 약한 자도 있으며 똑똑한 자도 있고 어리석은 자도 있다. 부지런한 자도 있고 게으른 자도 있다. 어디를 가나 창조하고 건설하는 자가 있는가 하면 파괴하고 도둑질하고 도망가는 자가 있다. 사상도 다양하고 생각도 다양하며 목적도 가지각색이다. 이와 같이 사람들은 평준하지 않으며 또 평준할 수도 없다.

003

요즘 우리 사회의 일부에서는 마치 독재자들이 날뛰는 것 같다. 목수가 나무라는 재료를 대패로 깎아서 똑같이 만드는 것같이 이 사회와 인류를 한꺼번에 깎아 맞추려고 날뛰기 때문이다.

정치인들 싸움은 국민의 혈세로 싸우라고 세워 준 국회에서 싸우면 되고 학생들과 근로자들은 자기네 학교와 자기네 회사에서 싸워라.

학교와 회사에서 안 되거든 국민의 혈세로 지어 준 교도소에 가서 싸워라. 교도소도 제대로 써먹을 줄 아는 학생들과 근로자들이 되어야 한다. 피흘리지 않고 싸우려고 국민들과 공권력에게 피해를 줄 병신 천치 행동들은 하지 마라. 민족에게 피해를 주는 종말은 허무밖에 없다. 민주주의란 냉철하고 끈기 있는 비판 정신과 포용하는 행동과 질서 있는 행동과 대화로 성숙하는 것이다. 밥 한 숟가락에 배부르지 않는다. 천리 길도 한 걸음부터이다. 민주주의란 하루 이틀에 이루어지지 않는다. 이와 같은 진리를 모를 리 없는 그들이건만 머리로만 아는 건 개나발이다. 행동으로 알아야 한다.

의지의 행동들이 얼마나 무지한지 그들을 보면 꼭 미친개같이 '너 죽고 나만 살자'는 식이다. 이 따위 방식이 어디서 써먹던 방식이야? 너 하고 싶은 대로 다 하는 것이 사회고 교육이고 기업이고 정치이고 경제이고 병원인 줄 아나? 민주주의란 질서와 법을 무시하고 국민들을 괴롭히고 너 맘대로 하는 것이라고 누가 그러던가? 너희들의 미친 행동에다가 법과 질서를 갖다 붙이면 어떻게 되겠나? 주둥이 벌려서 대답을 해봐.

20세 이상의 성인이라면 세상의 다채롭고 다양함에 눈을 떠서 인류 공존에 무엇인가 이바지할 창조적인 의지 아래 질서 있고 책임 있는 행동력을 소유해야 한다. 그런데 젖먹이같이 좋은 놈과 나쁜 놈으로 갈라 놓고 한 놈 죽이고 너만 살자는 식이라면 차라리 너가 죽는 것이 너에게도 훨씬 좋다.

004

여기에 생선을 좋아하는 사람과 야채를 좋아하는 사람과 그리고 불고기를 좋아하는 사람이 있는데 생선을 좋아하는 사람이 야채와 불고기를 좋아하는 사람들에게 절대로 야채와 불고기를 못 먹게 하고 절대로 생선만 먹으라고 한다면 이같이 명백한 무지와 억지는 어린애도 아니요, 동물이라고밖에 하지 않을 수 없다. 서로 자기가 좋아하는 것을 먹다가 서로간에 바꾸어 먹을 수도 있고 또 섞어 먹을 수 있는 대화나 행동이 조화로운 질서 속에 자연스럽게 행해지는 것이 민주주의다.

1975년에 미국의 커메기회사는 인도에 이산화티타늄 공장을 세웠다. 이게 폭발하여 수천 명의 인도인이 죽고 상했다. 미국에서는 공해 때문에 도저히 세울 수 없는 회사였다. 인도에서 혼쭐이 난 줄 알았는데 비슷한 공장을 듀퐁사가 대만에 세우려 했었다. 듀퐁사는 대만 국민들의 강력한 반발로 공장 건설을 중단해야 했다. 그런 듀퐁사가 커메기사와 비슷한 공장을 한국에 세우려 했다. 한국은 만만하다고 본 때문인 것이다. 천만에다. 미국에선 기왕에 세운 원자력 발전소마저 제대로 가동시키지 못하고 있다. 그만큼 반대 여론이 강력하기 때문이다. 공해 단속법도 대단히 엄격하다. 그래서 미국의 화학 회사들은 뒤진 나라에 공장을 옮겨 세워 나간 지 15년이 넘는다. 한마디로 공해 수출이다.

한국에서 한번 퇴짜맞은 두 회사는 반 년 후에 또다시 신청서를 냈다. 또 퇴짜를 맞았다. 그러나 두 회사는 석달 후에 또 신청을 해왔던 것이다.

005

정말로 우리나라를 이만저만 만만하게 본 것이 아니다. 자칫하면 터져 나올 염소가스보다 더 무서운 것이 반미 감정이다. 그렇게 안전한 것이라면 미국에다 세울 일이지 왜 굳이 한국에다만 세우려 하나? 한국인도 미국인과 같이 염소가스에는 견디지를 못한다. 공짜라면 양잿물도 마신다는 말은 한국에서 들었겠다. 그렇지만 아직까지는 우리 민족이 돈만 생긴다면 유해 물질이든 뭣이든 만들어 팔겠다는 그런 민족은 아니지 않은가? 그런데 문제는 미국의 공해 회사들이 한국에 상륙하겠다는 것은 합작 회사를 차리

자는 한국 사람들이 한국에 있기 때문이라는 사실이다.
  그래서 이들이 미국 회사들보다 더 밉살스러울 수밖에 없다. 돈이 좋다고 자기 집 안방에다가 세울 수 있겠는가? 아무리 돈이 좋다지만 가릴 것을 가리지 않고 똥을 된장으로 먹을 수는 없지 않은가? 학생들의 화염병도 번지를 잘 찾아야 한다. 이래서 우리 민족은 하루 빨리 반드시 의식정복이 필요하다.

26
의식의 大혁명

001

'노이로제'는 현대인들의 직업병이 됐다 싶을 정도로 사회인들과 직장인들과 공무원들과 사업가들과 학생들을 괴롭히고 있다. 경중의 차이일 뿐 현대인들 모두에게 생소하지 않을 정도가 된다. 고등학생들 중에서 고 3은 노이로제, 재수생은 약물 남용, 이것 역시 생소하지 않은 말들이라고 한다. 이제 우리 국민과 세계 인류는 필자 수련을 3박 4일만 받으면 이런 문제쯤 평생 고민 안해도 된다. 필자가 세계 최초로 천지 개벽같이 해결해 준다. 국립 서울 정신병원이 최근에 국회에 제출한 자료에 따르면 정신 질환자가 부쩍 늘어나고 있으며, 학력이 높을수록 정신 질환을 많이 앓고 있는 것으로 나타났는데 지난 1988년 한 해 동안 정신 질환으로 국립 서울정신병원에 입원 치료를 받은 사람은 30만 3천5백 명, 통원 치료를 받은 사람은 6만 2천 명으로, 입원 치료를 받은 사람은 1980년의 18만 1천 명보다 67.7%가 증가했고 통원 치료자는 1980년의 2만 9천 명에 비해 2백10%가 각각 증가했다.

또 1988년 국립 서울 정신병원을 퇴원한 2천2백67명을 분석한 결과 △ 대졸 18.1% △ 고졸 47.9% △ 중졸 16.6% △ 국졸 12.8% △ 무학 4.5% 등으로 나타났으며 질환 내용은 △ 정신분열증 59.4% △ 정서 장애 20.2% 알코올 중독 11.4% △ 소아 정신질환 1.1% △ 기타 7.9% 등이었다. 필자는 세상 인류에게 분명히 밝힌다. 필자가 분명히 행동으로 헤아릴 수도 없을 만치 많이 성공시켰고 또 지금 현재도 해결하고 있지만 국립 서울 정신병원 신세를 지는 숫자의 80% 정도는 필자의 의지창조수련 4일이면 값비싼 희생과 대가를 치르지 않고도 깨끗하게 해결된다. 80% 중 50% 정도는 보호자와 동반해야만 평생 후환이 없게 된다.

002

 통원 치료를 받는 자들과 퇴원 환자들을 만나 확인한 바로는 이들도 전체 숫자들 중에서 90% 정도는 필자 수련 4일로 깨끗하게 해결될 증상들이었다. 사업가들과 직장인들과 학생들이 병원 신세를 지기 위하여 그렇게 많은 시일의 병가(病暇)를 내지 않고도 많은 경제력을 손실하지 않고도 해결된다. 나머지 20%와 5%는 필자가 능력이 없어서이냐? 천만에다. 정신 장애와 정신 이상자, 충동 성격 장애자, 환각 증세자와 몽유병 증세자, 소아들은 필자가 장기간씩 대해 줄 시간이 없고 약품을 안 쓰기 때문에 그럴 뿐이다. 의학계와 정신병원에서 발칵발칵 하겠지만 만일 발칵하는 자가 있다면 필히 세계 최초인 필자의 의지창조수련을 받아 몸으로 직접 확인하고 그들에게 제대로 봉사하기 바란다.

 창조주께서 창조한 창조자들인 우리 인간은 특별한 경우를 제외하고는 의지창조에 의해서 약품을 쓰지 않고 해결되게 되어 있다. 이미 필자의 수련을 받고 돌아간 의사들이 증명하고 있다.

 필자 수련 4일은 현대 인류를 평생 정신문제, 심리문제, 건강문제, 대인관계문제, 표현력문제로부터 완전 해방시켜 준다. 세상과 의학계에서 놀라거나 말거나 3, 4일이면 행동으로 확인시키는데 시간이 많은 그들과는 달리 실력과 실적으로 확인시키는 필자가 왈가왈부할 필요가 없다.

 또 인류라면 누구나 관심을 가지고 있는 단전호흡 따위 역시 어중이 떠중이 아무데서나 시키는 무지한 차원을 초월해서 3일간에 의지창조의 수련을 받는 과정에서 자동으로 단전호흡이 습관화되게 된다. 단전호흡을 전문 단체에서 3, 40년을 매달려도 익숙해지지 않는 단전호흡을 말이다.

003

 이 세계의 단전호흡에 관한 지도자들은 필히 필자의 신적인 차원을 터득하여 바쁜 현대인들로부터 무한정한 시간을 빼앗지 말고 제대로 봉사하라.
 너무나도 큰 발전과 큰 영광 앞에는 입이 딱 벌어진다. 왜 이렇게 될까? 머리로 思考의 과정을 거치려면 우리 조상들같이 망한다. 그러나 망하기만 했던 조상들이라도 세계 제패할 만큼 강해지려면 그만큼 차원이 높아야 한다. 하늘을 날으려면 비행기로 충분하다. 그러나 대기권 밖 우주를 날으려면 비행기로는 안 된다. 비행기만 탔던 현대인들, 강력한 로켓트를 타봐야만 우주를 확인할 수 있다. 머리에서 놀라거나 말거나, 믿거나 말거나 필자는 행동으로 성공을 확인시킨다. 그러나 각기 자기들이 자기들 분야에서 자기 능력에 맞게끔 인류에게 봉사하는 행동 자체만큼은 훌륭하다.
 현대 인류는 누구든지 개선의 여지가 있다. 발전을 위해서는 현상 초월을 해야 한다. 능력이란, 즉 1백 원짜리 능력이 현상 초월을 할 때만이 1만 원짜리, 1백만 원짜리, 그 이상까지도 능력을 발휘하게 된다. 그러나 필자는 인류가 상상도 못할 만큼 빠른 시일에 1억 원짜리, 10억 원짜리 능력 발휘자로 확인시킨다. 그러나 너무 놀랄 것은 없다.
 노이로제의 피해를 입고 있는 학생들과 직장인들이 매년 급증하고 있다. 직업 생활에서 오는 정신적 과로 때문에, 직장의 분위기가 주는 심리적 압박, 불안 등의 이유로 직장 분위기가 건강하지 못하다. 연세대 의대 신경과 김모(某) 교수에 의하면 "현대 사회의 직장 생활은 근무 환경이나 인간관계가 갈수록 복잡해지면서 근본적으로 노이로제를 유발시킬 수 있는 구조적 특징과 자극 요소를 많이 갖고 있다"고 했다.

004

　직장은 우선 프라이버시를 지킬 개인 공간이 적고 대부분 관료 체계 속에서 일하며 자기를 낮춰야 하기 때문에 스트레스가 쌓이고 상사의 눈에도 들어야 하고 마음에 맞지 않고 아니꼽지만 눈치를 보아야 한다. 자기 감정을 눌러야 하고 곧이곧대로 감정 표현을 하면 배겨 낼 수가 없고, 상사·동료 등 아랫 사람과의 인간관계에 마음을 써야 하고 대인관계 역시 원만하지 못하면 고립된다. 김 교수는 "이러한 직장 생활의 특성으로 인해 스트레스가 많이 생기며 또 이런 스트레스를 받은 많은 사람들에겐 심근경색, 당뇨병, 식욕부진, 위장장애, 십이지장궤양, 변비, 결핵, 골절, 이명, 시력약화, 교통사고, 부상, 우울증, 자살 등의 빈도가 정상인보다 훨씬 많다고 보고되고 있다"고 밝혔다.
　가장 흔한 것은 심인성(心因性) 증상이다. 최근 세브란스 병원에 29세의 회사원이 찾아와 '자꾸만 눈앞이 안 보인다'고 했다. 의학의 검사 결과 아무 이상이 없었다. 문진(聞診)해 본 결과 그는 신입사원으로서 직장에서 상사한테 여러 번 야단을 맞았고 동료들과도 사이가 나빠 심리적 갈등을 겪고 있는 노이로제 때문이었다. 노이로제로 나타나는 심인성 증상은 크게 나누어 ① 신경의 자극으로 통증을 일으키는 동통(疼痛 : 몸이 쑤시고 아픈 증상) ② 건강 염려증 ③ 심리적 갈등과 불안이 몸의 증상으로 나타나는 전환(conversion) 등으로 구분된다. 심인성 동통 중 가장 흔한 것으로는 긴장성 두통과 온몸을 돌아다니는 애매모호한 신체의 통증이 있다.

005

　심인성 동통은 다음과 같은 특징을 갖고 있다. ① 한 곳만이 아니고 여기저기가 다 아프다고 호소하는 다중성 ② 아프다고 하면서 통증 치료보다는 전문가가 자기의 고통을 인정해 주느냐에 더 관심을 갖는 확실성 ③ 심리적인 것과 자기의 통증은 관계가 없다고 말하는 부정성 ④ 전문가의 문진시에 나오는 주위 인물과 그들 이름에 따라 통증의 증상이 바뀌는 대인 관계성 ⑤ 자기 통증을 그 누구도 경험한 적이 없는 것으로 믿는 특수성 등등이다.

건강 염려증은 환자의 호소에 따라 갖가지 의학적 검사를 해보아도 정상으로 결과가 나오는데도 본인은 계속 여기저기가 이상하다고 한다. 이런 사람들은 대개 스트레스에 의한 심인성인 경우가 많은데 '나는 병이 있다'고 단정하고 이 병원 저 병원을 돌아다닌다. 이런 사람들은 평소 신체의 어디가 병들지 않았나 하는 두려움을 갖고 있고, 호소하는 증상이 특정한 곳에 관한 게 아니라 애매모호하며 늘 피곤하고 몸 컨디션이 좋지 않다고 한다. 또 증상의 호소가 길며 자세하다. 강박적 자기애적 성격의 소유자에게 많고 남자는 3,40대 여자는 4,50대에 많다.

전환 현상도 여러 검사를 해보면 정상인데 여러 가지 장애증이 나타난다. 여기에 걸린 환자들은 자기의 증상에 무심한 것처럼 보이나 실은 이 증상으로 타인의 동정을 사거나 책임에서 벗어나려고 하는 목적 의식을 갖고 있는 경우가 많다. 증상은 크게 운동 장애와 감각 장애의 둘로 나뉜다.

운동 장애는 머리·팔다리 등을 떨고, 앉거나 누워서는 하지의 운동이 정상인데 일어서거나 걸을 때는 비정상이고 팔다리의 마비가 신경 해부학적으로 일치하지 않고 입술, 혀, 성대가 정상인데도 큰소리를 내지 못하는 현상이 있다.

감각 장애는 피부에 마취 감각 이상 등이 나타나는데 신경 해부학적으로 맞질 않는다. 환자가 앞이 안 보인다고 하는데도 장애물에 부딪치지 않고 잘 걸어가고 자기에게 불리한 소리일 때는 안 들린다고 한다. 전환은 주로 청년기, 특히 여자에게 많다.

006

　노이로제는 어느 직종에서나 많이 생기고 있으나 스트레스가 쌓이면 흐르는 물이 괴어 썩듯이 개인이 병들고 직장 생활의 균형도 깨지고 생산성까지 떨어진다. 이 상태가 더 발전하면 정신 장애로 되고 정신 장애자들 중에서 때로는 충동 성격 장애로 파괴적이 되어 자살이나 살인, 또는 범죄 행동까지 일으킨다.
　세계 최초 의지창조행동수련으로 노이로제 정복과 세계의 정신질환 치료 내지 완치에 획기적인 장을 열 수 있게 되었음을 자신한다.

27
대학 입시생들과 학부모의 大혁명

001

'고 3은 노이로제, 재수생은 약물 남용!' 이 말은 외국에서 들어온 말이 아니라 우리의 자녀들 실정이고 우리의 가정 일이다. 집안에 고 3짜리가 하나쯤 있게 되면 온 가족이 고 3 하나 때문에 스트레스를 받는 것은 물론, 고 3은 노이로제로 시달리고 온 가족도 따라서 성공 보장은 차치하고라도 일단은 같이 전쟁 준비를 해야 한다.

자식 하나 대학에 가고 안 가는 것이 인생살이 전부인 듯싶다. 어쩌자고 인류가 인생 초년병들에게까지 창조 아닌 경쟁으로 몰아치는 헛수고를 해야 하는지? 서글플 뿐이다. 사실 외우는 공부에서 1등하거나 운동에서 1등하는 것은 분명히 경쟁자는 물리치겠지만 그것이 인류에게 무슨 도움이 되는가? 창조가 아니기 때문이다.

인간을 창조가 아닌 思考의 노예로 전락시키는 전투 현장, 즉 노이로제 청소년 제조 공장을 알아보면 매년 치열해지는 입시 경쟁 때문에 정신 장애를 일으키는 청소년들이 부쩍 늘고 있다. '입시 스트레스 증후군'으로 불리는 입시병은 불안, 공포, 노이로제, 행동 장애, 정신 분열증 등등으로 증세가 다양하다.

002

교육부의 TV 과외가 생기고 앞으로 제도가 또 바뀔지라도 대학을 가야만 하는 것이 목적인 한 경쟁 제도는 이어진다. 입시 과열과 본인의 성격, 부모의 과욕과 과열이 어우러져 빚어내는 이런 문제들을 중앙대학 신경정신과의 이모(某) 교수의 정밀 취재를 분석해 보면 S여대 의대를 지원한 딸을 둔 학부모 김금숙(44세, 돈암동) 씨는 요즘 자주 놀라는 증세가 생겼다고 호소한다.

"딸애는 학교에서 수석을 유지해 왔는데 자기 실력에 항상 자부심을 갖고 있었기 때문에 같은 입장의 친구에 비해 고민이 적었고 학교와 학과 선택에도 딸애의 희망대로 했어요. 최대한 간섭을 안 하고 영양 관리와 조용한 환경 만들기에만 노력했죠. 그런데도 고 2학년 때부터는 신경질이 생기고 사소한 일에 짜증을 잘 내 지난 2년 간을 공주 모시듯 했습니다."

맞벌이 부부인 김씨는 딸이 매일 오후 6시에 저녁 식사를 한 후 독서실에서 자정까지 공부하는데 저녁 식사 준비와 영양 간식을 챙겨 보내는 일로 지난 2년 간 종종걸음을 치며 함께 스트레스를 받았다. 직장 관계로 집에 좀 늦어서 제시간에 식사를 못하게 되면 그 신경질을 받아 내기가 힘들었다는 것이다. 유순했던 딸애에게 공격적이고 히스테리컬한 성격이 생긴 것은 입시병의 한 증상이다. 수석이나 상위 그룹에 속하는 아이들 가정의 이와 같은 현상은 별문제가 없는 축에 든다. 그러나 수석이나 상위 그룹에 들지 못하는 대다수의 수험생들과 그들의 가정에서는 그 정도가 심하고 극심하기까지 해 많은 수험생들이 신경정신과의 치료를 받고 있는 것이 현 실정이다. 이와 같은 현상은 1987년부터 급증했다.

급증한 이유는 '1987년 입시 제도가 바뀌었기 때문에 이에 대해 교사·부모·학생 모두 불안을 느꼈으며 또 그해 대학 신입생 정원은 2.6% 증가한 반면에 수험생은 23.9%나 늘어나 상대적으로 치열해진 경쟁률이 스트레스와 불안을 가중시켰으며 정신 신경질환에 대한 인식이 좋아져서 적극적으로 병원에 왔기 때문'이라는 설명이다.

003

'입시 스트레스 증후군'의 초기 증세는 두통이 32.9%로 가장 많고 신경과민이 27.4%, 우울증 20.5%, 현기증 16.4%, 타인 의식증(눈치보기), 신체화 증상(신경성, 위장병, 궤양) 등으로 나타나는 게 보통이다. 여기에서 차차 진행되면 31.5%가 노이로제 신경증을 앓고 23.9%가 정신분열증, 23.3%가 적응 장애, 12.3%가 우울증, 5.5%가 약물 남용(환각제 복용)을 앓았다. 입시병 환자의 입원 시기는 중 3은 5~6월(지난 과거), 고 3은 3~4월(1993년 현재), 재수생은 1~2월(1993년 현재)로 입시 직후에 몰려 있다.

입시병은 두통으로부터 시작하여 강박관념과 불안으로 진행되는데, 수험생 자신은 그것이 입시에 대한 신경증임을 느끼지 못한다. K군(고 3)은 여러 날 심한 두통에 복통이 자주 나고 소화가 안 되었다. 부모와 같이 병원에 가서 정밀검사를 하였으나 이상이 없었다. K군은 교사에게도 반항하고 학교생활에 적응하지 못했다. 교사는 학부모를 불러 K군이 신경정신과의 진료를 받도록 했다. K군은 의사에게 자기는 위장병을 앓고 있는데 "내가 무슨 정신병 환자냐?" "당신이 뭔데?" 하며 강한 반발과 저항을 보였다. 어머니 역시 "공부하라고 한 것이 무슨 잘못이냐?"면서 책임을 느끼지 않았다.

일류 대학만을 목표한 부모의 강요가 문제였음에도 불구하고, 이 교수가 최근에 조사한 78명의 수험생 중 83.6%의 수험생과 87.7%의 학부모가 수험생의 정신 장애를 인정하지 않고 의사에게 강력하게 반발했다. 이 같은 저항 의식이 치료에서 가장 큰 난문제임은 말할 나위가 없다.

004

 고 3의 A군도 심신이 탈진 상태였다. 여기저기 몸이 성한 곳이 없다고 했다. 환청과 환상에 사로잡혀 계속 이상한 말만 지껄였다. 이 교수는 A군을 무조건 잠재웠다. 나흘 후 깨어난 A군은 자기가 왜 병원에 있는가? 왜 내가 쓸데없는 말들을 지껄였을까 의아해 했다. A군 역시 처음에 가벼운 두통과 불안이 엄습해 와서 이를 포용 못하는 자기에게 부모의 완강한 '공부하라'는 강요의 스트레스를 견디지 못해 심한 현기증과 탈진 상태로까지 악화된 케이스였다. 수험생이라면 누구나 강약의 차이일 뿐 신경과민을 앓게 마련이다. 모든 수험생이 다 입원할 만큼 심한 것은 아니다. 입시병이란 일시적인 정신 장애이므로 크게 부끄럽게 여길 병도 아니다. '입시병 증후에 시달리는 수험생은 기질적으로 성격에 문제가 있고 거기에 부모의 욕심과 한풀이 욕구로 수험생 자신이 소화 못할 부담에서 생긴다.'
 입시병에 잘 걸리는 기질은 크게 네 가지로 분류된다. 첫째가 강박적 성격이다. 꼼꼼하고 세심하며 완벽주의적인 성격인데, 여기에 부모의 일방통행식 강요가 심할 때 자신의 힘에 부쳐 생긴다. 평상시 성적 좋았던 수험생이 실패하는 이유는, 가령, 수학 시험 문제지를 받았을 때 첫문제가 풀리지 않으면 끝까지 붙잡다가 시간을 소비해 다음 문제를 풀지 못하고 만다. 두번째는 맹종형이다. 부모가 못 이룬 꿈을 자식에게 강요해 별것 아닌 판·검사가 되라는 식일 때 자식은 맹종하지만 부모의 기대에 미칠 능력이 없어서 병을 앓게 된다. 세번째는 히스테리적 성격. 6명 중 1명의 입시병 환자가 이 그룹이다.

005

　수험생의 자만심과 허영심이 커서 일류 대학, 일류 학과만을 고집하는 경우이다.
　능력이 따른다면 문제가 없지만 자기 능력을 생각 않고 이상만을 좇는 타입으로, 예를 들면 전주에 사는 3수생 C군(22)은 서울 법대만을 고집해서 서울 법대에 응시했다가 실패했다. 집안의 권유로 2차 대학 사회학과에 응시, 합격했다. 그는 서울에서 자취한다고 부모를 속여 등록금과 생활비를 타가면서 학교는 안 다니고 재수 학원에 다녔다. 재수해서 재차 서울 법대에 응시했으나 또 실패 현재 3수생인 그는 이젠 지방 대학 법대 합격이 목표다. 그동안 그는 대학 뺏지를 단 친구들을 피해 다니느라 행동 반경이 좁아졌고 강박관념과 정신 산만에 시달리고 있다. 이젠 공부할 때도 정신 집중이 되지 않는다.
　네번째 성격은 패배 의식으로 인한 열등감에 빠진 경우, 성장 과정에서 겪은 많은 좌절과 실패로 패배감에 빠져서 애당초 실력보다 낮춰 진학한다. 낮춰서 합격해 놓으면 불만스러워져 학교를 그만두고 재수를 하다가 곧 재수조차 포기한다. 결국 대학에는 못 다니고 좌절감을 이기기 위해 환각제를 먹는다. 전투에 투입된 군인이 스스로 '나는 실패만 한다'고 사기가 떨어져 있으면 실패할 건 뻔하다. 열심히 싸우지 않는데 이길 수 있겠는가?
　입시생에겐 충분한 영양이 필요한데 여학생의 경우 살찐다고 안 먹다가 허약해져서 나중에 고생을 하는데, 살찌는 것이 싫으면 생선과 과일을 많이 먹음으로써 충분한 영양 보충을 하면 된다. 교육제도나 입시제도가 바뀌건 말건, 사회가 변화되건 말건 교육열은 날로 심해질 수밖에 없다.

006

　수험생과 학부모가 다같이 성공하기 위해서는 수험생과 학부모가 현대의 인식 차원을 초월하는 포용 차원에 도달해야 하고 수험생들 자신도 지금까지의 머리를 통한 공부 방식에서 의지를 통한 공부 방식으로 바꿔야 한다. 자기 성격과 실력과 행동과 건강과 생활에 전천후적이 되어야 한다. 이렇게 될 때 지금 당장 대학 하나에만 붙고 보자는 저속한 차원을 초월하여 인간으로서 창조자로서 성공하여 대학의 합격은 물론 이 사회에서와 세계에서도 성공하게 된다.

　자식을 제대로 성공시키고 학부모 자신도 제대로 인생 성공을 하려거든 수험생은 필히 고 1때나 고 2때쯤 학부모와 동반하여 세계 최초인 의지창조수련을 받아라. 경제력이 없다고 수험생만 필자의 의지창조수련에 보내면 부모의 무지는 자식의 성공을 방해하게 되고 공부에 바쁜 자식은 현대 문명의 노예인 무지한 부모를 설득시킬 시간이 없을 뿐 아니라 부모가 또 자식을 포용할 수 없기 때문이다. 돈이 아깝고 자식을 진짜로 성공시키지 않을 사람이라면 어쩔 수 없지만……

　지금 세계에서 우리 민족 다음으로 교육열이 높은 일본을 한번 보자. 놀라지 말라. 교육열 세계 1위라는 우리가 과연 1위인가 확인해 보자. 일본을 모방하라는 것이 아니다. 필자는 일본을 훨씬 초월하는 방법을 제시했고 또한 수련까지 시키고 있다.

　일본에서 소위 명문大, 주로 사대(私大)에 들어가기 위한 경쟁은 철 없는 만 세 살 때부터 시작된다는 사실이다. 명문 대학에 들어가기 위해서는 우선 명문 유치원이나 명문 국민학교에 들어가는 게 유리한데 유치원이나 국민학교에 합격하려면 세 살 때부터 숙(塾:학원)이나 과외 공부를 해야 하기 때문이다.

007

　일본에서 유명한 숙(塾 : 유아교실)에 다닐 경우 그 비용은 1989년 현재 1년에 1백95만 엔이나 들고 과외 수업을 일주일에 세 번 받는다면 연간 2백50만 엔이 들게 된다. 그 결과 운좋게 명문 송도 유치원에 들어가게 된다면 금년도 납입금이 1백22만 엔, 일반 사립 유치원에 들어가면 급식비, 통원(通園)버스비 등 월간 2만 5천 엔 정도 비용이 들지만, 동경 항구의 경우 월 6천 엔 정도가 지방자치 단체에서 보조금으로 나온다. 그 밖에 기옥현(崎玉縣)의 대궁시(大宮市)에서는 2만여 엔의 축하금마저 받는다.

　일본은 중학교까지 의무교육이므로 공립 국민학교나 중학교에 다니면 급식비, 부교재비 외에는 거의 비용이 안 드는데(중학교는 교복비) 사립 명문인 경우 국민학교에 입학이 되면 초년도에 1백80만 엔, 중학교에 들어가면 1백32만 엔을 납입해야 한다.

　지금까지 일본에서 비용이 많이 드는 예를 들었지만 A. I. U보험회사가 유치원에서 대학까지 사립학교만 다닐 경우 생활비를 포함해 1인당 평균 얼마나 비용이 드는가를 조사한 결과, 문과계 2천8백30만 엔, 의과계 6천27만 엔이라는 수치가 나왔다. 그러면서도 1988년에 대학(전문대 포함)에 낙방해서 재수·삼수하는 학생이 35만여 명, 그런가 하면 일부 사립대학에서는 2차 베이비붐의 피크가 되는 1992년 이후에 어떻게 입학 정원을 확보할 수 있을까를 고심하고 있다.

　한국이나 일본이나 교육 행정이 어렵긴 마찬가지다. 교육 제도도 한·일 양국은 아주 비슷해서 봄철에 새학년이 시작되는 학제는 구미(歐美)는 물론 아시아에서도 한·일 말고는 거의 찾아볼 수가 없다.

008

한국은 1학년이 2학기이고 일본은 3학기이기 때문에 3월과 4월이라는 차이는 있지만 거의 같은 시기에 입학과 졸업이라는 중요 학교 행사를 치르게 되고 자녀들과 학부모들이 입시병 증후에 시달리는 것은 마찬가지다.

필자는 미국뿐만 아니라 일본 제패를 위해서 시간이 마련되는 대로 일본에도 들어가 세계 최초인 의지창조 행동 수련을 시키겠다. 교육을 위한 교권과 사도(師道)만은 왕권보다도 더 강해야 한다. 우리의 교육 부정은 특수한 예로서 대학 당국은 물론 고교 당국과 학부모가 개입되고 사회 당국자까지 개입되어 몇억씩 오고 간 후에 뒷문 입학되어 기를 펴지 못하는 억지 대학생도 있다. 그들이 학부모와 대학과 이 사회를 어떻게 보고 장차 어떻게 대하겠는가?

사랑하는 자녀를 위하고 존경해야 할 부모를 위하고 봉사해야 할 이 사회를 위해 성공하려거든 가족 동반으로 3박 4일의 신적인 수련만 받아라. 평생 동안 부정을 저지르지 않고도 성공하게 된다.

28
직장 스트레스로부터 大혁명

001

 스트레스! 이것은 현대인들에게 꼭 동반자여야만 하는가? 해방된 대학 생활에서 긴장을 풀기도 전에 또다시 입사라는 관문이 기다린다. 입사를 하든 입사 못하든 여전히 고3과 재수생 같은 부담이 아니라 훨씬 더한 관문이 기다린다. 이번의 관문은 생사 문제가 걸려 있다. 대학생과 재수생은 의식주 보호라도 받는 입장이고 사회적 관심이라도 받는 몸이기에 괜찮았지만 4년 뒤의 사회에 도전하는 관문은 이젠 부모·형제까지도 보호해야 할 사면초가인 사막에서의 도전인 것이다. 부모들이 뼈빠지게 벌어먹이면서 공부시켜 주었고 사회가 얼마나 자기를 보호해 주었었는지도 바로 체득하기 시작하는 문에 들어서는 것이다. 곧 결혼을 해서 가정을 갖게 되고 이젠 그 자신 스스로 자녀를 갖게 될 때를 대비해 장래를 대비하고 국가·사회까지 떠맡아야만 하는 하나의 인격체가 되어야 하는 것이다. 한마디로 말해 냉정한 사회이다.
 토큰 한 개와 회수권 한 장에 생사를 거는 곳이 사회이다. 사회는 학교가 아니고 부모와 자식의 일촌 관계가 아니다. 직장인들과 샐러리맨들이 상사와 고용주들로부터 받는 압력은 수험생들이 부모 선생들로부터 받는 압력의 몇십 배에 달한다. 이걸 고등학생들과 대학생들이 어찌 알 수 있겠나? 공직자와 국민간에는 혈세가 개입되어 있고 고용인과 고용주 사이에도 서로간에 피를 빨아 먹는 관계이다. 어느 한 곳도 손해 볼 수 없고 한쪽이 손해 볼 때는 손해 보는 쪽은 존재 자체가 흔들리게 된다. 피비린내 나는 전쟁보다도 더 무서운 곳이 바로 사회이다.

002

 전쟁이란 이기든가 지든가 결과 뒤에는 한계가 있는 것이지만 네가 도전할 사회라는 곳은 서로간에 어느 누구가 이겨서도 안 되고 져서도 안 되며 그러면서도 같이 존속해야 하는 곳이기 때문이다. 이 나라 학도들이여! 또 입사 대비생들이여! 그리고 현대 인류여! 네가 이 사회에서 할 일이 쉽겠는가? 그렇다고 해서 반드시 어려운 줄 아는가? 절대 어렵지 않다. 포용, 도전, 파괴, 창조 의지 행동만 발휘하는 한 너는 지금 이 나라 기성 세대의 어느 누구보다도 더 탄탄한 앞날을 보장받게 된다.
 직장인들과 샐러리맨들의 스트레스 주범은 과중한 업무 이외에도 업무와 관련된 인간관계의 마찰과 인사 문제 등이 대부분이다. 직장인들과 샐러리맨들은 이러한 스트레스를 주로 술을 마심으로써 해소하고 극소수는 도박과 약물 복용자도 있다. 이 같은 사실은 최근 삼성과 대우그룹이 자사 사원들을 대상으로 실시한 설문 조사에서 공통적으로 나타나 흥미를 끌고 있다. 모두 1백91명이 응답한 삼성그룹의 조사에서는 간부 사원의 경우 스트레스 원인으로 과중한 업무 목표(30%)와 상사와의 의견 충돌(12%)을 꼽았다. 사무직 남자 평사원은 과중한 업무 목표(17%)보다는 상사와의 이견 또는 협조 부족 등의 이유로 인해 일이 잘 안 풀릴 때(22%) 스트레스 빈도가 높았다. 현장직 남자 사원은 과중한 업무 목표(15%)와 상사로부터 질책당했을 때(11%) 순이었다.
 여사원의 경우 현장직은 상사의 지나친 권위주의(27%)와 여자라고 무시했을 때(18%), 그리고 사무직은 인간관계의 갈등(19%)과 여자라고 무시했을 때(12%) 스트레스를 많이 받는다고 대답했다. 여사원들의 스트레스의 주범은 대부분 직장에서의 인간관계 또는 남녀 차별에서 비롯되는 것이었다.

003

한편 2백10명이 응답한 대우그룹의 조사에서는 남자 직원의 스트레스 원인을 ①상하 동료간의 협조가 잘 안 돼 일이 지연될 때 ②인사가 불공평하다고 느낄 때 ③예정에 없던 야근·휴일 근무 ④돈 문제로 가장의 위신이 떨어질 때 등을 꼽았다.

여자 직원은 ①다른 사람이 일에 대한 책임을 전가할 때 ②약속이 있는 날 야근·휴일 근무 ③남자 사원과 차별적인 인사 ④주머니 사정 등으로 남자 직원과 비교가 되었다.

특히 삼성그룹의 사원들은 인간관계의 마찰과 관련한 스트레스의 구체적인 원인별 유형을 ①퇴근시 상사의 과다한 업무 하달 ②사소한 실수의 인간적인 모욕 ③상부 의사를 무조건 받아들여 부하에게 무리하게 지시 ④상사로부터 야단 맞고 부하에게 화풀이 ⑤민주적 절차를 무시한 독재형 상사 ⑥나는 바쁜데 옆 동료는 빈둥거리며 업무를 부정적으로 생각할 때 등을 예시했다.

이 같은 스트레스로 인해 업무 지연은 물론 동료간의 책임 전가 등 직장 분위기가 흐트러지고 개인적으로는 체중감소, 불안, 신경증, 공포증, 심장신경증, 탈모, 두통, 위장장애, 설사, 신경통, 초조, 피해망상증까지 나타나고 있다고 대답했다. 이들은 음주, 운동, 음악감상, 여행 등으로 스트레스를 해소하는 것으로 나타났고, 삼성의 경우 남자 사원은 술(45%), 운동(21%), 음악감상(8%), 잠(5%) 기타 순이었고 여자 사원은 음악감상(23%), 친구와 대화(14%), 잠(12%) 기타의 순이었다.

004

현대 인류는 옛날 사람들을 공포로 희생시켰던 무서운 세균성 전염병의 공포에서는 해방되었다. 이런 문명의 혜택으로 의식주 생활 역시 매우 좋아졌고 평균 수명도 늘었고 체중 역시 많이 향상

됐다. 그래서 현대를 사는 인류의 몸은 매우 편하게 되었다. 반면 인류는 스트레스에 지쳐 각종 정신적 장애와 신체적 질병에 시달리고 있다. 신경성 노이로제가 이젠 현대인이라면 누구에게나 생소하지 않게 들리고 있다. 그래서 현대인들의 정신과 마음은 하루도 편할 날이 없다. 보다 많은 실적을 강요당하다 보니 회사의 동료가 경쟁 대상으로 변했으며 핵 전쟁, 인구 폭발, 자원 고갈, 각종 사회 문제, 각종 국제 문제와 새로운 질병과 공해 문제 등등 이웃에서 일어나고 있는 모든 일들은 자신의 직장 생활과 가정 생활에 불안과 스트레스로 되어 자신의 몸과 마음에 여러 가지 병을 일으키고 파괴 요소로 만드는 20세기의 세균이 된 것이다.

노이로제니 정신병이니 하는 정신 장애도 스트레스가 주원인이며, 신경성 질환이라고 불리는 각종 신체적 질병도 모두 스트레스와 직결되어 있다. 화가 났을 때는 밥맛도 없지만 식사를 하면 체하게 마련이고 짜증을 부리다 보면 혈압이 오르고 머리가 아파지는 게 당연하다. 불안한 일로 골몰해 있을 때 설거지를 하다가 귀중한 그릇을 깬다든지, 자동차 사고의 원인 중에서 분노와 우울로 인한 난폭 운전의 결과인 것이 많이 입증되고 있다. 감정의 사고는 많은 기업체에서 산업재해의 원인이 되고 있고, 보통 가정에서 일어나는 사고의 원인도 대부분 감정 장애 때문인 것으로 드러나고 있다.

005

외국과 국내의 제조업체에서 각종 사고를 일으킨 사람들을 대상으로 연구한 결과를 보면 80% 정도가 스트레스, 좌절감, 분노, 우울, 불안의 순서로 되어 있다. 직장과 회사에서 결근율을 분석해 봐도 70% 정도가 불안과 우울이나 노이로제 증상으로 인한 신체화 증상 때문인 것으로 나타났다. 병원에서 수술을 앞둔 환자가 불안이나 우울 증세가 있으면 이런 환자들은 수술시 많은 출혈은 물론 합병증이 발생하고 회복 역시 지연된다는 사실이 입증됐다. 인간 사회에서 일어나는 거의 대부분의 사고나 병이 인류의 감정적 요인에서 생기는 것이지 자연 재해나 우연 같은 막연한 데서 오는 것은 극소수일 뿐이다.

필자가 세계 최초로 의지를 창조하여 의식을 정복한 사실은, 즉 평생 동안 의식 컨트롤을 한다는 사실은 이 세상의 어떠한 물질이나 학문이나 종교 차원에서도 꿈도 꾸어 보지 못한 차원이다. 현 세계의 인류는 누구나 다 일상 생활에서 자기들이 겪는 감정을 너무나 모르고 산다. 심리학자들도 망각하기는 마찬가지다. 자기가 화가 났는지 긴장하고 있는지 전혀 의식하지 못한다. 이런 숨은 감정들이 본의 아닌 행동으로 나타나는데 의지창조자는 사전에 의식을 컨트롤하기 때문에 자기 의식으로 인한 행동 표현, 즉 사고는 반대로 창조적으로 표출되게 한다. 또한 세상과 환경으로부터나 타인들로부터 엄습해 오는 요구나 행동 표출에도 절대 희생당하지 않게 되는 것이다. 정신·신체의 건강도 증상이 나타나기 전에 해결하는 방법은 이 세계에 아직까지는 의식 정복 방법밖에 없다. 이와 같은 의식 정복 수련이 인류와 가정과 학원과 사회와 기업체와 국가에서도 개개인마다 모조리 발휘할 수 있거나 아니면 10분의 1이나 5분의 1 정도의 책임자들한테서만이라도 발휘될 때 감정에 직결된 문제나 사고나 노사 분규나 불행은 일어나지 않게 되고 그 단체나 그 직장 그 가정 그 개인의 발전과 행복은 보장되게 된다.

29
백색 공포로부터 大혁명

001

 '히로뽕', '마약'. 급격히 번져 가는 마약류 사범, 특히 히로뽕 사범들로 인해 우리의 청소년들과 한참 일할 젊은층들이 인생을 다 살지 않고서 그대로 늙어 죽어가고 있다. 히로뽕과 마약 투약자들의 연령층은 20대~30대가 전체 투약자의 72%를 차지하고 나머지는 10대이며 40대 이상은 극소수이다. 지난 1990년에는 10대가 전년보다 76%나 증가하는 등 연소화 경향이고 여성 사범도 전년보다 62%나 격증했다. 이와 같이 10대, 20대, 30대 들로서 학원사회와 산업사회와 경제사회에서 한참 일할 젊은이들이 상습 투약자로 되고 있다. 이들의 투약 동기는 처음엔 거의가 본의 아니게 각종 음료수나 각종 약에 서비스로 제공받다가 상습적이 되고 만다. 히로뽕 사범, 마약 사범이 드디어 사회 문제화되어 대검찰청에 마약과를 신설, 대검찰청의 대공세가 시작되었다. 우리나라의 히로뽕 상습 투약자는 약 30여만 명으로 추산되고 있으나, 이를 최근 4년 간 증가 추세로 방치할 경우 4년 후에는 히로뽕 밀매 검거자 수가 수만 명이 넘고 상습 투약자는 기백만 명이 된다는 계산이다. 기백만 명이 거의 10대, 20대, 30대 들로 말이다.
 처음에는 각종 약으로 오용되어 투약되는데 투약 장소는 대부분 일반 숙박업소는 물론 사우나탕, 다방, 만화 가게, 전자 오락실, 심지어 한약방 및 일반 가정에서까지 투약된다. 투약 방법은 술집에서는 취하지 않는 약이라고 속이고, 수험생들과 학생들에게는 정신을 맑게 하는 약이라고 속이며, 가정 주부와 처녀들에게는 살빠지는 약이라고 속이고, 농민에겐 허리 통증 없애 주는 약이라고 속이며, 운전사들에겐 피로 회복제라고 속여 제공된다.

002

 투약 결과로 히로뽕은 중추신경 홍분제로서 몇 번 투약하면 헤어 나오지 못하고 장기간 투약할 경우 환각 범죄로 인질 난동, 살인, 강도, 강간 등의 반사회적 해악을 비롯해 피해 망상증, 위장 경련, 정신분열증, 나중엔 투약 자금 마련을 위해 도둑질, 범죄까지 저질러 끝내는 폐인이 된다.
 처음에는 어디에서나 속여서 무료로 제공해 복용을 유도하는데 1회 투여량은 0.02~0.03 g 이며 1 g 정도 투여하면 소리없이 죽는다. 1회 투약 값은 3만~20만 원 정도지만 상습 복용으로 될 때까지 무료로 유도한다.
 학부모와 교육 당국자들 및 학교 당국은 자녀들과 학생들에게 각별한 주지가 필요하다. 아무리 성공하고 아무리 돈을 많이 벌어 놓고 아무리 사랑하는 자식이고 아무리 교육을 시켜 봐야 순식간에 도로아미타불이 되어 버리기 때문이다. 그러면 히로뽕이 이처럼 국내에 확산되게 된 데에는 주로 일본으로 나가던 밀수 루트가 한·일 양국의 단속 강화와 원료인 염산에페트린의 가격이 급등해 밀수출 마진이 줄어듦에 따라 봉쇄됐고 값싼 대만산 히로뽕이 등장했기 때문이다.
 수사 관계자들은 80년대 후반까지 일본의 연간 소요량인 1만kg 중 8천kg이 한국에서 밀 공급되는 것으로 추정하고 있다. 그러면 이와 같은 히로뽕은 어떻게 만드는 것인가? 히로뽕은 염산에페트린에 지오날파라티온 등 10여 종의 화학물질을 합성하여 만든 각성제다. 히로뽕은 순수한 의미의 마약과는 달리 금단 증세를 나타내지 않는다. 그래서 히로뽕에 대해서는 중독이라는 말보다는 의존성이란 말이 훨씬 더 적합하다.
 그러나 중독자는 우울, 불안, 사기 저하라는 과정을 거쳐 피해망상, 환청, 정신착란 등 정신병 증세와 폭발적 파괴 행동을 하게 된다. 미국인의 경우 체질상 6~9회 복용할 경우 의존성이 생기고 우리나라 사람은 맵고 짠 음식을 먹기 때문에 다소 내성(耐性)이 강하다.

일반적으로 히로뽕의 복용 방법은 세 가지다. 혈관 주사를 맞는 경우와 각종 음료수에 타서 마시는 경우와 분말을 코로 흡입하는 경우이다. 주사로 맞으면 45초 이내에 약리 작용이 나타나며 음료수에 타서 마시면 20~30분 이내에 각종 작용이 나타난다. 히로뽕을 복용하면 수치심이 없어지고 공감대가 형성되며 근육이 14분의 1~12분의 1 정도로 수축되기 때문에 성적 쾌감이 높아진다.

상용하면 신체적 폐해를 동시에 일으킴으로써 정상적인 사회 생활을 막는 요인이 된다. 이 같은 히로뽕과 마약 등 상용자가 늘고 있는 것은 특히 청소년층에 있어 입시 경쟁으로 인한 무력감, 이혼 등으로 인한 가정 해체 또는 가정 불화, 모방 심리 등의 사회 구조의 복잡화로 긴장감을 많이 느끼고 경쟁이 치열한 분야의 종사자들이 각종 좌절감, 죄책감을 떨쳐 버리고 현실에서 도피하기 위한 데 있다.

이제까지는 남의 애기, 남의 나라 애기 같던 히로뽕과 마약 사범이 이젠 우리 주위와 가정에까지 침투해 들어왔다는 데 큰 문제로 된 것이다. 정부 차원의 단속도 중요하고 국민 개개인의 경각심도 중요하겠지만 백색의 공포에서 벗어나는 길은 아예 그 백색의 물질을 보는 족족 고발해야 한다. 히로뽕이나 마약에 의한 황홀경보다는 세계 최초 의지창조수련으로 의식을 정복하면 평생 동안 자기 파탄은 없다.

30
철학의 大혁명

001

 인간 누구에게나 욕구가 있듯이 인간 누구에게나 철학이 필요하다. 어떤 것들은 자연적이고 또 반드시 충족되어야만 그가 살 수 있다. 먹고 마시고 살 곳, 이런 것들이 바로 그러한 욕구들이며 성욕도 인류의 보존을 위해서는 꼭 필요한 욕구로 충족되어야 한다. 또 한편으론 우리에게 자연적이 아니며 필요 없는 욕구들도 있다. 더 많이 갖고 싶다, 더 많이 먹고 싶다, 더 좋은 곳에서 살고 싶다, 더 예쁜 여인을 소유하고 싶다, 더 나은 자동차를 갖고 싶다……. 이런 류의 욕구들은 점점 더 커지게 마련이다. 현대 인류는 필요한 것과 하고 싶은 것을 구별하지 못하여 거의가 파탄되고 좌절한다. 우리 인간은 필요한 것에서 만족하고 행복함을 인정해야 한다. 즉 포용 말이다. 하고 싶은 것 다 하는 것은 창조주(하나님)도 안 된다. 우주를 다 가져도 사람 마음에 만족할 수가 있겠나?
 현대 인류는 누구에게나 철학이 필요하다. 각자 개개인의 철학에 의해서 그의 정신도 행동도 이 세상에 발휘되어야 하는데, 인류의 생활 태도는 철학에 의한 생활이 아니고 전부가 하고 싶은 욕구에 이끌리는 도구에 불과하다. 창조의지가 결여된 思考의 노예, 하고 싶은 것에 이끌리는 인생들이기 때문이다. 물론 많은 인류에게 재화를 공급하기 위해서는 다양한 욕구를 충족시켜야 하며 고도의 생산성이 유지되어야 한다. 고도의 생산성은 어느 정도의 생활 기준에 다다르면 안정세를 유지해야 하건만 정치가와 경영인들은 철학이 없는 연고로 고도의 생산성은 비자연적이고 불필요한 욕구 충족의 노예가 되어 버려 결국은 환경을 파괴해 버린다.

002

저 하늘과 이 땅과 이 강물은 우리 인간의 삶의 바탕이다. 고도 성장은 우리의 자연과 땅을 더럽혀 놓았으며 물과 공기까지 오염시켜 버렸다. 우리는 지금 우리의 생명을 단축하는 공기를 마시고 있으며 우리가 마시는 물은 우리의 신체를 일그러지게 만들고 있다.

결국 우리는 누구를 위해서 고도 성장을 시켰는가? 큰소리로 대답해 보라. 철학이란 무엇이며 우리의 삶에 어떤 의의를 지니는가 하는 것은 그 자체가 바로 중요한 철학적 질문이다. 철학적인 지식이 풍부하다는 것은 하나의 유용한 기술을 습득했다는 것 이상을 의미하지 않는다.

철학이 현실 생활에 편리하게 이용할 수 있는 도구 이상으로의 역할을 부여한 것은 소크라테스와 플라톤이었다. 그들에 의하면 진정한 의미의 철학은 단지 현세적인 삶의 한 부분만을 충족시키려는 정치가나 사업가들 같은 것이 아니라 인간과 인간이 어우러져 사는 사회를 영원히 구원해 줄 수 있는 힘을 지니고 있는 것이다.

소피스트들처럼 물물 교환식같이 해서는 안 되는 것이다. 소크라테스의 기대는 중세에 들어와 연약한 기독교에 의해 대체되나 인간의 사고는 신의 창조의지를 배신하게 되어 근세 철학은 종교의 예속에서 벗어나 인식론과 같은 방법론적인 연구 분야를 중심으로 발전하면서 소크라테스의 철학은 오늘날 우리에게서나 서양 철학에서는 사라졌다.

철학이란 단순히 세상을 이해하는 도구가 아니라 세상의 파괴적이고 물질적인 조건을 파격적으로 개혁하고 인류를 영구히 구원해 주는 열쇠가 되어야 한다.

003

철학이 과연 세계에 직접적으로 관여하는 일차적인 학문이 되어 인간 삶의 개선에 간접적으로 기여해야 하는가, 아니면 현실에서 직접 구원의 길로 나서야 하는가 하는 이념적 대립이 오늘날 세계나 한국의 철학계에서 세대간의 갈등으로 나타나고 있다. 그러나 오늘날이나 옛날이나 우리나라에서의 철학은 언제나 이념 철학이었을 뿐 철학자가 정치를 안했고 종교, 사상 외에는 제시된 철학을 중심으로 한 철학이 국민의 행동이나 이해를 이끌지 못했다.

노자(老子)는 말하기를 '최상의 선은 물과 같다. 물이 선한 것은 만물에 이익을 주며 그들과 다투지 않으며 그것은 언제나 사람들이 싫어하는 곳에서 머무는 것이다'라고 했다. 니체는 기독교 사상을 평가하면서 '온유한 자는 복이 있다'느니 혹은 '마음이 가난한 자는 복이 있다'느니 하는 주장은 노예 민족이었던 이스라엘 사람들이 약함을 알았기 때문에 다른 사람들에게 이런 말을 덮어씌운 것이라고 했다. 왜냐하면, 이 주장들을 일반 사람들이 준행하면 연약한 그들은 보호를 받을 수 있기 때문인 것이다. 만약 그들이 용맹스럽고 힘이 있었다면 이렇게 약하고 겸허한 주장은 하지 않았을 터인데 용기와 힘이 없었으므로 살아날 궁여지책으로 유약과 겸허를 강조하였다고 했다.

니체의 이런 사상은 노자사상(老子思想)과 같이 온유와 겸허의 태도를 비판한다. 철학적 관점에서 태평성대란 있을 수 없다. 왜냐하면 인간은 동물의 일종이지만도 창조주의 속성이 있어서 항상 자기 자신에게는 불만이다.

004

자기의 불만스러운 눈과 사고로 대하는 세상은 당연히 고통일 수밖에 없다. 그래서 세상을 살다 간 철학자들은 자기가 살다 간이 세상을 항상 걱정할 수밖에 없었고 항상 그들의 주장은 단말마적인 절규였다.

　힘이 없는 철학, 힘이 없는 철학자들을 우리는 먼눈으로 바라다 보고 있다. 소크라테스, 아리스토텔레스, 에픽테투스, 부르노와 스피노자, 마르크스, 러셀, 사르트르와 하이데거 등도 절규로 부르짖었고 오죽했으면 소크라테스가 악법인 사약을 장엄한 자살로 받아들였을까? 동양에서도 마찬가지다.

　공자(孔子)와 맹자(孟子), 노자(老子), 장자(莊子), 원효(元曉), 지눌(知訥), 퇴계(退溪), 율곡(栗谷), 다산(茶山), 도산(島山)에 이르기까지 어느 누구에게도 이 세상은 바람직한 삶을 살 만한 곳이 못 되었다.

　현대는 문자 그대로 혼돈의 시대이다. 동서양의 문화가 서로 어우러진 가운데 자유와 평등이라는 이질적인 정치 이념이 격돌하는 시대이고 기계화, 기술 문명이 새로운 가치관을 형성하고 너나 할 것 없이 관능적인 쾌락과 향락에 빠져 가고 있는 시대이기도 하다.

　소돔과 고모라 때에도 없던 인신 매매단과 히로뽕과 마약이 판을 쳐 소돔과 고모라는 '선생님' 정도로 부를 시대이기도 하다. 지금 우리 대한민국과 이 세계는 어디로 가고 있는가? 어디로 갈 것인가? 목적도 없이 마구 달려가는 이 인류가 갈 곳이 어디인가? 분명히 목적지는 파멸과 차디찬 감방과 병원의 베드이련만 철학이라는 목적지도 없이 면학이라는 목적지도 없이 경제발전과 가정의 행복이라는 목적지도 없이 마구 달려가는 저 투쟁과 증오와 대결과 오만 덩어리의 무리들이 갈 곳이 어디일까?

005

　분명한 결과는 파괴와 공허와 속수무책이련만 어찌도 현대인들은 이렇게 자신들과 후손들을 배신한단 말인가?
　이 인류라는 작자들 철학이 없는 줄은 알지만 자기 思考도 없단 말인가? 정말 자기 思考도 없는 개·돼지만도 못하단 말인가? 서방 세계가 다 겪었던 현상이라서 우리도 거치도록 이대로 방치해야만 할 우리란 말인가? 지나가 버린 과거가 우리에게 가르칠 힘이 있다고 보는가? 분명히 말하지만 지나가 버린 과거는 창조주 하나님도 어찌할 수 없는 것이다. 과거와 타인과 서방 세계의 전철을 우리는 자산으로 삼을 창조의지가 있다. 분명한 사실은 우리에겐 조상들의 철학이나 서방 세계의 철학 따윈 필요성이 없다. 철학의 위대성은 획일적일 수가 없고 예속일 수도 없다는 데 위대함이 있다. 고대 소피스트학파나 스토아학파, 중세의 스콜라학파나 인식론 등등 세계의 철학이 지금까지 빗나오고 있고, 철학 취급을 받지 못하는 것은 그만큼 무용지물이기 때문이다.
　종교 역시 고대로부터 지금까지 계속 회의의 연속인 것은 창조주의 창조의지를 동물들이나 기계 제품같이 예속하려는 인간의 무지와 죄악 때문에 영원히 회의이고 영원히 죄인일 뿐이다. 엄밀한 표현으로써 종교가 아니고 이념 철학일 뿐이다. 공자 철학, 싯달타 철학, 예수 철학, 마리아 철학, 마호멧 철학 등등 이 이상도 이 이하도 아니다. 그네들은 그네들의 철학으로 그들과 그 시대에 나름대로 존재했을 뿐, 현대 인류가 그들의 무지를 되풀이한다면 창조주를 배신하고 자기의 창조의지 행동을 동물화 내지 기계 제품처럼 예속화하며 창조행동을 영원히 포기한 행위이다.

006

 국내외의 수많은 철학자들과 혹자들은 필자에게 "그러면 사람들 숫자만큼이나 철학도 많아야 합니까?" 하지만 필자의 답은 "그렇다"이다. 많은 철학자들이 필자의 행동철학에 공감하는 이유도 바로 이 점에 있다.

 즉 무식한 선동자의 누구를 빙자한 외침에 예속당하지 않고 인류는 누구나 창조주의 창조의지를 스스로가 그대로 발휘할 때 제아무리 독특하게 발휘해도 의지창조 행동은 가족과 인류에게 봉사이고 세상에서의 주인 역할이니 물이 바다로 모여들 듯이 속세를 이끄는 강자가 되는 것이다. 즉 교도소의 재소자같이 강요나 강제성에 의해 교도소가 넘치는 것이 아니고 자발적으로 경제력과 행동 능력을 창조하여 모여드는 일류 호텔인 것이다. 자발적인 호텔에 질서가 없던가? 삶이 없던가? 행복이 없던가? 그러나 교도소를 보라. 들어갈 때나 나올 때나 회의의 그 좌절을. 종교단체나 획일성·수직성을 요구하는 철학에 비교해 보라.

 필자는 세계 최초로 인류 개개인 누구라도 창조주를 닮은 입장에서 예속 없이 스스로의 의지창조 행동으로 현 세상을 초월하는 행동철학자가 될 수 있음을 확인시켜 준다. 이런 창조라야 우리 민족과 국력이 2천년 초에 세계를 제패하게 된다.

31
師道의 大혁명

001

사도(師道)가 땅에 떨어져 버리면 어떻게 되나? 이 한심스런 교육계같으니라구……. 기분대로라면 교수형 감이다. 아직까지는 師道가 개에게까지 밟히지 않고 있는 것은 그래도 하늘을 똑바로 쳐다보는 극소수나마 몇몇의 사표(師表)가 있기 때문이다. '스승의 그림자도 밟지 않는다'는 권위를 오늘날의 교육자들은 어린아이 소꿉놀이로 아는 모양이지? 유치원 교사에서부터 대학교수까지 도둑질 안하는 교육자가 거의 없어. 몇 년 전 한양대와 경희대와 H대의 당국자까지 낀 부정입학 사건은 지능적이고도 악랄한 교육 파괴 행위가 아닐 수 없다. H大도 E大도 K大도 부정입학으로 말썽을 일으켰는데 매맞지 않은 다른 대학이라고 안심할 건 하나도 없어. 다만 더 큰 부정이 터지지 않고 있을 뿐이다. 교육계의 최고 지도자까지 뇌물 수수로 실형을 받고 벌금을 무는 판에 교육 당국자들은 그저 시간만 보낼 거야? 피를 토해서라도 더러워진 속과 겉을 씻어내야지. 그냥 국민들의 처분들만 바랄 거야? 그 마음 그 눈으로 어떻게 아동들과 학생들을 보겠는가?

임금이 썩고 국민과 학생들이 썩을지언정 師道만이라도 제 길을 걷는다면 그 나라와 그 민족은 희망이 있을 것이다. 그래서 옛부터 사도만은 더럽혀져서는 안 된다 하여 많은 師表들이 목숨을 버리면서까지 사도만은 더럽히지 않았었다. 물론 사도를 더럽히는 자들이 자기 할 바를 모르는 것은 아니지만도 그래도 기본 양심만은 가슴이 말해 주기 때문에 자기 가슴까지야 속여서는 안 되잖는가?

002

그런데 그런 자기의 기본 양심마저도 자기가 짓밟고 뻔뻔스럽게 어떻게 자라나는 이 나라 새싹들을 가르쳐? 어떻게 사랑하는 자녀들을 그대들에게 맡기겠나?

교육은 행정만 가지고 안 된다. 교육은 실력만 가지고도 안 된다. 대학 졸업장 한두 개 있다고 그것이 실력이고 그것이 사람 가르칠 사표가 되는 것인 줄 아는가? 그것은 너의 상식이고 하나의 규율 측면에서 자격 여건은 될지 몰라도 사표의 능력은 아니지 않은가? 자격과 능력의 개념이 같은 줄 아나? 천만에다. 자격은 일종의 과정만 거쳐도 思考의 예속관계와 수직관계에서 다 주어진다. 사고만으로도 얼마든지 가능하다. 그러나 능력은 다르다. 권한과 권력이 다르듯이 분명히 자격과 능력은 다르고 또 달라야 하는데도 현대 인류는 동일시하고 혼동하여, 언제나 교육계에서의 부정은 당국과 학부모와 학생의 합작품이다.

정부와 교육부 당국은 이 나라 새싹들이 2천년대 초에 세계 제패할 것을 대비하여 대다수가 썩어 있고 思考의 노예들인 교육자들을 神的 수련으로 강력한 의지창조 행동의 師表들로 재창조해야 한다. 교육은 사고나 말보다도 몸으로 시켜야 한다. 의지창조 행동으로 시켜야 한다. 그래야 2천년대에 세계를 제패한다. 신적인 수련 차원은 행동으로만 발휘하고 확인하게 하기 때문에 시일도 많이 요하지 않는다. 그래서 자격만 갖춘 이 나라 교육자들을 능력·행동을 창조, 발휘하는 교육자들로 변화시켜야 한다. 조상들같이 망설이는 버릇 강력하게 짓밟아 버려라. 농토는 젖과 꿀이 흐르는 진짜 진짜 참으로 진짜 옥토인데 농부란 녀석이 언제나 말썽이어서 수확이 형편없어? 이 따위 전철을 또다시 밟을 수 없지 않나?

003

 미국에서 인기를 끄는《월스트리트 저널》지 법조 담당 수석 기자인 제임스 B. 스튜어트가 쓴《검사들 : prosecutors》이라는 책은 미국의 정치·경제·사회 깊숙이 은폐된 갖가지 비리를 연방 검찰청 검사들이 얼마나 혼신의 정열과 용기를 갖고 파헤치고 법에 따라 응징하고 있는지 잘 묘사하고 있다. 이 책에 나오는 검사들은 미국 권력층의 엄청난 압력, 다국적 기업의 로비와 타협을 가장한 협박 등에 굴하지 않고 국민이 바라는 정의를 실현시키기 위해 노력하고 있다.
 우리 검찰의 모습이 새삼 떠오른다. 우리 검찰 당국의 구성원은 교육 당국 구성원들보다도 훨씬 우수한 인적 자원들로 구성되어 있으며 대공 수사 분야를 제외한 모든 수사에서 능력을 인정받는 점에서 우리 검찰은 세계 어느 나라에도 뒤지지 않는다. 그러나 유감스럽게도 우리 검찰의 풍토와 우리의 민주주의 역사에서는 아직 스튜어트 기자가 쓴 것 같은 책이 나올 수는 없다. 불꽃 튀는 정의감이나 부정에 대결하는 투사로서의 면모를 볼 수 없기 때문이다.
 한 가지 면으로는 검찰관들이야말로 전국민의 師表가 되야 할 교육자들이라는 점을 검찰 당국은 명심하고 국민들에게 봉사해 주길 바란다. 즉 교육자가 당국 눈치 보고 학부모 눈치 보고 학생 눈치 보느라고 옥토를 흉작으로 망쳐 버리는 일 말이다. 검찰관들이 정부 눈치 보고 국민들 눈치 보고 언론들 눈치 보느라고 중간에서 병이 들기 때문에 하는 소리다.
 예수가 잡혀갈 때 유다는 예수를 팔아서 분명한 색깔이 드러났다. 그러나 나머지 11명의 제자는 전부 예수를 부인하고 도망갔다.

004

  그 티미하고 무능한 열한 놈들은 인류를 위해서나 예수를 위해서나 관헌을 위해서나 일언반구 색깔도 밝히지 않고 도망갔던 것이다. 만일 그때 빌라도가 필자 수련이라도 받았더라면 예수를 강력하게 석방했을 것이고 아우성 치는 부하들과 무리들도 시원스럽고 명확하게 자신 있게 통솔할 수 있었겠지만 아깝게도 빌라도나 예수는 필자를 못 만났다.
  만일 예수가 풀려났더라면 현대판 내각 개편을 했겠는가, 안했겠는가? 큰소리로 외쳐 보라. 그리고 그 미지근했던 빌빌이들 열한 놈을 썼겠는가? 유다를 가장 중용했겠는가? 목숨을 바쳐 극을 행해 본 놈만이 또 다른 극을 소유할 수 있고 창조할 수도 있는 것이다.
  師道는 목숨보다도 더 위대한 것이다. 이집트의 낫세르 대통령은 딸이 카이로대학 입학 시험에서 떨어지고 나서 카이로대학에 입학시켜 달라고 비서와 함께 울면서 찾아온 딸아이에게 화를 내면서 "이년아! 아무 소리 말고 2류 대학에 가라. 2류 대학도 안 되거든 3류 대학에 가라. 삼류 대학도 안 되거든 취직해라." 결국 낫세르 대통령의 딸은 카이로대학에 가지 못했다. 육군 중령으로 군사 쿠데타를 일으켜 나중에 대통령까지 되어 이집트의 신화를 남겼고 미국과 소련의 원조를 동시에 받으면서도 미국과 소련을 잡아 흔들었던 막강했던 권력의 소유자 낫세르도 교육자들만큼은 존경했던 것이다. 낫세르가 딸 하나 카이로대학에 보내려면 비서에게 눈짓만 하더라도 딸이 아니라 몇십 명이라도 부정입학 시킬 수 있는 그 당시 권력자였지만도 말이다.

005

자유당 때인 1957년 이승만 대통령의 양자 이강석이 S大 법대를 특혜로 입학하려다 들통이 나서 포기했다. 이 대통령과 그 막강했던 자유당 권력자들도 師道만은 움직이지 못했고 대학의 권위는 대통령의 양자에게도 예외일 수 없었다. 그때만도 師表들은 존경스러웠고 또 존경을 받았었다. 얼마 전 S大의 공무원 자녀 특혜 입학 문제, 8학군 문제, 우리 사회는 입학 문제 하면 이제까지는 창자까지 다 까벌릴 대로 까벌려 놨다. '오늘의 師道'이래서 되겠나? 아무데서나 주는 음료수 홀짝홀짝 마시고 아무데서나 먹을 것이라면 가리지 않고 다 받아 먹고 촌지(寸志)까지 챙기는 것은 새발에 워커다. 교육 질서의 마지막 보루이며 교육자의 양심을 보증하는 최후의 담보인 대학 입학 시험마저 황금만능주의 때문에 무너져 버렸다. 지금 교육계에 만연되어 있는 이 망국적인 교육 부조리를 전국의 40만 교육자는 뼈를 깎는 결단 행동으로 師道를 재정립해야 한다.

국민과 국가가 주는 월급은 무슨 용돈인 줄 알았나? 배고프면 때려치우고 장사를 하면 될 것 아냐? 교육은 교사에 대한 학부모와 학생들의 신뢰에서 시작된다. 신뢰가 땅에 떨어져 짓밟힌 관계에서 무슨 교육이 되겠나? **평범한 스승은 말하고, 좋은 스승은 설명하고, 뛰어난 스승은 모범을 보이고, 위대한 스승은 감화를 준다고 했다. 이와 같이 교사가 핵심적이다.**

'富는 바닷물과 같다. 그것을 마시면 마실수록 더욱 목이 마르다'라는 독일의 쇼펜하워의 명언이 있다. 대장경 고승전의 혜원 스님의 임종 이야기가 있다.

006

사승(師僧)으로서 그는 목숨도 돌보지 않고 경서에 따라 제자들이 권하는 영약을 마다하고 스스로 임종하였다. 師道는 이렇게 人道보다 위에 있는 것이다. 선조 때 정승 이덕형은 그의 스승에게 정표로 볏섬을 지워 보내자 그 스승은 정승을 불러 무릎을 꿇어앉히고 "가르치지 않은 짓을 하니 이제부터 나를 스승으로 부르지 말라" 하고 나가 버렸다. 비록 뇌물이 아닌 정표일지라도 재물로부터 오염되지 않으려는 그 師道가 고귀하고 싱싱하다.

연산군의 스승 조지서도 연산군이 왕위에 오르자 더 높은 벼슬과 영화가 기다리고 있었지만 그날로 벼슬을 버리고 낙향해 버렸다. 그 어마어마한 왕권도 좌우할 수 없는 것이 師道요 교권이다. 그래서 '교권은 왕권보다 강하다.' 오늘의 교육계의 위기를 고위 교육 공무원을 비롯, 수많은 일선 교육자와 학부모들은 뼈까지 깎아서라도 일대 개혁을 단행하여 師道와 교권을 회복하고 창조하는 교육자로서의 역할에 매진하라.

오늘날 한 나라의 과학기술의 발달은 과학 영재를 얼마나 확보하느냐에 달려 있다. 우리나라의 현재 영재아(兒)가 30여만 명으로 추산된다. 이들에겐 보통 교육으로 안 되니 이들이 보통 교육과정에 묻혀서 썩어 버리지 않도록 발굴·육성하는 것이 시급하다. 입시 위주의 교육만으로 아까운 영재兒들을 더 이상 희생시키지 말아라.

1980년대 중반 이후부터 창설되고 있는 과학 고등학교들도 창설 목적과는 엉뚱하게 입시 위주에만 치중하고 창의력 개발에 낮잠만 자고 있는데 과학 고등학교 당국자들은 잠을 깨고 의지창조 행동을 하라. 창조자 1명 발굴이, 또 창조자 1명의 역할이 서울대 졸업자 백 명, 천 명보다 낫다는 사실을 명심하라. 과학자 1명의 힘은 군대 50개 사단, 100개 사단보다 더 위대하다.

32
섹스의 大혁명

001

'섹스', 인간 생활에서 적어도 20대 이상의 생활에서는 섹스가 인생의 전부를 좌우한다고 해도 과언이 아니다. 가정생활에서 섹스 문제가 원만하지 못할 때 가정에서의 불만은 사회로까지 번지게 마련이어서 섹스 생활에서도 능력이 약하면 직장 문제는 물론 나아가 사회적으로 성공을 바라볼 수 없다. 부부생활에 있어서 곧잘 '궁합'이라는 말이 쓰여지고 있으나 실제로는 '성합(性合)'이라고 하는 것이 옳은 말이다. 남녀 사이에나 부부 사이에서 흔히들 성격이니 인격이니 하는 등 사치스러운 말들을 많이 하는데 그런 말들은 전부 95%가 헛소리일 뿐이다. 섹스 관계란 행동이 말해주는 것이지 아는 것은 소용이 없다. 남녀간에 20대 이상부터는 자기 인생 전부가 이 성합에 달려 있는 만큼 우리 당대부터는 남녀간, 부부간에 올바른 포용과 이해로 섹스에서도 보람과 만족을 취하고 가정에서도 사회에서도 성공해야 한다.

부부 관계란 아무리 건강이 좋고 돈이나 물질이 많아도 性생활이 원만하지 못하면 아무 소용이 없다. 우리 조상들은 타인들 앞에서나 후손들에게는 무지의 소치로 터부시하느라고 자신들의 인생도 망쳤지만 이웃들이나 후손들에게 섹스 생활에 대해 전혀 도움을 주지 못했다. 단 한 번뿐인 인생을 알차고 값지게 보내기 위해서는 자녀들과 이웃들에게도 올바른 계몽이 있어야 한다. 명확한 계몽과 지도와 이해가 없기 때문에 오늘날 우리의 주변에서는 구약성서에 나오는 근친상간이 무색할 정도의 윤리와 도덕 파괴 그리고 근친상간이 자행되고 있고 섹스 문제를 엉뚱하게 비화시켜 이웃간이나 사회적으로도 수많은 문제를 일으키고 있다.

002

몇 년 전 미국의 《글래머 매거진》誌가 폭로한 바에 의하면 10세에서 70세까지의 여성 1천2백92명을 조사한 바, 18세 이전에 성폭행을 당한 미국 여성의 29%가 친아버지로부터, 31%는 친척으로부터, 23%는 안면이 있는 사람으로부터 성폭행을 당했다고 한다. 인생 전반에 걸쳐 자녀에게는 부모가 가장 위대한 스승이듯이 섹스 문제에 있어서도 자녀와 가장 가까운 부모가 자상하게 지도해 주어야 아들 녀석과 자기 애인이나 아내의 인생을 망치지 않게 되고 딸자식도 쫓겨오지 않고 남편과 가정을 성공시키게 된다.

부모만큼 자식들을 책임지고 또 책임져 줄 수 있는 대상이 이 세상에 어디에 있겠나? 인류의 무지와 무식 때문에 인생에서 덜 중요한 교육은 남에게 맡기고 가장 중요한 섹스 문제는 '자기 일 자기가 알아서 하겠지?'라고 해왔던 인류였었다. 자녀 인생 파탄 전에 부모의 성교육이 약간만 있었더라면 문제가 안 될 사건들이 이 세상을 덮고 있다. 사고 후에 국가와 사회와 인류와 법원이 무슨 힘이 있나. 소 잃고 외양간 고치기, 죽은 뒤에 약방문, 이런 일들이 우리 가정과 이웃과 사회에 얼마나 많은가? 자녀는 어디까지나 지도해 줄 대상이지 섹스 상대가 아니다. 자녀를 섹스 상대로 여기는 생각 때문에 지도할 수 없다면 문제는 자기한테 있다. 지도는 의식이 아니지 않은가?

자녀들이 결혼하기 전까지 우리 부모들이 자위 행위 방법을 알려주는 올바른 지도가 없었기에 자녀들이 섹스에 대한 호기심 행동으로 일찌감치 인생을 망쳐 버리거나 평생을 죄책감으로 살아가는 일이 얼마나 많은지는 상상을 초월한다.

003

자녀에게 재산을 다 물려주면서, 때로는 목숨까지 다 바쳐 가면서 가장 중요한 섹스 지도는 너의 의식 때문에 안해 줘? 이것은 자녀가 망하라는 것이나 다름없다. 자녀들 역시 사춘기 때부터 외디푸스 콤플렉스(odepus complex : 남자 아이가 어머니에게 애정을 갖게 되어 同性인 아버지에게 반감을 갖는 심리적 경향)와 엘렉트라 콤플렉스(Elektra complex : 딸이 아버지에게 애정을 갖게 되어 同性인 어머니에게 반감을 갖게 되는 심리적 경향)나 형제나 인척들이나 이웃들을 섹스 상대로 의식하는데 이것들 역시 부모의 기탄 없는 지도로 콤플렉스가 일소되어 자녀의 학업과 사업에 대 발전을 가져오게 된다.

그러면 이제부터 실전에 들어가 보자. (구조 같은 것이야 국민학생도 백과사전을 보면 다 알 수 있다.)

남자들은 대다수가 자기 부인은 숙맥이고 홍미가 없다고들 한다. 결혼은 반드시 섹스 위주로 하지 않으면 성공도 못하지만 부인한테 서비스 받기는 평생 어림도 없다. 섹스 관계가 원만하지 못한 부부는 백의 1%도 빗나가지 않고 파탄된다. 동·서양이 다 마찬가지다. 자기 애인이 됐건 아내이건 섹스도 머리가 뻥 뚫려 버릴 정도로 만족시켜 줄 수 없는 놈은 연애를 하거나 결혼할 자격이 없다. 그러나 이제까지는 자격이 없었다 하더라도 이 책을 통해서 자격을 부여받게 되고 평생 가정과 사회에서 성공할 수 있게 된다. 지면 관계상 필요한 윤곽만이라도 민족의 건전한 섹스 문화 발전에 도움이 될 줄 믿는다.

004

여자는 성생활이 대체 몇 살까지 가능한가?

여자는 45세 후반에서 50세 전에 멘스가 끝나고 나면 질벽에서 점액이 나오지 않는다. 그러나 성욕은 나이에 관계 없이 지속된다.

여자의 섹스의 생명은 뭐라 해도 괄약근(括約筋)이다. 여자의 질 속은 주먹 하나가 들어갈 만큼 크다. 그러기에 산부인과 의사들은 여자의 질에 손을 넣어 쉽게 아기를 꺼낸다. 무지한 남자들은 기술 창조는 못하고 무조건 여자의 질에 맞추려고 남자 성기에다 이물질을 집어넣다가 오히려 망쳐 버리는데 아무리 키워 봤자 여자의 질에 맞는 성기는 이 세상에 있을 수 없다. 아무리 키워 봤자 주먹만할 수 있겠는가? 질이란 고무처럼 늘어난다. 이것을 커버하는 것이 괄약근이다. 이 괄약근은 입구에서 2~3센티 정도에 하나 있고 다시 그 안쪽에 하나가 있는데 입구에 있는 것을 괄약근이라 한다. 여자의 경우 이 괄약근이 대단히 중요한 것이다. 미모가 뛰어나지 않더라도 스스로 괄약근 조정 개발로 자기 인생을 바꾸어 버릴 수 있다. 아무리 미모가 뛰어나도 괄약근 조정 기술이 없으면 섹스 생활이나 결혼 생활은 0점이다. 그런데 남자의 기술로 여성의 괄약근이 개발된다.

  발목이 갸날픈 여자, 귀가 예쁜 여자, 염낭(긴짜꾸), 입술 모양 운운하는 말이 있는데, 이 말들은 전부 다 여성의 괄약근에 관계된 말이다. 남자의 기술 여하에 의해서 관계할 때 끼―이―익 소리를 내며 오므라들고 끊어질 듯한 느낌이 들게 하기도 한다. 남자는 여자의 괄약근을 충분히 활용해서 여자에게 기쁨을 주고 자기도 만족할 의무가 있는 것이지 조상들같이 전혀 아내 대우를 해주지도 못하면서 아내에게 기쁨은커녕 동물같이 자기 배설만을 목적으로 해서는 안 된다.

005

  여자가 악기라면 남자는 연주자이니 테크닉은 남자 소관이다. 남자와 여자 중 어느쪽이 더 호색인가? 물론 여자다. 여자는 몸 전체의 90%가 섹스 감응대로 되어 있으니까 당연한 일이다. 세상 사람들이 뭐라고 자기 멋대로들 나발불고 있지만 한꺼풀 벗겨 보면 모조리 뻔하게 드러난다.

 필자의 경험과 또 국내외의 호색가들의 체험에 비추어 보면 남자가 호색 1일 때 여자는 평균 15~20 정도이다. 관계할 때 여자의 오르가즘을 조사해 보면 5번, 10번, 15번, 20번까지도 절정에 도달하여 늘어져 버린다. 대부분 20번 전에 늘어져 버린다. 더 이상 기술 부리면 죽게 되니 횟수에 조심해야 한다. 10번도 위험할 수 있다. 남자의 20대 때 '단숨에 2번, 단숨에 3번'이라는 것은 여자에게 비교하면 서글프기 짝이 없다. 그저 물총같이 동물들 발정기 때 꼽으면 발산하는 남자들이 20대, 30대에서는 섹스 기술 어림도 없다. 남자의 섹스 기술은 40대부터 눈뜨기 시작해서 50대와 60대에 절정을 이룬다. 가난했던 우리 조상들은 기술도 없었지만 50대, 60대 때는 힘이 없는 골골한 황혼기가 되어 먹고 살기도 바빴었다. 섹스에 기술이 있고 만족하고 행복해야 경제력도 건강도 학문도 인간관계도 발전도 보장되는 것이다.

 아무리 이성으로 뭉쳐진 여자같이 보여도 온몸이 저려 올 정도의 섹스 만족을 하고 나면 이성이고 뭐고 다 사라진다. "처음에는 허리가 저리기 시작해서 나중에는 머릿속에 구멍이 뻥! 뚫려 버려 그 구멍으로 저의 모든 것이 다 달아나는 느낌이 들어요"라는 고백을 남자들은 자기가 책임지는 여자한테서 들어야 한다.

006

 일주일에 한 번도 많다. 한 달에 1번 내지 일년에 10번 정도만 이런 만족을 줘도 이런 부부나 가정은 평생 염려 없다. 그런데 우리 어머니 代까지만도 이런 만족을 평생에 한 번이라도 맛본 여성들은 드물었던 것이다. 남자들은 이와 같이 여자가 얻는 경지의 맛을 얻을 수 없는 몸이다. 역시 대자연은 오직 자기 희생을 필요로 하는 여자에게만 스페셜 서비스를 해주는데 이 세상의 남자들이 자기 욕심만 차리다 보니 자기 만족도 못 얻고 하늘 같은 자기 애인이나 아내를 썩히고 있다.
 젊은 남자들이나 나이가 많아도 기술이 없는 사람들을 관계한 여자들 얘기로는 "불에 달군 부젓가락으로 지글지글 지지는 느낌이야"라고 말한다. 즉 그 부분 안의 쾌감을 말한 것이다. 여자의 넋을 하늘 끝까지 날려 보내고 온몸이 저리도록 짜릿한 맛을 알게 된 여자는 어디서나 첫눈에 보면 안다. 이런 호색적이고 핑크빛 매력을 지닌 여자로 만들어 내는 것이 역시 '남자의 힘'이고 그런 가정들은 행복하다. 섹스 문제는 돈만 가지고 되는 것이 아니다. 잘못한 것의 거의 대부분은 돈 가지고 파탄되는 것이 섹스 관계다. 남자들이 섹스에 무식하고 무지하고 능력이 없을수록 기술을 개발하려고는 안하고 돈이나 다른 것을 보충하려고 해서 동서고금을 막론하고 ○주고 뺨 맞는 식의 바보들이 되고 있다. 여자들이 어떻게 보는지도 모르고······.
 자기 애인이나 자기 아내를 놔두고 왜 다른 여자들이나 사창가에서 그 값진 정력을 허비하나?

007

 필자가 향락업소 여인들을 상대로 조사한 바에 의하면 미혼자보다도 기혼자들을 훨씬 더 많이 상대하고 있고 정치·경제·문화·종교·예술·일반 등등 각계 각층의 남자들을 모조리 상대하는데 특히 유명인들이 많다고 했다. 유명인도 성직자도 남자들이라면 할 수 없으니까.(예수도 참을 수 없거든 돈을 주고 하라고 했고 혼인이라도 하라 했다.) 자기 애인이나 아내는 가정부이고 평생 고용인인가? 자기가 기술이 없고 무능력자라는 것을 사창가 여인들에게 자백하는 것이다. 여자의 배꼽 밑에는 인격이 없다. 자기 애인이나 자기 아내와 매일 밤 평생을 관계해도 자기 기술과 의식 문제이지 '열 계집 싫어하는 사내 없다'는 말은 무능력한 자들의 말이고 창조자와 기술자에게는 안 맞는 말이다.

섹스 관계는 외적인 덩치만 가지고도 안 된다. 씨름 선수들이 몸집은 좋아도 어느 나라에서나 비슷한 경향이지만 부부 관계는 원만하지 못하다. 남자의 생명인 고환을 씨름할 때마다 샅바로 치골(恥骨) 속에 졸라 넣기 때문이다.

남자란 자기 연장도 어느 정도는 손질해 두어야 한다. 전술도 중요하지만 무기가 형편없으면 안 된다. 결혼하기 전까지 10대와 20대 때는 자위를 해서 연장을 훌륭하게 단련시켜 둬야 한다. 우멍거지 물건이면 반드시 포경 수술을 해라. 최소한 결혼 1년쯤 전이나 더 일찍 할수록 좋다. 두대(頭大)라고 해서 귀두가 크고 장대가 위쪽으로 구부러진 것이 일품이다. 이렇게 안 된 것은 자위 방법으로 어느 정도 고칠 수가 있다.

008

위쪽으로 구부러진 것과는 달리 왼쪽이나 오른쪽으로 구부러진 것은 못 생긴 부류에 속하는데 이것은 오른손이나 왼손으로만 자위했다는 증거이다. 오른손으로 하면 왼쪽으로 구부러지고 왼손으로 하면 오른쪽으로 구부러진다.

연장 가운데서 벙거지를 쓴 물건은 젊어서 자위를 하지 않아서 그렇다. 벙거지 다음으로 여자가 싫어하는 물건은 동태(胴太)이다. 이것은 동체만 굵고 대가리가 작은 것으로 신축성이 약해서 단번에 여자에게 싫증을 느끼게 한다. 서구인들에게 많다.

장래를 대비해서 학업에 투자를 하고 사업에 투자를 하듯이, 장래 가장 필요한 부부 관계를 위해서도 우리의 10대나 20대 녀석들은 자위는 당장의 향락이 아니라 장래의 성공과 행복을 위해서 행하지 않으면 안 된다. 고리타분하게 섹스 문제는 터부시하는, 나이만 먹었지 백발의 표인 무식한 이웃들이나 윗사람들에게 이끌리면 너의 인생만 희생당한다. 군대는 무기도 좋아야 하지만 군사 지식, 즉 전략 전술도 뛰어나고 훈련도 강력해야 국가와 국민을 보호할 수 있다. 이와 같이 남자는 연장도 단련해야 하지만 여자의 몸에 대비해서도 지식이 있어야 한다.
　남자와 여자는 전혀 다르다. 남자는 생각만 있으면 언제든지 빳빳해지지만 여자는 그럴 생각이 있어서 분비액이 나오기까지에는 시간이 걸린다. 이걸 모르고 '○장이 제 욕심이라'고 성급하게 덤비면 여자는 그 남자를 떠밀며 경멸해 버린다. 여자는 원래 지식인보다도 남자다운 남자를 좋아한다. 여자와 교제하거나 관계를 하기 전에 수염을 깎는 녀석들은 남자의 매력을 없애 버리는 것이다.

009

　애무는 말과 행동이 같이 병행돼 절대로 손을 여자 질구에 넣어서는 안 된다. 여자의 질은 남자가 가장 보호해 주고 아껴 주어야 할 곳인데 손으로 장난치면 나중에 너의 물건에는 만족을 못하게 된다. 여자는 대체로 성욕이 남자 같은 양성은 아니지만 본래의 욕망은 남자에 비교해 결코 뒤지지 않는다.
　여자가 생리중에는 흥분하기 때문에 조건은 괜찮지만 남자가 피해 주어야 한다. 아내한테는 매일같이 관계해 주되 기술로 하니까 실탄 발사는 안해도 된다. 관계를 꼭 실탄 발사로만 여기는 녀석들은 동·서양을 막론하고 언제나 가정 파탄이다. 실탄 발사할 힘이 없다고 5일이고 일주일이고 내버려 두면 아내는 불면증에 걸리고 일주일 동안 안해 주면 눈꼬리가 거꾸로 서게 되어 남자가 밥 짓고 가정에 신경쓰게 되고 남편 험담이 나오고 가정법원까지 가야 한다. 이런 녀석들은 아내에게 맞아 죽어도 싸다. 힘이 없으니까 관계를 통해서 힘을 내고 또 힘까지 축적하여 가정과 직장과 사회와 국가에 기여하는 것이다. 실탄 발사는 하지 않고도 질구에서 냄새 없는 방귀 소리가 나게 해주는 자가 베테랑이다.
　자기가 책임지는 여자를 일주일이고 보름이고 한 달이고 내버려

두는 행동은 절대로 좋지 않다. 창녀가 아닌 한 자기가 책임지는 여자란 잠을 자고 있어도 남자가 관계를 해주면 좋아한다. 아무리 많이 해주어도 싫어하지 않는 것이다.

남자 20대, 30대 물총 쏘는 식은 숙맥들이다. 섹스 관계의 첫걸음으로서는 여자가 충분히 만족할 때까지 남자 자신의 클라이막스는 억제하도록 해야 한다.

010

처음이 힘들지 20대, 30대에도 몇 번만 자기를 희생하면 여자가 견디지 못할 만큼 안달을 할 때까지 버틸 수 있게 된다. 20대, 30대는 왜 이렇게 해야 하나? 그저 삽입과 동시에 실탄 발사가 되기 때문이다. 보름이고 한 달이고 실탄 발사하지 않고도 매일 밤 몇 번씩이라도 해줄 수 있는 40대, 50대, 60대의 강자에게는 문제도 되지 않는다.

동·서양을 막론하고 2, 30대의 녀석들은 자기편이 더 급해서 형식적인 애무로 본게임에 들어가 번쩍하는 사이에 클라이막스로 싱거운 최후를 마친다. 이런 녀석들도 자기 아내나 애인에게 얻어맞아야 한다. 여자가 결혼 뒤 얼마 안 되어서부터 욕구 불만이 표현되고 외설을 즐기려는 것은 그 책임의 80%가 남자에게 있다.

관계할 때 본게임에 들어가서도 남자가 피스톤 운동하는 것은 안 된다. 60~70kg의 중량의 피스톤 운동은 누구든지 금방 지쳐 버리게 된다. 그 힘을 애무에 써라. 피스톤 운동의 유래는 군인들을 상대하는 창녀나 많은 일반인들을 상대하는 창녀들이 시간에 쫓기기 때문에 그저 남자 녀석들의 고환의 정자만 빨리 받아 내기 위한 독촉에서 직업 여성들이 요구해서 유래됐던 것이다. 지금도 자기 애인이나 자기 아내한테도 피스톤 운동하는 녀석들은 명심해야 할 게 있다. 자기 애인이나 아내가 창녀가 아니라는 사실과 자기가 사창가에서 임검 경찰에게 쫓기고 있지 않다는 사실을 말이다.

남자의 물건은 심하게 사용하는 것이 좋은 물건으로 만드는 것이다.

011

발기가 되건 발기되지 않건 사용하는 행동과 사용할 상대가 없을 때에도 마스터 베이션이라도 하고 반드시 금냉법(金冷法)으로 찬물에 담가라. 책임질 여자가 아니면 신세 망친다. 사용하지 않고 자위 행동 안할 때도 시간이 있는 대로 물건을 발기시키고 즉시 즉시 찬물에 담그면 물건은 강해지게 되고 5년 뒤나 10년 뒤쯤 측정하면 물건은 분명 커지고 있음을 확인하게 된다. 50대, 60대 때에도 기대 이상으로 커짐을 확인하고 있다. 조그만 나무 망치를 만들어 귀두 부분을 계속 때려 주면 세포 강화법으로 커지게 된다. 60대, 70대, 80대, 90대를 바라보고 남자라면 반드시 예비를 해야 한다.

직장에서 늦게 돌아와 피곤하다고 쓰러지면 이런 녀석들은 남자 자격이 없다. 세계를 주물러 흔들고도 24시간 팔팔할 수 있는 것이 남자인데 세계 전인류를 먹여 살리지 않는 네가 어느 직장인지는 모르나 직장 일 좀 했다고 집에 와서 늘어져 아내에게 천덕꾸러기가 되다니 그게 남자야? 바보 녀석같으니라구. 직장에서 아무리 파죽이 되었어도 집에 오면 힘이 나야 하는 것이 남자야. 또 힘이 나게 만들 수 있는 능력자가 바로 남자다. 힘이 생기는 가정, 힘이 생기는 사회, 힘이 생기는 국가, 이걸 모두 창조하는 것이 남자다. 절대 타인과 국가에 기대하지 말라. 기대하면 너는 조상들과 또 지금의 이웃들같이 무능력자가 되고 만다. 아무리 파죽음이 되고 묵사발이 되어 가지고 떠메어져서 집에 왔을지라도 너는 힘을 창조해서 아내에게 관계를 해줘라.

012

밖에서 처먹고 쓰러져 들어가는 곳이 가정인 줄 아냐? 쓰러져서 가는 곳은 병원이야. 임마, 가정은 신이 나서 들어가는 곳이야. 마누라가 너의 종이야? 직장보다 훨씬 더 중요한 곳이 가정이야. 너가 쓰러질 곳은 죽을 때 딱 한 번뿐이야. 평생 동안 팔팔하게 살아야 한다. 이렇게 안 되거든 필자의 神的 수련에 와라. 하나님이 못해 준 것 필자가 해준다. 필자가 약 한 톨 쓰지 않고 세계 최초로 3일 만에 만들어 준다.

  너는 언제나 힘이 없어질 듯하면 너의 축 늘어진 물건을 잡고서 힘을 내야 한다. 30, 40대는 3분이 못 가서 팔팔하고 후끈후끈하게 된다. 힘이 없다는 젊은 녀석들 수천 명을 필자가 시험해서 일까지 강력하게 시켰었다. 60대, 70대라도 필자가 백여 명 이상의 노인들을 상대로 직접 시험한 바에 의하면 5분이 못 가서 손녀뻘 되는 양귀비 같은 소녀를 알몸으로 만난 것같이 빳빳하게 된다. 너는 힘없이 집에 왔을 때가 너의 아내에게 가장 큰 서비스를 할 때이다.

  가장 힘이 없을 때가 가장 큰 힘을 창조할 때인 것이다. 우리 민족이 5천년 간 세계에서 가장 바보같이 병신 행동을 했기 때문에 이젠 오직 필자를 통해서 세계에서 가장 강력하게 되는 것이다. 필자가 당대에 우리 민족의 세계 제패 책임진다. 너의 아내한테 시작할 때나 끝낼 때나 항상 빳빳하고 후끈후끈하게 그러고도 실탄 발사는 안한다. 이게 바로 강자의 기술이다. 너의 아내를 매일같이 황홀하게 만족시켜 줘라. 실탄 발사 안하기 때문에 너는 언제나 힘이 넘친다. 너의 아내를 위해서, 국가와 국민을 위해서, 세계 제패를 위해서 너를 강자로 만들어 주는 것이지 술 퍼마시라고, 사창가에 가라고, 노름하라고 필자가 강자로 만들어 주지는 않는다.

013

 기분 좋고 힘이 있을 때 아내에게 잘 해주는 것은 아무나 다 한다. 거지도 그렇게 한다. 아무나 할 수 없을 때 너는 강해져 가지고 마누라를 모셔라. 그리고 물건은 언제나 관계를 하고 나면 찬물에 담가라. 그리고 두드리고 또 식히고 해서 너가 50대, 60대가 될 때는 세계에 내놓을 만한 물건으로 되는 것이다. 돈 한 푼, 약 한 톨을 안 쓰고 창조주가 준 의지창조 행동으로 만드는 것이다. 몸에 병도 평생 안 생긴다.
 필자는 이제까지 하룻밤도 아파 본 일이 없다. 과학이나 의학에서 만들어 낸 치료제 한 톨 써본 일 없다. 평생 건강을 자신한다. 그러나 머리 가지고 사는 자들은 건강을 자신할 수 없는 것이다. '밤새 안녕하시오.' 이 말이 무슨 말인지 아는가? 우리나라 의사들과 약사들도 필자의 神的 수련을 거쳐서 건강하게 된다.
 강자는 언제나 여자에게 몸으로 말을 해준다. 여자의 心理도 알아야 한다. 여자의 心理는 나이에 따라서 다르다. 대개 여자 나이 19세 정도까지는 섹스를 장난삼아 하는 사랑이다. 손을 잡는다든지 키스를 한다든지 포옹을 한다는 정도로 상대방의 남자다움이 중심이 된다. 그런데 22~23세쯤 되면 그것만으로는 부족한 감을 느끼게 된다. 생활이 가산되고 사내다움이라든가 짜릿한 맛 따위가 요구되고 약간 거무스레하고 억세게 생긴 남자가 좋아진다. 그러나 여자 마음은 곧 변하여 24~25세쯤 되면 이유도 없이 무조건 결혼을 하고 싶어진다. 이것이 다시 29~32세쯤 되면 결혼의 상대자로 그저 남자이기만 하면 좋다고 하게 된다.

014

　남자란 보통 중년을 넘어서면 자기가 책임지는 대상이라면 소녀에서부터 노인까지라도 충분히 즐겁게 해줄 수 있어야 하지만 어린 소녀들은 단순해서 재미가 없는 것이다. 여자들의 섹스 반응을 표현하면 짧은 시간에 '음'하는 반응이 있는가 하면 다시 '음'이다. 그런데 23세, 24세쯤 되면 '음'이 길어져 '으 — 음'이라는 느낌이 들게 되고 남자가 휴식에 들어가려 해도 당장에는 내려가지 말아 달라고 하게 된다. 여운을 즐기는 것이다. 30이 넘어서면 좀 더 심해진다. 맹렬하게 달라붙어 무슨 일이 있어도 놓아 주지 않으려 한다. 30에서 35~36세가 되면 이제는 손을 쓸 수가 없게 된다. 이건 한마디로 밑 빠진 독이다. 내버려 두었다가는 무슨 일이 일어날지 모른다. 이때가 진짜 '여자의 전성기'이다. 40세에 접어들면 이때부터는 농도를 운운하게 된다. 즉 알찬 재미를 택하게 되는 것이다. 하룻밤에 10번이나 20번을 즐기고 있던 여자가 두 번이나 세 번으로 축 늘어지게 된다.
　여자의 생식 기능은 의학대전을 보면 15~48세까지 생리가 있다고 했다. 그러나 요즘 세상에서 확인되는 바는 13~14세부터 50세 정도까지다. 외국에서는 12세에도 아이를 낳았다는 토픽란 기사를 봤다. 통계로는 33년 간이 여자의 생식 활동 기간으로 매월 양쪽 난소로부터 배란기가 되면 卵子가 생산되어 나온다. 이때 남자의 정자와 결합하면 임신을 하게 된다. 여자의 난자 생산은 1년에 24개, 일생 동안 33년 간의 숫자를 합해 봐야 7백92개가 생산된다. 최근에는 식생활의 영향으로 초경과 폐경의 기간이 달라졌다니 5년쯤 연장해도 120개 증가로 합계 9백12개이다.

015

여자 평생 동안의 난자 제조 능력은 남자의 정자 제조 능력의 0.5초 분량이다.

남자는 1회의 실탄 발사 때 정자가 2억~5억 마리가 방출된다. 나이가 들면 방출량이 차차 적어지지만 제조력은 마찬가지여서 남자는 15~16세부터 정자 제조를 시작해서 90대의 노인이라도 계속 제조되고 숨을 거둘 때까지 이어진다. 이렇게 능력 있는 남자와 겨우 33년 간의 제조 능력밖에 없는 여자가 일 대 일의 부부관계란 남자 편에선 억울할 수도 있다. 세계에는 일부다처 제도의 국가도 있고 일부 4처 제도의 국가도 있다. 남자들 우쭐하지 말라. 사정없이 또 쳐버릴 테니까. 30세의 남자와 25세의 여자가 결혼해서 산다면 여자가 아내 구실하는 기간은 겨우 23년밖에 안 된다. 그런데 남자의 섹스 전성기는 40대, 50대, 60대이다. 하룻밤에 여자들 몇 명이라도 황홀하게 해줄 수 있다. 이렇게 전성기를 맞이하여 가정적으로 사회적으로 일을 하려는 때에 생식 기능이 없어져 버린 여자와 함께 살지 않으면 안 된다는 사실은 남자의 생명을 위축되게 만든다. 남자의 수명이 짧은 이유를 알겠는가?

세계의 힘으로도 어림없지만 필자의 의지창조수련을 받으면 생명도 분명히 연장된다. 염라대왕과 창조주도 놀라게 된다. 여자는 멘스가 멎어 버리면 손자들을 돌보는 즐거움이라도 있지만 남자에게는 그런 즐거움도 없고 섹스도 할 수 없으니 부인 쪽에서 적당한 여자를 자진하여 추천해 줄 수도 있다. 지금의 여자들은 좀처럼 그것을 양해하지 않는다. 남편이 훨씬 더 일찍 죽어 버리는데도 말이다.

016

　모방할 것은 없지만 옛날 권세가의 가정에서는 여자가 30세가 넘으면 시든 몸이라 해서 침소를 사퇴하고 자기를 대신할 만한 젊은 여자를 추천했었다. 그러면 남편은 애정을 가지고 자기를 배려해준 본부인의 생활을 평생 보장해 준다. 옛날 권세가들은 무식하고 무지해서 30대에 그랬지만 현대에 한다면 40대 내지 50대에 해야 한다.

　일부일처제란 문명국의 제도라고는 하지만 창조주의 섭리에도 빗나간다. 왜냐하면 여자의 섹스 전성기인 30대 중반일 때 남편은 40대 초반, 30대 중반의 섹스 용광로를 같은 세대의 남자나 4~5세 이상의 남자가 그 용광로를 식힐 수 있느냐, 이 세계를 다 훑어봐도 천천만만에다. 어림 반푼도 없다. 20대부터 30대까지 가정을 갖고 집 준비하고 자녀를 교육시키고 장래를 예비하다 보니 섹스 기술은커녕 몸 하나 가누기도 벅차 버려, 한국인 남자 40대의 사망률이 세계 최고일 때 우리네 여성들은 한참 섹스 전성기이다. 이런 불공평이 어디 있나? 남편이 같은 30대이면 더 숙맥이다. 막말로 이렇게 해서도 안 되고 또 할 수도 없지만 한번 실탄 발사하면 피그르르 쓰러지는 숙맥들, 즉 20대의 팔팔한 녀석들 열 놈, 열 다섯 놈이라도 그 용광로를 못 끈다. 그래서 필자는 남자와 여자의 결합은 20년의 나이 차이가 가장 이상적이라고 주장한다. 20년 차이라야 같이 늙어 가고 30대 중반 아내의 섹스 전성기를 실탄 발사하지 않고도 만족시킬 수 있는 능력을 갖게 됨은 물론이고 여력이 남게 된다. 과학적으로도 의학적으로 생물학적으로도 명확하다.

017

왜냐? 남자가 경제력과 인생 기반을 다 닦아 놓은 40대일 때 20대의 여자를 맞아들이면 남의 여자 데려다가 고생시키지 않고 남자의 20대, 30대 때의 고생을 여자의 서비스로 보상받고 여자는 생존경쟁에 시달리지 않으니까 평생 성적 불감증과 생활의 불평 불만이 없어 부모 슬하를 떠나면서부터 섹스 만족과 경제적 불편이 없이 호강하게 된다. 30대 중반의 섹스 전성기에도 부족함이 없는 섹스 서비스를 받고 여자가 40대 후반의 폐경이 될 때쯤 남자는 60대 후반으로 있게 된다. 남자 40대 사망이란 있을 수도 없고 20대 젊은 아내의 호르몬과 염색소로 남자 역시 젊어지게 된다.

남자는 섹스 상대만 있게 되면 70대, 80대 그 이상에서도 건강하게 일할 수 있다. 필자가 20년 차이를 주장하기 전부터도 옛날부터 능력자들은 거의 20년 내지 그 이상 차이의 결혼생활을 하여 왔었고 늙어서 능력자가 된 사람들은 본처의 양해 아래 오늘날도 20년 차이로 많이 동거를 하고 있다. 폐경이 된 아내 입장에서는 처음엔 남편에게 허락할 수 없겠지만 죽을 때까지 정자 생산이 계속되는 남편이 사창가에 다니고 엉뚱한 짓 하다가 패가망신하는 것보다는 남편도 살리고, 사업도 살리고, 자기의 지위도 더욱더 공고히 되어지는 남편에의 배려가 필요하다. 어머니가 폐경이 되고 환갑이 지나면 보통 자녀들이 알아서 능력 있는 아버지에게 배필을 구해 드림으로써 최대의 효도를 했던 것이다.

공자도 74세에 아이를 낳았다. 섹스로 인한 남자와 여자의 에너지 소모량을 보면 여자는 남자에 비하여 섹스 기간이 짧은 반면에 조물주는 공평하게도 여자에게는 남자가 상상하지 못할 정도의 향락을 부여하고 있는 것이다.

018

여성은 한 번의 섹스로 인한 에너지 소모량이 남성에 비하면 10분의 1도 소모하지 않는 천혜의 특권이 주어졌다. 남성은 한 번 실탄 발사하면 불과 1초 내지 2분의 1초의 클라이막스를 경험하고 적어도 여러 시간에서 하루 정도의 피로 회복기가 필요한 데 비해 여성의 클라이막스는 남자보다 훨씬 길지만 피로도는 남성이 침 한 번 뱉는 정도이다. 여성은 이토록 정도가 강하고 길면서도 피로가 적다고 하니 천부적으로 타고난 여성의 신체가 남자들이 볼 때는 부러울 수밖에 없다.

여기에 비해 남자란 한 번 발사하면 축 늘어져 연속 따위는 엄두도 못 낸다. 이것만 보아도 남자는 사랑하는 아내에 대해서는 자신의 쾌락은 아예 접어 두고 전적으로 상대방이 많이 쾌감을 느끼게 하는 일에 협력하는 것 이외에 아무것도 없다는 결론이다. 즉 사랑하는 사람의 기쁨을 자신의 기쁨으로 삼고 사랑하는 사람의 만족을 자신의 만족으로 삼는 성인 군자의 심정으로 봉사해야 한다.

남자가 섹스에서 여자에게 봉사하지 않으면 어떻게 되는가 보자. 여성의 질은 남자의 물건을 받아들일 준비가 되어 있지 않은데 남자는 참지 못해서 저돌적으로 맹진해서 여자가 아파하는 것도 상관하지 않고 디밀어 자기만의 절정에 도달하고 뒷일은 나 몰라라 할 때 여성은 고통이 많으며 마지막에 간신히 미지근하게 기분이 나려는 찰나에 남자는 끝나 버려 모처럼의 흥분은 풀 길이 없게 되고 애끓는 흥분을 스무스하게 분산시키지 못한다. 이런 일로 생리적으로는 불쾌감과 초조감이 생겨 히스테리나 신경쇠약증에 걸리는 것이다.

019

남녀간의 클라이막스를 묘사해 보자. 남자의 정자는 주야의 차별 없이 계속 제조된다. 정자가 고환 속에 가득 차게 되면 정욕은 촉진되고 성교시 고환 속의 정자가 폭발적인 상태로 방출되면 지금까지 뇨도가 방광 쪽으로 통하던 것이 이번에는 방광을 폐쇄해서 정관 입구를 연다. 그러면 방출된 정자는 뇨도 속으로 세차게 튀어 나온다. 이것은 참으로 순간이어서 대략 2분의 1초 정도면 향락감을 느끼는 것은 이 폭발적인 상태로부터 방출되기까지인 기껏 2분의 1초 사이뿐이다. '클라이막스', 여성의 경우는 자궁의 위쪽으로부터 쥐어짜듯이 오그라들어 질 속으로 내려올 때가 클라이막스로서 온몸이 마비되는 것처럼 일단 내려온 자궁이 원 위치로 돌아가는 사이까지가 기분이 좋은 시간이니까 짧아도 5분, 길 때는 30분이나 황홀한 상태가 지속되는 셈이다. 그러므로 남자의 몇십 배, 몇백 배나 되는 기나긴 시간과 강한 향락감이 지속되는 것이다. 이것을 보아도 자연이란 그 얼마나 공평하게 배분되어 있는가를 알 수 있다. 그래서 절대로 자연을 원망하거나 상대방을 부러워해서는 안 된다.

27~28세까지도 별스럽지 않던 여자가 30을 넘어서면 갑자기 전혀 딴 사람으로 변한다. 여자에겐 이것이 보통이다. 30세를 넘어서 5, 6년 간은 그야말로 가공할 무절제의 시대인데 대상이 있는 여자는 다행이지만 대상이 없는 여자는 참으로 딱한 일이다. 처절한 육체의 공세를 자기 한 사람으로서 감당해 나가지 않으면 안 되기 때문이다.

020

여성의 무절제한 30대 중반이 지나가면 이제는 양보다 질이 문제가 되는데 40대 중반까지의 10여 년 간은 전적으로 질적 만족을 추구하게 된다. 40대 후반에 들어서면 질적인 것만이 희미하게 지속되다가 여성의 갱년기에 들어서 여자의 제조능력이 끊어지고 생리가 끊어지면 여기서 문제가 생기게 된다.

이 시기에 들어서면 여성의 신체조절에 이상이 많아지고 육체적·정신적 양면에 조정하기 곤란한 사태가 계속해서 발생한다. 이 시대의 여성에 대해서는 남성의 이해 있는 태도가 가장 필요하게 되는 것이다. 생리는 끊어졌어도 여성의 성적인 면에는 조금도 이상이 없는 것이므로 남성은 이 점에 신경을 써서 여성 실격이니 늙었느니 하는 생각을 갖지 말고 성생활에 대한 동정 어린 협력을 잊지 말아야 한다.

남자의 무절제 시대는 고환에서 정자가 제조되고부터 3,4년이 지난 17세에서 20세까지가 참을 수 없는 시대이다. 그러나 이 시대의 코흘리개 남자 녀석은 동·서양을 막론하고 아직 생활 능력이 없으므로 공공연하게 여성을 상대할 수가 없다. 다시 말해 여자가 임신했을 경우의 책임이나 여자를 아내로 부양할 경제력이 없으므로 여자를 상대로 섹스 욕구를 해결할 수 없으니 자위 행위로 정자를 방출하여 제조와 균형을 이룬다.

한편 여자의 난자 제조가 시작되는 것 역시 남자와 거의 같은 나이의 시대이거나 조금 빠르다. 그러나 이제까지는 조상들의 무지로 성욕의 문제에 관한 교육이 지극히 억압적이고 부정적이었기 때문에 있는 그대로의 성 본능을 나타낼 수가 없었다.

021

그래서 일그러진 형태로 대응하게 된다. 예를 들면 남자가 포함된 그룹의 영화감상이라든지 등산·들놀이·산책·수영 등등 목적과는 다른 행동, 바꾸어 말하면 표면적으로는 성욕과 아무런 관계가 없는 것처럼 보이지만 그런 형태를 선택해서 이성과의 교제를 만들어 성적 욕구를 충족시키려고 하는 것이다. 이들은 성적인 욕구를 변형된 행동으로 소화시킨다는 것이다.
 또 남자들과 마찬가지로 수음에 의한 성욕 처리도 행해지고 있다. 남자나 여자나 그런 기회가 있으면 이성과의 은밀한 성적 교섭이 행해지는 수가 있기 때문에 이런 기회가 생기지 않도록 본인이나 보호자들은 마음을 다져 둘 필요가 있지만 한편으로는 여자가 그런 기회를 바라고 있는 것도 사실이다. 이와 같은 참지 못할 시대가 지나면 이를테면, 학교를 졸업하고 직장에 나가게 되면 남자는 규수 자격의 결정이라는 중요한 문제가 생긴다. 다시 말해 일생의 지침이 결정되는 시기라는 인식에서 10대와 같은 것이 아니라 성생활에의 책임 태세에 들어가는 것이다. 핑크색의 청춘시대라는 20대의 전반은 미래에의 희망 때문에 이를 악물고 성 본능을 억제하는 내핍 시대인 것이다. 그래서 이 반동으로써 30대가 되면 섹스 무절제 시대로 된다. 30대, 특히 여자의 30대는 육체적으로는 물렁감과 같은 상태로 되어 색도 맛도 절정에 이르는 시대이다. 건드리면 단번에 떨어지는 위험한 시대인 것이다. 이때 혼처가 나타나지 않는 여자는 안색이 달라지고 그 때문에 남자를 보는 눈에 오차가 생겨 못생긴 남자도 미남으로 보이게 되는 참으로 위험한 시대이다.

022

 상반 원리나 양극 원리는 과학적으로 거의 다 해명되게 되어 있는데 아직까지도 과학적으로나 생물학적으로 명확한 해명이 난해한 것으로써 수컷과 암컷의 씨앗 제조 과정이다. 모든 동물들의 암컷의 씨앗이 생성되는 난소는 모조리 체내 깊숙이에 들어 있다. 그런데 수컷의 정자가 생성되는 고환은 동물들은 물론 사람도 몸 밖에 나와 있다. 단 동물이나 사람이나 고환은 체온보다 섭씨 2도가 낮아야만 정자가 생산된다는 사실이다. 다만 행동으로 포용할 수밖에 없는 조물주의 섭리겠지만, 현대 인류는 특히 남자들은 자기가 달고 다니는 고환을 체온보다 섭씨 2도 이하로 관리하지 못해서 건강하지도 못하려니와 언제나 힘이 없다. 그렇다고 해서 아주 차가운 것이 좋다는 것이 아니라 반드시 체온보다 2도가 낮아야만 왕성한 정자 생산이 가능하다.

남자와 수컷들은 정자 생산이 안 되면 그때부터는 죽은 목숨이다. 그래서 남자와 수컷 동물은 죽을 때까지 정자 생산이 계속된다. 이 고환을 언제나 체온보다 2도 정도 낮게 하라고, 즉 식혀 두라고 몸 밖에 늘어져 있는 것이다. 절대로 고환을 따뜻하게 하지 말라. 젊은이들에서 노인들까지 항상 고환을 식혀서 건강한 국력으로 만들자. 남자들의 고환은 언제나 인류가 만든 딱 들어붙는 팬티나 메리야스에 꽉 눌려지지 않고 팬티나 메리야스 밖으로 나와서 언제나 털레털레 흔들리고 움직여야 한다. 반드시 수컷들은 외적으로 활동적임을 명령한 조물주의 뜻이다. 이걸 무지한 인류가 꼭꼭 싸매고 감추려고만 하니 50~60세의 진짜 힘을 낼 나이에 "이젠 몸이 말을 안 들어." "이젠 정자 생산이 끝나 가고 있어." "이젠 도저히 인생에 자신이 없어"라고 하는 등 천벌 만벌을 받아 뒈질 소리들을 인류는 지껄이고 있고 우리 민족은 특히 더 많이 하고 있다.

023

그렇기 때문에 50도 못 되어서 40대에 가장 많이 죽고 있는 우리 민족이지만 필자의 神的 수련에 오면 생명과 인생이 바뀐다. 지금까지 40대에 죽고 50대에 죽고 60대에 죽는 자들은 분명히 들어라. 인명은 재천이 아니다. 절대로 하늘에 있는 것이 아니고 다 자기가 만들어서 죽는 것이다. 필자를 거치면 다 팔팔하게 살려서 90세 백 세까지라도 매일매일 섹스하면서 건강하게 살게 해주겠다. 그래서 필자는 가족 동반을 권한다. 2대, 3대가 같이 와서 수련을 받고 똑같이 발전하게 되는 수련이 이 세계에 본관 외에는 없다.

여자들의 성기는 체온보다 낮아서는 안 되기 때문에 체내에 설비된 것 역시 조물주의 섭리다. 옷으로 당장 시험해 보라. 남자가 나일론 팬티를 입으면 단번에 사타구니가 짓물러 견디지를 못하지만 여자는 나일론 팬티를 입어도 괜찮지 않던가? **현대인으로서 이 책을 읽는 수컷들은 오늘부터 자기의 고환과 물건을 항상 금냉법(金冷法)으로 찬물에 담가라.** 하루에 담배 피우고 술 마시는 시간의 2분의 1만 자주자주 담가도 너의 생명은 백 살 이상까지 팔팔하게 지내게 된다. 절대로 40대, 50대, 60대에 안 죽는다. 자녀들은 이 책을 보면 부모에게 어떻게 해야 할지를 알게 된다. 막대한 돈을 들여서 노후를 보장해 드리지 않아도 자녀들보다 더 성공한다.

뒈질 짓 할 시간은 있고 건강하게 성공해서 행복하게 섹스하고 살면서 국가와 민족에게 봉사할 시간은 없다는 자라면 40대, 50대에 가서 죽을 것이 아니라 30대에라도 뒈져라.

동물 중에 유일하게 코끼리만 고환도 물건도 몸 속에 간직하고 있다.

024

학자들 말로는 코끼리가 살고 있는 지방의 온도가 코끼리의 체온보다 높기 때문에 코끼리의 본능을 보호하기 위해서 코끼리는 고환이 체내에 감춰져 있고 교미를 할 때만 물건이 쑤우욱 나오는 것이다. 페니스와 고환의 금냉법(金冷法) 관리와 건강하고 행복한 섹스 생활과 의식정복으로 우리 민족도 국가와 민족에 기여하고 백 세 이상까지 살 수 있도록 하는 것은 어려운 일이 아니다.

러시아에는 164세인 사람이 있어서 의사가 진찰해 보니 건강하다는 것이었다. 그리고 135세의 노인이 처녀에게 아이를 낳았다. 러시아와 영국과 일본에서 그리고 우리나라에서도 **백 세 이상인 노인들을 상대로 장수 비결**이 앙케이트 형식으로 나온 것을 보니 장수하기 위한 것은 아닌 것 같은데 몇 가지 공통점이 있었다. 그들은 한결같이 ①음식물을 절대 배불리 먹지 않고 7할~8할의 양을 지켰다. ②매사에 불평 없이 음식물은 잘 먹었다. ③별로 꿈을 꾸지 않는다. ④놀지 않고 약간의 일을 계속해서 하고 있다. 이렇듯 모두 명랑한 생활이 공통점으로써 중요했고 특히 중요한 것은 "당신은 몇 살까지 성생활을 계속하셨습니까?"라는 질문에는 각자가 대답했는데 배우자가 살아 있는 동안까지는 계속했다는 것이다.

배우자가 80세, 90세 그 이상까지 살아 있었던 분이 많았고 지금도 나이 차이는 많지만 배우자가 있는 자들은 계속 섹스 생활을 한다고 했다. 지금 반려자가 없는 노인도 만약 반려자가 생긴다면 섹스 생활을 하겠다는 노인들이 많았다. "이제는 틀렸다"라고 말하는 노인들은 의외로 극소수였다. 모두가 1백 살 이상의 노인들의 말이었다. 우리나라의 40대, 50대, 60대, 70대 들이여! 함부로 자신과 민족과 후손들을 판단하고 오해하지 말라. 우리 민족과 같이 세계를 제패할 필자가 이 땅에 건재한다.

33
학부모들의 大혁명

001

'맹모삼천(孟母三遷)'이라는 조상들의 무지하고 무식하기 짝이 없는 옛말이 있다. '백병전에서 적군의 대검이 무섭다고 덜덜 떨다가 적군의 대검에 찔려 죽어 주어야 하나, 이유없이 네가 공격해서 적군을 찔러 죽여야 하나?' 너는 이유없이 공격해서 적을 찔러 죽여야 한다. 떠는 것은 너의 思考이고 너는 너의 思考와는 달리 너의 동작은 찔러 죽이는 강력한 행동을 통해서 자기의 용기를 자기가 확인하게 되고 환경 창조력까지 생긴다. '딸은 있는 그대로의 모습으로 사랑하고 아들은 기대가 되는 모습에서 사랑한다'라고 지껄이기도 한다. 꼭 돼질 짓들만 골라서 한다.

분명히 중국의 맹자 어머니도 우리 조상들의 '절 보기 싫으면 중이 절을 떠난다'는 식같이 멍청한 어미였음이 분명하다. 오늘날의 현대인들 중에서도 상당한 인류가 '맹모삼천'을 대단한 미담으로 여긴다. 설마 우리 자녀들을 가르치는 유치원, 국민학교, 중·고등학교, 대학에는 '맹모삼천'을 미담으로 가르치는 무지한 교육자들은 없겠지? 있다면 목을 잡아 부러뜨려 버리겠다. 그런 자들은 밥을 먹고 살 자격이 없다. 만일 그런 자들을 교육자로 발령했다면 교육 당국자들은 두 번 부러져도 당연하다. 행동으로 확인하자. 맹자 어머니같이 경망스럽고 변덕이 심한 어머니는 없는 것이다.

교육이란 목적이 있고 일관성이 있는 도전과 창조가 목적이 되어야 할진대 보는 것마다 대하는 환경마다 도전과 창조적 행동으로 포용하지 않고 도망만 다닌다면 어떻게 되나?

002

처음에 이사간 곳이 시장 근처라서 맹자가 상인들을 보고 상인 놀이를 하니까 짐을 싸들고 다시 이사간 곳이 공동묘지 부근이었다. 그래서 이번에는 맹자가 무덤 파는 인부들을 보고 인부들 흉내를 내자, 또다시 짐을 싸들고 이사간 곳이 서당 부근인지라 이번에는 맹자가 학생들을 보고 공부하는 흉내를 내자 "옳지 됐다" 한 것이 올바른 교육인가? 맹자가 아들이 아니고 딸이었어도 맹자 어미가 그렇게 했겠는가? 대답을 해보라.

맹자 어미는 어째서 그때나 지금이나 자기 생활의 근본이 되는 경제수단 행위와 사람이 죽고 사는 문제를 아들에게 제대로 포용하게 하지 않고 그때나 지금이나 별볼일 없는 자기와 인류의 思考의 노예가 되게 했는가? 평생 창조력은 발휘할 수 없고 도망만 다닐 맹자 어미가 오늘날 우리나라 이 서울에는, 우리나라에는 얼마나 많은 줄 아는가? 우리는 행동으로 분석하고 확인하자. 맹자 어미는 처음도 잘못했지만 설사 처음에 잘못했다고 할지라도 한번 실수했으면 두번째는 신중을 기했어야 하는데 창조할 줄은 모르고 자기 思考의 노예가 되어 그곳으로부터 멀리만 떨어지면 좋은 줄 알고 무턱대고 행동했었음은 더욱더 포용력이 없게 되었고 창조력은 꿈도 꾸지 못했었음을 우리는 확인하게 된다. 그 결과 또 계속해서 무턱대고 행동했던 것이다.

세번째도 서당 옆이 아니었다면 한없이 옮겨다녔을 것이다. 맹자 어머니 자신은 자신에게 가장 위대한 교육자로서의 입장을 망각하고 스스로 도전하고 창조하는 교육도 시킬 수 없었으며 자식을 단순한 환경의 노예, 즉 타인에게만 맡기는 어머니였던 것이다.

003

맹자 어미에 비하면 한석봉 어머니는 참으로 위대한 창조자였었다. 한석봉 어머니는 자식과 환경에도 구애받지 않고 스스로가 흔들리지 않는 모체가 되어 자식에게 능력을 발휘하게 했던 것이다. 오늘날에 어머니들은 어떤가? 현대 인류는 자신이 맹자 어머니인지 한석봉 어머니인지 둘 중에 어떤 어머니 타입인가? 학교 따라 학군 따라 맹모삼천이 아니라 사천(四遷)·오천(五遷) 정처없이 떠돌아다닌다. 아파트 값, 부동산 값까지 조작하면서 말이다.

필자가 제3공화국 때부터 '맹모삼천'을 흉내내는 이 나라 어머니들 1백50여 명을 지켜보았고 또 자식들의 결과를 지금도 확인하고 있지만 40대, 30대, 20대 때 그 어머니의 아들들이 지금 국가와 사회에서 명함이라도 내놓을 수 있는 자로 되어 있는 자는 단 두 명을 확인하고 있을 뿐이다.

한석봉 어머니 타입의 자녀들은 너무나도 사회와 국가에서 민족에게 강력한 봉사를 하고 있다. 부모·형제·자매 들을 이사까지 시키면서 부모·형제·자매 들까지 밤잠 안 자면서 난리 법석을 떨면서 학교 다닌 자들은 학교 다닐 때도, 학교 나와서도 여전히 부모·형제·자매 들의 애통거리였다. 그렇다고 해서 거지가 되었다는 것은 아니다. 단, 자기 혼자 뛰어다니고 노력한 자들보다는 출세율이 훨씬 못 미치고 있다.

꼭, '얼마나 자식이 모자라고 못났기에 부모들까지 저렇게 설치나?' 싶다. 학업을 의지로 해야 되는데 무지한 교사들과 무지한 학부모들이 思考로만 가르치고 공부시키려 하니 항상 소란은 많은데 수확은 적은 것이다.

004

학부모와 자녀가 한번 의지창조수련을 받으면 그 자식을 입시준비와 대학은 문제없이 마치고 사회에서 취직하고 또한 사회에서 성공할 때까지 부모들이나 주위에서 조금도 신경쓸 필요가 없다. 재수·삼수할 것도 전혀 없다.

사회에서 성공하고 민족과 인류에게 기대하겠다면 대학을 나왔건 대학에 다니고 있건 대학에 들어가기 전이건 의지창조수련을 받으면 인생 성공은 보장된다. 오늘날 경제정책이나 교육정책이나 학부모들의 자녀에 대한 목적 등등이 꼭 '맹모삼천'식과 똑같다. 왜 한석봉 어머니같이 창조적이지 못하나? 왜 일관성이 없나? 왜 자기 하는 일에 자신들이 없고, 왜 주위의 눈치 보면서 일하나? 눈치 보면서 하는 일이 잘 되는 일이 역사적으로나 현재나 있었나? 눈치 본다는 그 자체가 반드시 할 일인가, 반드시 할 일이 아닌가? 자신이 있어서 하는 일인가, 자신 없이 하는 일인가? 반드시 할 일 같으면 또 일단 경제정책이 또 교육정책이, 또 부모가 자녀에게 장래 목적이 서 있으면 그대로 밀고 나가야 주위에서도 모두가 다 포용하게 되고 섣부른 판단과 간섭이 없는 것이다. 기왕에 자기가 책임질 일 왜 자신 있게 밀고 나가지 못하나? '맹모삼천'같이 하니까 "저치들 얼마 안 가서 또 바꿀 걸 뭐." "저자들 또 부산을 떠는구먼." "아유, 또 주위에 바람께나 좀 불겠구먼" 하는 것이다. 분명히 말하지만 국가정책이나 가정에서 자녀에 대한 계획은 절대로 간섭받고 주위에 말썽 일으키는 것이 아니다. 오히려 간섭과 말썽을 없애는 것이다.

간섭과 말썽을 없애고 또 이런 것이 없어지는 것이 꾸준하게 밀고 나가는 강력한 의지창조(意志創造) 행동에 의해서 정착되고 인정을 받게 된다. 창조력과 행동력과 표현력에 자신이 없다면 필자를 거치기 바란다. 거대한 사업에 어찌 말썽이 없으리오. 창조란 절대로 포용과 도전과 파괴 없이는 안 된다는 사실을 명심하라.

실적이 말해 주는 것이다. 어머니가 아이를 가졌을 때 열 달 간의 그 고통, 강력한 어머니의 행동에 의해서만 순산의 기쁨을 맞이하게 된다. 개는 짖어도 기차는 가는 것이다.

34
민족의 大혁명 2

001

며칠 전 사무실 근처의 낙원시장 입구 도로에서였다. 평소에도 자동차와 사람이 같이 붐비는 곳이다. 필자가 2차선 도로를 건너가려고 낙원시장 쪽을 봤더니 15m쯤 우측에서 종로 3가 지하철 입구 쪽으로 승용차 2대가 달려오고 있었다. 마침 그때 필자 맞은편 골목에서 아주머니 한 사람이 필자 편을 향해서 어린이 이름을 부르는 것이었다. 그 아주머니에게도 양쪽의 자동차들이 안 보이는 지점이었다. 어머니가 부르는 소리를 들은 국민학교 1학년 사내아이가 필자 옆에서 느닷없이 튀어 나오는 것이었다. 자동차는 벌써 5m 옆까지 접근했다. 어린이는 필자에게 가려져서 자동차를 못 봤을 성싶었다. 필자는 반사적으로 두어 발짝 내디더서 즉시 어린이의 뒷덜미를 강력하게 잡아 이끌었다. 그와 동시에 승용차는 요란한 소리와 함께 '끼~이~익~' 급정거했다. 천만 다행이었다.

자가용 운전자는 기겁을 해가지고 문을 열고 나와 어린이를 노려보면서 욕지거리가 나올 듯하기에, 필자는 재빨리 "당신 오늘 나 때문에 운 좋았으니 그만 가시오"라고 운전자에게 큰소리로 말했더니 운전자는 순식간에 화가 풀어졌고 필자에게 고개를 끄덕하고 그냥 차를 몰고 갔다. 필자는 그 어린이를 그냥 보내면 안 되겠기에 그 어린이 얼굴을 쳐다보면서 "꼬마야, 도로에서는 아무리 어머니가 건너편에서 너를 불러도 도로 양쪽을 살펴보고 자동차나 오토바이가 가까이 오지 않을 때 건너는 거야 알았나?"라고 했다. 그런데 어린이는 놀라서 그런지 대답을 하지 못했다. 바쁜 필자지만 이런 어린이를 그냥 보낼 수는 없었다.

002

　필자는 그래서 어린이에게 "너, 아저씨가 재빨리 붙잡지 않았으면 너가 어떻게 되었겠나? 너가 건너갔겠나, 자동차에 치였겠나?"라고 또다시 말했다. 그래도 대답이 없었다.
　어린이의 어머니 역시 길 건너편에서 너무나 놀랐었기 때문에 필자와 자기 아들을 쳐다보고만 있었다. 죄책감을 느끼는 모양이었다. "너 대답 안하면 방금 전에 화냈던 그 운전수 아저씨에게 너를 맡겨 버리겠다." 그래도 말을 안하는 것이었다. 벙어리는 아닌데도 도대체 부모들과 학교 선생님들이 자녀와 어린 아동들을 어떻게 지도했기에 이 모양인가 싶었다. 필자는 이 녀석을 따끔하게 책임져 줄 필요성을 느꼈다. 아무리 바빠도 그냥 두면 안 된다. 인생을 포기하는 것이다. 그래서 "너 말하지 않겠다면 좋다. 조금 전과 똑같은 상황일 때 너를 놓아 줄 터이니 너는 이젠 너의 어머니도 못 만나고 자동차에 치여서 죽게 될 것이다. 천국을 가든 지옥을 가든 너 자유다. 자! 준비해라. 저기 커다란 트럭이 온다"라고 했더니 이 녀석 그제야 "아저씨 잘못했어요" 하면서 눈에 눈물이 그렁그렁했다.
　필자는 그제야 "자, 건너가자"라는 말이 나왔다. 건너와서 그 아이의 어머니 앞에서 "꼬마야, 이제부터 거리에서는 아무리 어머니가 불러도 길을 건널 때는 먼저 좌우를 살피고 거너는 거야" 했더니, 꼬마 녀석은 "네" 하면서 "엄마!" 하고 엄마 품에 안기면서 울음을 터뜨렸다. 전적으로 그 아주머니 잘못이기에 "아주머니, 아무리 자식을 사랑하고 가르쳐도 자동차에 치여 버리면 무슨 소용이 있나요" 하고 아주머니에게도 한마디 했다.

003

하늘이 무너지는 한이 있더라도 세상이 무관심하다 해서 필자 역시 세상과 인류에게 무관심하지 않는다. 그 아주머니도 떨리는 목소리로 "선생님, 제 잘못이었어요"라고 말하는 것이었다.
 오늘날 우리 사회가 그 어린이와 그 어머니의 행동과 다를 바가 없다. 정치인, 경제인, 공무원들, 노동자들, 일반인들, 학생들 모두가 전후좌우도 살피지 않고 부르니까 전후좌우도 살피지 않고 마구 달려간다. 전후좌우 살피지 않고 뛰다가 자동차에 치여 다치거나 죽으면 부른 사람이 책임질 수 있고 또 책임져 줄 수 있겠나?
 정치문제, 학원문제, 노사문제도 앞서 말한 국민학교 1학년 학생과 똑같다. 선배가 부르니까 학부모 생각도, 국민들 생각도, 경제문제도, 장래문제도 전혀 생각지 않고 날뛰어 버린다. 어째, 이제 고등학교 나오니까 더 공부할 필요가 없어졌다는 말인가? 그러면 대학에 왜 갔나? 대학에 가서 공부는 안하고 행패나 부리고 데모나 하려고, 돌 던지려고 그 별 따기 공부를 했었나? 그저 졸업장만 받으려고 대학에 가니까 대학을 나와도 자기 창조력 하나 없이 실업자가 되는 것 아니냐.
 공부하는 대학에서 공부는 안하고 학생 시위에 전력을 쌓은 자들을 이 세상 어느 회사에서 누구가 써주나? 차라리 고등학교 마치고 기술 계통으로라도 빠지면 되지 않겠나? 노동자들 역시 지금 우리 국민이 처해 있는 상황이 어떠한 상황인 줄 알고 이 따위 개판이냐? 전후좌우도 살피지 않고 마구 날뛰어 버려? 가정문제, 장래문제, 직장문제, 사회문제, 경제문제, 국제문제 등등 모조리 무시해 버려?

004

　너희들 일하지 않고 투쟁하려고 입사했었나? 너희들 도대체 어떻게 살려고 그 모양이냐? 멍청이 조상들 뒤따르려고 대학에 갔고 공장에 들어갔나? 도대체 너희들과 국민들과 국가를 누가 책임져 주나? 뒈져 버린 조상들이? 태어날 후손들이? 연약한 공권력이? 누가 책임을 져야 하나? 큰소리로 외쳐 보라. 조상들같이 우물우물 대답하면 필자가 아가리들을 모조리 찢어 버릴 테다. 새끼들 말이야. 국민들은 너희들 봉이냐? 피해 보상은커녕 사과의 말 한마디 듣지 못하는 국민들을 뭘로 보냐? 이 새끼들아! ○○○○의 새끼들아!
　이렇게 국민 생활과 경제문제에까지 피해를 줄 정도라면 너희들은 목표가 있고 신조도 있을 터이니 사회와 거리에서 국민들을 괴롭히지 말고 당당히 교도소에 가든가 당국자만 만나서 너희들의 의지와 목적을 주장해야 하지 않겠나? 그래야 국민들도 당국에서도 사용주들도 너희들을 제대로 알아줄 수 있게 된다. 너희들 몇백 명, 몇천 명씩 붙잡혀 가도 몇 놈을 제외하고는 모조리 목적 없는 비겁하고 비열한 예수의 11제자들과 같이 단순 가담자로 낙인 찍혀서 그냥 나오지 않던가? 목적과 명분이 있는 일이라면 얼굴을 똑바로 들고 떳떳하게 책임을 져야지 방송카메라 들이대면 도둑질한 파렴치범들 이상으로 왜 가랑이 속으로 얼굴들을 감추나? 장차 국민과 국가를 책임질 놈의 새끼들이, 이 따위 행동을 누가 시키던가?

005

　투쟁이란 분명히 대의 명분을 가지고 자기 희생까지라도 각오해야 민족도 국가도 기업주도 알아주는 것이다. 꼭 전과자가 되라는 것은 아니지만 반드시 할 바의 목적이라면 전과자 되는 정도가 아니라 목숨이라도 걸어야 한다.

  경영인들은 생산 자동화에 치중하지 않고는 망할 수밖에 없다. 여기에 우리는 창조력까지 없다. 1986년 일본의 특허 건수는 연간 22만 6천 건이다. 서독은 15만 건, 미국은 12만 건, 우리는 겨우 2만 5천 건밖에 안 된다. 이러니 일본은 보다 좋은 물건을 보다 싸게 만들어서 엔 高를 감내하고 미국 시장을 계속 석권해 가고 있고 미국의 무역 보복인 협상 대상국 선정 제1호 입장에서도 눈 하나 깜짝하지 않고 현재도 어마어마한 대미 흑자를 보고 있다. 흑자도 못 내는 주제에 낭비는 일본의 몇 배를 능가하고 해외 부분에서 통화 증발 때문에 은행의 대출 창구를 막아 기업들이 돈을 꿔달라 아우성이다. 엔 高를 이겨 낸 일본과 우리는 정반대다. 밥 먹고 살 테야, 망할 테야? 남미(南美)의 비운을 밟지 않으려거든 우리 민족과 특히 학생들, 근로자들, 정치인들, 재야 세력들, 경영인 들은 빌어먹을 짓들 그만해.

  우리 민족이여! 노동자들이여! 학생들이여! 재야 세력들이여! 노는 것과 투쟁은 세계를 제패한 후에나 그렇지 않으면 다른 세상에 가서 하라. 우리 민족 전체의 근검 절약에 저축과 근면이 혼란을 막기 위해서는 현시점에서 의지창조 행동으로 얼마나 절실한가? 오직 범국민적인 의지창조 행동 하나뿐이다.

35
민족의 大혁명 3

001

'손기정', 마라톤 황제를 우리 민족은 잘 안다. 조상들의 무능으로 우리의 국가가 없어지고 우리 민족이 비참했을 때 우리 민족의 가슴에 번갯불을 선사해 준 영웅의 이름이다. 지금은 바르셀로나 올림픽(1992년) 마라톤에서 금메달을 목에 건 황영조까지 민족의 영웅이 되었지만, 일제 식민지 치하에 손기정은 1936년 베를린 올림픽에서 마라톤으로 금메달을 목에 걸어 일본 국위 선양은 해 주었지만 가슴의 진정한 기쁨은 우리 민족에게 주었었다. 그 당시 《동아일보》에서 손기정 선수의 가슴에 붙은 빌어먹을 일본 국기를 말살해 버리고 보도했던 사실이며 그로 인해 일본놈들이 대로(大怒)하여 《동아일보》를 폐쇄시켜 버린 사실만 봐도 그 당시 올림픽 대회에서 금메달 한 개가 얼마나 위대했었는지 짐작이 간다. 금메달도 다 같은 금메달이 아니다. 지금과는 그 당시 올림픽에서는 금메달 획득에 국력을 걸 정도였었다.

그때나 지금이나 이 세계는, 또 이 세계 인류는 승부의 근성과 명예욕을 충족하기 위해서는 물불을 가리지 않고 또 일등을 하기 위해서는 범죄라도, 살인이라도 가차없이 행하는 살벌하고 냉정하기 짝이 없는 세상이다. 서울올림픽 때도 세계가 다 지켜보고 있는데도 강대국들이 금메달을 따기 위해 얼마나 많은 비행과 약물 복용이 일어났으며 또 드러나지 않고 감춰져 버린 범죄 역시 예측을 초월한다. 우리 민족은 약자 입장에서도 착하고 양보심 많기로는 세계에 소문나 있으니 나라가 망하지 않는 것이 비정상이었을 일제 시대인 1936년이었다. 얼마나 바보였으면 부처도 그랬고 반만년간 하늘도 외면했을까. 발바닥의 때만도 못하지만······.

002

그 당시 손기정 선수가 경기 도중 암살되지 않은 것은 기적이라고 말할 수 있다. 그 당시 상황으로 돌아가 행동으로 확인해 보자. 그 당시 은메달을 딴 영국의 하버 선수는 마라톤 경기 며칠 전부터 자기 부인과 대화 중에 "내가 골인 지점에서 0km 거리의 언덕까지 올 때까지만 내 앞에 다른 선수들이 없으면 베를린대회에서 금메달은 내 것이다. 그런데 그 지점까지에서 내 앞에 달리는 선수가 있으면 내가 1등 할 수 없다"라고 부인 앞에서 몇 번을 장담했다. 이 말을 들은 부인은 스스로 결심했다. **서양이나 동양이나 남편의 성공이나 명예는 부인의 성공이고 명예이기도 하다. 특히 서양은 더욱 심하다.** 하버 선수의 부인은 6연발 권총을 구했다. 실탄 장진과 발사 방법을 익힌 부인은 경기 당일 남편이 말한 지점에서 매복했다. 그 지점까지에서 자기 남편 앞에 달려오는 자가 있으면 모조리 쏘아 죽이기로 했다.

지금같이 전코스가 보호를 받지도 못했던 시대였었다. 이윽고 먼 곳에서 자기 앞으로 달려오는 선수가 있었다. 망원경을 통해 보이는 선수는 맨 앞에 분명히 자기의 남편이었다. 부인은 기뻐서 날뛰었다. 그리고 도로가로 접근해서 남편을 응원했다. 남편도 기쁨으로 응답했다. 분명히 남편은 선두로 달렸고 또 결정적인 지점까지는 선두였으며 이제 금메달은 남편의 목에 걸게 됐다고 단정하자 권총의 자물쇠를 잠그고 하버 선수 부인은 그 지점을 떠났다. 그러나 강타, 강타, 강타가 아무리 많아도 결정타는 아니다. 그때 바로 운명의 우리 손기정 선수는 하버의 바로 뒤를 달려오고 있었고 손기정 선수는 운명의 하버 선수를 그 언덕 내리막길에서 뒤로 제쳐 버렸던 것이다.

003

하버 선수가 그렇게, 그렇게, 그렇게도 안달하면서 점찍었던 그 언덕의 내리막길에서 말이다.
 손기정 선수는 목숨도 구했고 금메달까지 목에 걸었던 것이다. 정치나 경제나 스포츠는 냉정하다. 양보라는 것은 思考에서도 존재할 수 없다. 착하고 선한 것 따위는 곤충 세계에서도 안 통한다. 오직 强함만이 필요하다. 오직 强한 자만이 성공과 행복을 함께 소유할 수 있고 强자만이 선할 수도 착할 수도 있다. 철창에 갇혀 있으니까? 도저히 강해질 수가 없으니까? 아무리 봐도 힘과 용기에는 자신이 없으니까? 또 그걸 합리화시키기 위해서 착하고 선하라고 했고 양보하라고만 했던 우리의 머저리 조상들은 이젠 없어졌다. 약자를 송두리째 먹어 버리려고 덤볐던 외적들이 문제였던 것이 아니라 무지하고 용기 없고 비겁했었던 조상들 자신이 언제나 적이었고 언제나 문제였었던 것이다.
 약하지 말라. 대한민국 국민들아! 절대로 순하지도 말라. 대한민국 국민들아! 절대로 강해라. 착한 것이나 양보 따위는 이 세계에서는 통하지 않는다. 곤충들한테도 통하지 않는다. 거리에서 마이카 운전할 때 양보하지 말라는 소리가 아니다. 이 바보들아, 노골적으로 표현해서 하늘과 땅과 5차원, 10차원의 세계에서도 통하지 않는다. 오직 약하고 순하고 양보하는 것 따위가 통할 수 있는 곳은 이 우주 천지에 딱 한 군데밖에 없다. 우리 조상들한테 말이다. 그런 게 통하니까 찍소리도 못하고 고스란히 망해 버린 우리 선조들이었었다. 참새는 죽을 때 '찍'하고라도 죽지만 우리의 머저리 조상들은 죽을 때 '찍'소리도 내지 말라고 했다. 죽을 때도 착하게 죽으라고 했다나?

004

　필자가 목숨을 걸고 사랑하는 대한민국의 내 동포여! 이 따위 조상들에게 배우고 예속될 것이 한 가지라도 있는가, 없는가? 너가 지금 이 책을 보고 있는 장소를 따지지 말고 크게 답변하라. 피라도 토하라. 피를 토해야 5천년 묵은 한과 몸 속의 모든 병균이 다 쏟아져 나온다.

　슬프게도 조상들 따위에게 배우고 예속될 것은 한 가지도 없다. '조상의 빛난 얼이 아니고', '조상의 더러운 얼'을 한 가지도 본받지 말고 황무지에서 창조자가 되어 저 어리석었던 조상들에게도 분에 넘치는 영광을 안겨 드리자. 필자가 책임지겠다. 강력하게 창조하자. 강력한 창(創)! 創! 創! 創造하기 위해서는 너가 행동으로 부딪쳐라. 범죄를 하라는 것은 아니다. 악하라는 것도 아니다. 강력한 창조자가 되라는 것이다.

　정부 수립 후 보스턴마라톤대회 때는 우리 선수들 서윤복, 남승룡 등등이 참가해 1등, 2등, 3등, 5등 메달을 모조리 쓸어 버렸다. 이때도 외국인들은 우리 선수들을 패배시키려고 어땠는지 아나? 미친 개를 풀어서 우리 선수들이 발까지 물렸다. 미친 개에게 물려 피를 흘리면서도 달리고 달려 메달을 모조리 휩쓸어 버렸던 것이다. 후손들은 이렇게 강했는데 조상들의 그 무식한 思考와 빌빌한 행동이 꼭꼭 말썽이었었다. 보아라! 당대의 우리 민족이여, 創! 創! 創! 創! 창조자가 되어야겠나, 선조들에게 물들어야겠나? 너가 선조들에게 물들면 같이 돼지고 이 나라와 우리 후손들은 망하지만 너가 창조자가 되면 또 神의 입장을 인식하면 너도 살고 강자가 되어 선조들도 빛나게 만들고 세계도 제패하고 후손들에게도 영광을 물려주게 된다.

　어떻게 할래? 살 거야, 돼질 거야? 둘 중 하나다. 중간은 없다. 원래 중간은 없는 것이다. 극과 극뿐이다. 무식한 우리 선조들이 만든 것이 중간이었다. 선조들을 본받아서 그냥 돼질 놈이라면 이 책을 잡지도 말라. 그러나 너가 성공해서 살려면 너의 대가리〔思考〕는 소용이 없다. 오늘부터 행동으로 나아가라. 무형체니 공자니 부처니 하나님이니 개 뼈다귀니 해봤자 너의 創造意志만 썩어 버릴 뿐이다.

36
세계최초 말더듬에서 大혁명

001

'發意變化(발의변화)', 이 말이 무슨 말이냐? 독자들은 이 문장도 읽어서 명심해야 여러분의 인생이나 가족이나 이웃이나 사회의 많은 불상사를 막을 수 있게 된다. 독자들 자신이나 아니면 자녀들 중에, 가족들 중에 또는 인척이나 이웃들 중에 말더듬자(吃音 : 흘음)를 우리는 많이 보고 있다. 이 말더듬도 문명의 발달과 함께 숫자가 많아져서 현재는 전국민의 30분의 1이 넘고 있다.(1956년 문교부 통계는 국민의 40분의 1이었었다.) 그래서 지금 우리나라에는 약 1백50여만 명의 말더듬자들이 있다. 이 말더듬자들의 고통은 당사자가 아닌 한 귀신도 하나님도 이해할 수 없고 고쳐 줄 수도 없다. 과학도 의학도 종교도 교육도 그 어떠한 것으로도 현재 이 세계에서 제대로 말을 하게 만들어 내는 곳은 한 군데도 없었지만 이젠 최초로 필자가 성공시키고 있다.

지금까지는 어중이 떠중이 실패시키고 교정 연습 따위나 시키는 그런 곳들은 많이 있었다. 그러나 이 세계의 어떠한 국가도 말더듬 교정을 국가적 차원으로 하는 곳은 한 군데도 없었고 있을 수도 없다. 그만큼 실력이 없기 때문이다. 그러나 이젠 필자를 통해서 양상이 달라지게 된 것이다. 말더듬 당사자들과 또 말더듬 교정 연습을 시키는 우리나라의 수많은 재래식 교정소와 또 일본, 미국, 서구의 말더듬자들과 교정소들과 세계 각국의 언어 병리학과 당국자들은 필자의 저서 《生》을 참조하면 획기적인 발전을 하게 된다.

노이로제나 정신질환으로 자살하는 숫자보다 말더듬으로 자살하는 숫자가 훨씬 더 많다.

002

다른 요인의 자살자들은 사전에 어느 정도 말로라도 죽겠다고 하지만 이 말더듬자들은 절대 죽겠다는 말 한마디 안한다. 어느 누구에게도 자기 부모에게라도 자기 고충을 털어놓는 법이 없다. 하나님한테도 털어내 놓지 않는 것이 이 말더듬이다. 그러니 어느 누구도 말더듬이의 자살은 눈치채지 못한다. 죽어도 자기가 말더듬 때문에 죽는다고는 하지 않는 것이 또한 말더듬이다. 말더듬은 병도 아니지만 병보다도 몇백 배, 몇천 배나 인생을 꼼짝 못하게 망쳐 버린다. 사람들은 누구나 말하다가 한두 마디 더듬고 막히는 것은 예사다. 또는 말을 많이 하는 사람들은 간혹 실수를 하곤 한다. 그런데 말더듬자들 중에서는 간혹 몇 마디쯤은 일반인들 뺨칠 정도로 말을 잘하면서도 말더듬 때문에 생활을 포기해 버리고 학업이나 직장쯤 포기해 버리는 것은 아무것도 아니고 심하면 자살까지도 한다.

일반인들이 보고 판단하는 것은 심리학 박사라도 말더듬자의 심리나 속성은 전혀 모른다. 모를 수밖에 없다. 연구해서 알 수 있는 것도 아니다. 자기 가족이라 할지라도 전혀 모르고 20년, 30년 같이 살았다고 할지라도 자기가 말더듬이가 아닌 한 가족 중의 말더듬이 심정은 0.01%도 이해할 수 없는 것이다.

서툴러도 말을 하는 자들은 굉장히 발전된 자들이다. 말더듬이들이 바라는 완벽성은 이 세상의 어느 누구라도, 제아무리 능변가라도 그렇게 발음할 수 없는 완벽성을 바란다. 말더듬이가 바라는 완벽성만큼 발음할 자가 있다면 지구상의 인류가 생겨난 이후에 필자가 최초이다.

003

　말더듬이 극심할수록 가장 완벽을 바라고 또 가장 비참하다. 일반인들의 눈에 보이는 말더듬이의 고충은 아무것도 아니다. 안 보이는 것이 더 크다. 지하자원도 눈에 안 보이는 양이 더 많다. 상상을 초월한다.
　말더듬자 역시 지금의 고통보다 5년 뒤, 10년 뒤, 20년 뒤, 30년 뒤의 인생이 문제이다. 아무리 배우고 공부해 봐야 '의식 정복' 못하면 아무 소용 없다. 말더듬은 교육이나 연습으로 낫는 것이 아니다. 우리나라나 이 세계에서는 지도 방법을 모르기 때문에 또 창조력이 전혀 없기 때문에 자기의 경험만을 목적으로 한 교육이나 연습 같은 것을 시켜서 말더듬자들을 더욱더 애타게 만들고 비참하게 만들고 있다. 말더듬자들은 누구나 다 한결같이 어떤 경험자들이 운영하는 교정소 따위에 가서 위로받자는 것이 아니다. 하나님도 못 고치는 주둥이를 쫙쫙 찢어서 말할 수 있도록 의지가 터져 나와야 되는 것인데 그렇게 지도해 줄 수 있는 자는 체험자라서 할 수 있는 것이 아니다. 오직 神的인 창조자가 아니고서는 發意變化를 해낼 수 없다.
　필자 역시 말더듬 때문에 이 세계의 온갖 말더듬 교정 방법에는 오히려 더 실패하여 자살을 네 번이나 시도했다가 국가와 군대의 도움으로 이 세계의 모든 학문과 방법을 휩쓸어 버리고 필자 자신이 인류 역사 이후 최초로 의식을 정복하여 오늘날 우리나라에서 전체의 국민에게 말을 가장 많이 하고 있으며 가장 비싼 강사료까지 받는 강의를 하고 있다. (《生》註) 이 세계의 1억 8천만 명의 말더듬이들은 반드시 필자에게 와서 완전히 목숨을 걸고 하루 20시간씩 14일 간의 의지창조 행동 수련을 받아야만 말을 가장 못했던 자가 말을 가장 잘하게 된다.

004

　교육이나 연습 따위는 말더듬이들에게는 아무 소용이 없기 때문에 단 1분도 시키지 않는다. 교육 많이 받고 연습 많이 하는 말들일수록 더 발음이 안 되는 것이다.
　이 말더듬이 새끼들아! 너희들은 먼저 인간혁명이 되어야 해! 인간혁명! 인간혁명! 행동으로 말이야.
　말더듬이 얼마나 무서운지 아나? 사람은 어떠한 사람도 물질이나 병균도 그 어떠한 것도 죽을 때는 가져가지 못한다. 그런데 죽을 때에도 가져가는 것이 딱 한 가지가 있다. 그것이 무엇인 줄 아는가? 이 세상에서 오직 말더듬증 하나뿐이다. 이만하면 말더듬이 어떤 것인지 이해를 하겠나? 물론 이해 못한다. 하나님도 이해 못하는데 일반인들이 이해할 턱은 없다. 이해하지 않더라도 말더듬자들의 인생과 생명을 필자는 세계 최초로 구해 낸다.
　말더듬자들은 안 더듬는 자들의 도움을 바라지 않으며 평생을 괴로워하고 꿈속에서까지도 괴로워하는 것은 말 한두 마디 잘 되고 안 되고 따위가 문제되는 것이 아니라 본인 자신이 말더듬을 의식하고 괴로워하고 있는 바로 그 의식의 노예란 사실이다. 타인들과 말을 하지 않으면서도, 혼자 있으면서도 하루 24시간 전부를 괴로워한다는 사실이다.
　세상에서 아무리 심한 고통도 또 자기만 아는 고민이라 할지라도 24시간 전부 이어지는 고통과 고민은 없으며 세상에서 아무리 집중을 잘하는 사람도 24시간 전부를 집중하는 자도, 집중할 수도 없는데 오직 이 말더듬 한 가지만은 24시간 전부가 고통과 고민으로 이어지고 집중과 집념과 집착에서 벗어나지 못하는 것이다.

005

　말더듬자가 서투르게라도 말을 하는 자는 행복하다. 그런데 말더듬자들의 98%가 말들을 못하고 있다. 안하는 것이 아니다. 반드시 필요한 말인데도 말을 못하는 그 심정, 그 고통을 이 세상 그 누구가 이해한단 말인가? 어쩌다가 하는 말 한두 마디는 리듬을 타서 잘 나올 때가 있으나 말이란 나오는 것이 아니라 하는 것이란 사실을 명심해야 한다.
　한두 마디 발음이 되는 것도 일반인들이 상상할 수도 없을 만큼 많은 고통과 전위 행동을 통해서 나오는 말이다. 그런 말을 상대방들이 알아듣지 못하고 반문하게 되면 말더듬자는 다시 발음할 수 없기 때문에 화를 내거나 신경질을 부리지 않던가? 얻어맞지 않은 것을 다행으로 알아야 한다. 독자들은 이 책을 통해서 가족들과 이웃들의 말더듬자를 천 분의 일이라도 이해해 주고 구원해 주는 계기가 될 것이다. 말더듬을 그저 단순하게 판단하거나 병 정도로 보다가 일생을 좌절과 울분으로 보내는 일이 필자 당대에는 없어야 한다. 가족이나 관심의 대상자 중에 말더듬자가 있거든 《生》책을 필히 일독하기 바란다. 또 권해 주기 바란다.
　《生》책을 통해서 한 사람의 생명을 창조함과 동시에 역사적인 일꾼으로 만들게 된다. 말더듬이가 말을 잘하건 말을 잘 못하건 '發意變化'로 변하기 위해선 하나님·부처님이 아니라 세계를 다 팔아도 불가능하다. 단순하게 생각지 말라. 심리학박사 학위 따위 몇 개 실력 가지고는 '발의변화' 시켜 낼 수 없다. 무시하는 것이 아니다. 지구 역사 이후 최초로 필자가 하루 20시간씩 14일 간의 의지창조 행동수련을 시키고 나면 필자 체중이 7~8kg씩 줄어 버린다. 세계에서 가장 건강한 필자 몸인데도 말이다. 그래서 1년에 두 번씩밖에 못 시킨다.

006

　직장인들과 학생들은 직장과 학교에서 이해해 주면 다행이지만 이해를 안해 주면 과감하게 결석을 하고라도 사표를 내고라도 오라. 인생이 죽고 사는 문제인데 까짓것 직장과 학교가 문제인가? 세상에서 어느 누구 머리 못지 않게 우수하게 태어나서 누구 못지 않은 학벌과 재산들을 포기하고 자살하는 사람들이 사소한 것에 구애받아서는 안 된다. 14일 간 머리〔思考〕는 필요 없다. 머리 가지고 망쳤고 망친 머리 가지고는 안 되는 것이다. 완전히 의지창조 행동가가 되어 머리는 재창조되는 것이다.
　하루 20시간의 수련 시간이 전부 피땀으로 범벅이 된다. 왜 피땀으로 범벅이 되나? 말더듬은 의지의 창조행동으로 정복을 하는 것이지 지금까지의 무식한 차원인 全세계의 방법 따위 가지고는 안 되는 것이기 때문이다. (《生》註) 인류는 지금까지 머리 가지고 하니까 다 실패했고 무덤까지 말더듬을 가지고 간다고 했던 것이다. 그러나 이 세계의 말더듬이들은 필자를 거치면 말더듬에서 드디어 해방된다. 죽을 각오를 하고 오라. 말더듬이가 의식 정복하여 '發意變化' 된다는 것은 조물주가 인간을 창조한 것과 별차이가 없을 만큼 힘들다.
　주둥이로 성공해서 세상을 지배할 남녀들만 받아들인다. 거부들의 고액의 특별지도 요구는 일체 사절했다. 시시한 장소에서 시킬 수가 없다. 개인적으로는 호텔 비용도 안 되고 웬만한 병 따위의 입원비도 안 되는 수련비용이 아까운 자는 안 와도 좋다. 그 대신 하나님도 못 고치는 말더듬을 평생 짊어지고 무덤까지 가지고 가면 되니까.

제2부

세계최초
자기창조·의지창조 완성 3박 4일 행동수련 체험 소감 원문

· 이 내용은 일점도 원문에
보탬이 없으며 단, 지면 관계상 원문을
3분의 1에서 2분의 1로 생략하였음. 사진촬영한 원문도 생략하였음.

※ 시간 관계상 무작위로 추출했으니 이 점 슈퍼맨 제위의 양해를 바랍니다.

1) K무역 사장   김기동(36세)

해내고 말았다 !!
　수련에 오기까지 얼마나 망설였는지 모른다. 강력한 훈련 과정의 3박 4일을 이겨 내고 보니 마무리짓는 이 순간 필설로서는 형용하기 어려울 만큼 많은 변화와 실적을 감지한다.
　관장님의 강력한 강의는 나의 뇌리를 빠개 버릴 정도였었다. 아―, 그렇구나 ! 그렇게 하면 되는 것이구나 ! 사고하는 무진장의 시간 낭비 없이 바로 행동 실적으로 사고가 자연스럽게 정립되는 이 엄청난 창조력은 놀랄 만한 대발전이다. 가히 혁명이라고 할 수 있는 관장님의 특출하신 세계 최초의 혁명 교육에 깊은 감명을 받았다.
　일반 사회에서는 전혀 볼 수 없던 단체행동과 역사에서부터 정치, 경제, 철학, 심리학, 정신분석, 행동과학 기타 모든 사회 전반적인 면에 해박하신 깊은 지식을 강의하실 때 나는 이곳에 입관한 것이 얼마나 잘 한 일이었던지 춤을 추고 싶었다.
　입관의 결정을 아직도 미루고 망설였었다면 나는 저 불쌍한 중생들과 똑같은 고통 속에서 의미 없는 생을 얼마나 더 계속했어야만 했을지 아찔하기만 하다. 이렇게 많은 보물들을 국제슈퍼맨수련관을 통하지 않았던들 언제 어느때 나의 보약으로 사용할 수 있겠는가? 행동하지 않으면 자멸한다는 관장님의 말씀을 나의 생활과 사업에서 나의 행동 좌우명으로 삼고 과감하게 과―감하게 행동한다.
　나의 인생 전부를 재편성할 수 있도록 수고해 주신 관장님과 교관님들께 감사드리면서 이만 줄인다.

2) S교회 목사   박창현(39세) 신학대학원 졸

　먼저 이렇게 소중한 기회를 허락하여 주신 주님께 감사하며 홍민성 관장님께 깊숙이 감사드린다.
　나는 이 시점에 나의 할 사명이 재정립, 재수립되었다. 나에 의해서 실증된 이 독특한 체험을 기회 있는 대로 이 체험이 없는 후기들에게도 알게 하는 데 주저하지 않고 적극 참여하겠다.
　지금 이 시대의 이 인류는 생명력과 창조력이 없는 허구와 위선의 거짓 문화와 학문과 신앙의 늪에 빠져 있는데 이처럼 참다운 행동철학과 심리분석의 대가이신 홍민성 관장님을 세워 주신 주님께 충심으로 감사 기도를 드린다. 뿐만 아니라 나에게 이 존경과 사모심을 갖게 해주신 홍민성 관장님의 사업에 참여하여 공동전선을 구축하고 세계사적인 대사역을 이룩하길 갈망한다. 그리하여 혼탁한 잡류 속에 허우적거리며 일보의 진전도 못하고 있는 인류 앞에 참다운 행동의지의 차원을 알 수 있도록 최선을 다하겠다.
　솔직히 말해 나는 30여 년 간의 신앙생활과 15여 년의 목회생활에서 풀지 못했던 문제가 풀리고 크게 바뀌었음은 물론 확신에 확신을 얻었다.
　꽉 짜여진 강력한 행동 일정 속에서 구체적인 앞날의 계획을 그릴 시간이 없다고 하나 나는 행동 수련 속에서 결심된 바가 있다.
　첫째, 나는 계속해서 행동의지의 신적 입장을 견지, 발전시키는데 부지런한 노력을 경주하겠으며 나의 세계 전체에서 나와 만나지는 모든 인간, 사건, 환경이 변화될 것으로 확신한다.
　둘째, 나는 홍 관장님의 요청만 계시다면 내 목회 시간을 할애하여 몸으로써 열과 성을 다하여 후기 인류들을 위하여 봉사하겠다.
　셋째, 나는 지금 바로 가서 내 가족과 교인들과 동역자 선·후배를 막론하고 청소년, 학생 및 사회 지도자 등등 모든 권면할 수 있는 이들에게 슈퍼맨수련의 중요성을 강조하여 저들도 사는 길을 열어 주겠다.
　끝으로, 기독 신자들은 슈퍼맨수련 과정에서 가끔 부딪히고 갈등되는 점도 없지 않다. 어떤 흐름의 내용에서는 반대되는 점까지도 있다. 이런 점에 대한 나의 의지적 견해는 이렇다. 나와 같은 내용이라면 흥미도 없다. 내가 모르는 것도 있고 다른 것이 있어야 나에게 발전성이 있다고 본다. 나에게만 맞추는 내용이라면 수직관계의 예속으로써 무슨 발전이 있겠는가?

나는 이번 수련에서 너무나 큰 성과를 얻었다. 참으로 잘 된 일이다. 홍 관장님은 신앙인이 아니시지만 신앙인의 정도, 신앙의 진정한 차원을 알고 터득하신 분이라고 확신한다. 이 점에서 관장님은 내 일생에서 김기동 목사를 만나고 난 후 최대의 행복하고 보람찬 경험을 가지게 해주신 스승이시다.

이 지구촌을 나의 일터로 삼아 비상할 수 있도록 내 의지의 문을 열어 준 국제슈퍼맨수련관을 진정 사랑하며 이 슈퍼맨수련이 전세계의 전인류에게 다 전해질 때까지 물심양면으로 동참하는 것에 충실하겠다.

3) 여 스님   이현선(32세)

새롭게 태어난다는 이곳에 호기심이 아닌 커다란 목적을 가지고 임하였다. 나는 평소 심장도 약하였고 늑막염까지 앓고 있는 건강이 아주 좋지 않은 상태였지만 3박 4일간 몸만 맡기라는 홍 관장님 말씀대로 나는 몸을 맡겼다. 사고의 노예였던 내 몸을 맡긴 결과는 기대 이상의 커다란 기쁨으로 나타났다. 기쁨을 확인하는 순간부터 몸을 아끼지 않으려고 열심히 했다. 목구멍에서는 나도 모르는 사이에 인간 폐부를 움직이는 우렁찬 소리가 나오기 시작했다. 만신창이 같던 내 몸 건강이 하루에 20시간씩 강력한 행동수련을 받는데도 아무런 지장이 없다는 사실이 도저히 믿을 수 없었다. 그러나 사실인 것을 어이하랴!

수련을 끝낸 나는 새로운 희망에 넘쳐 있다. 이제까지는 생각만 하느라고 나의 생활과 건강이 말이 아니었었는데 이제는 무엇을 두려워하랴! 심지어 돌다리 앞에서도 생각만 하느라고 건너지 못했던 내 사고가 여지없이 파괴되었다.
관장님과 교관님들께 감사드린다.

4) 여 교사   이종련(41세 일본 거주) 대졸

국제슈퍼맨수련관이란 무엇일까?
 일본에서 책을 보고 수련받기 위해 일정을 맞추어 한국에 왔습니다. 관장님의 강의는 내 생애에서 한 번도 들어 보지 못한 감동된 강의였습니다. 처음부터 끝까지 신적 차원에서 창조와 개발 수련이었습니다. '내가 평생 정말 듣고 싶었고 배우고 싶었던 것들이 국제슈퍼맨수련관에 있었구나!' 하는 만족감이 시간 시간마다 행복에 젖게 해주었습니다.
 평생 건강에 대해서는 일본에서 갖가지 방법을 경험하고도 좋은 방법을 찾지 못했었는데 이곳에서 찾게 된 것은 어떤 보배보다도 큰 보배가 되었습니다.
 저는 이 좋은 수련관에 나뿐 아니라 모든 인류가 다 찾아와서 수련을 받아 주기를 빕니다. 슈퍼맨수련을 행동으로 받기 전에는 이 세상 그 누구도 진가를 알 수 없습니다. 마지막 수련 과정이 끝나는 것이 너무나도 안타깝습니다. 저는 일본에 가더라도 국제슈퍼맨수련관을 잊을 수가 없게 되었습니다. 나 자신이 너무나도 크게 성공했기 때문입니다.
 저는 교육자로서 가정 주부로서 슈퍼맨수련이 얼마나 좋은 수련이었나 생각하면 할수록 가슴이 벅차 오릅니다. 제가 믿고 찾아와서 '이 수련관이라면 내 몸을 맡겨도 괜찮겠구나' 했던 생각대로만 된 것이 아니고 훨씬 그 이상을 얻어 가기에 관장님의 광고만은 어느 누구에게도 진실이라고 말씀드릴 수 있습니다.
 조국이 국제슈퍼맨수련관을 통해 이 세계를 향해 더욱더 뻗어 나가기를 빕니다.

5) 대학 교수   김성희(39세 女 천주교) 대졸

처음 온 날부터 '과연 변화될까? 혹시나……' 하면서 의심을 했는데 기적과 같은 사건은 행동한 결과로 일어났다. 그리고 기적이 아닌 걸 어쩌랴! 이곳에 온 남녀노소를 불문코 누구나가 재탄생된 기쁨을 만끽하였으니 어쩌랴!

새벽부터 밤 12시까지 몸소 진두 지휘를 하시는 홍 관장님의 강력한 수련은 나를 새로 태어나게 하였다. 내가 이렇게 소감문을 써도 믿지 않을지 모르겠으나 이건 엄연한 사실임을 어쩌랴! 내 속에 존재하고 있던 모든 아집들이 박살이 나서 나를 통쾌하게 했다.

이곳에 온 지 이틀 만에 나는 동작으로써 온몸이 훨훨 날을 것 같은 뜨거운 그 무엇을 체험했다. (정말 큰 재주가 없어 표현할 수 없는 것이 한스럽다.) 왠지 눈물이 마구 쏟아졌다. 환희의 눈물이었다. 그리고 나서 힘이 용솟음치는 것을 어쩌랴! 사람이면 누구나 슈퍼맨수련으로 안 될 것이 없다.

나는 홍 관장님의 저서 《강(强)》을 본 후에 수련에 꼭 참석해야겠다고 확정하고 남편과 아이들 몰래 이곳에 왔는데 이제는 집에 갈 일이 조금도 걱정 안 되는 게 신기하다. 그건 이곳에 와서 너무나 많은 것을 가지고 가기 때문이리라. 비록 여자이지만 가르치는 입장으로, 아내의 입장으로, 어머니의 입장으로 또 국가 사회를 책임진 국민의 한 사람인 입장으로 일평생 내가 할 일이 너무나도 많다.

이 나라 여성들이여! 밥만 짓고 빨래만 하는 것이 여자인가요? 또 그렇게 하라는 법이 어디 있나요? 집안 살림을 하지 말라는 것이 아니다. 사회와 국가가 더욱더 발전하려면 능력 있는 여자이건 능력 없는 여자이건 모두 다 밖으로 나와 사회와 국가를 책임져야 한다.

슈퍼맨수련은 이 세상의 어떠한 교육기관이나 공공단체나 직장

단체들의 훈련 따위와는 비교가 될 수 없다. 우리나라 국민 모두가 이 수련을 믿거나 말거나 받기만 한다면, 오래 걸리지 않아 세계를 지배할 수 있다고 단언한다.
끝으로 관장님과 교관님들께 심심한 감사를 드린다.
슈퍼우먼 김성희.

6) ○○협동조합 상무   정용봉(40세 천주교) 대졸

먼저 홍 관장님께 진심으로 사의를 표합니다.
처음에는 '어떤 교육일까?' 하고 걱정했는데 막상 교육을 받으면서 보니 현대 인류에게 너무나도 유효적절한 교육이어서 시간 시간이 아쉽고 시간 가는 것도 그렇게 아까울 수가 없었습니다.
시간을 다시 내서라도 부부 동반하여 또 한번 교육에 임하고자 합니다. 그리고 직장의 책임자로서 직원들에게 좋은 교육 결과를 전달하는 계기가 되어 더욱 기쁩니다. 아무쪼록 피교육자 부담으로 교육을 받기 때문에 상당수는 경제적으로 어려움도 있겠지만 교육을 받아 보면 파격적으로 도움이 된다는 것을 알게 되며, 가능하다면 직장 단위로 교육을 받을 수 있는 기회가 주어지면 대단히 좋으리라고 생각합니다.
예를 들면, 농·수산 계통에서는 충청도에 있는 '복지 농원'이나 경기도에 있는 '가나안 농군학교'에서 농·수산 계통 산하 종사자 대부분이 한번쯤 교육 받는 계기가 주어지는데 그런 곳의 교육에 비하면 몇 갑절 좋은 교육이라고 믿어 의심지 않으며, 가능하다면 전국민은 물론 전 기관·단체에서 의무적으로 교육 받을 수 있는 기회가 주어졌으면 하는 마음 간절합니다.

7) 전자회사 과장   최충현(40세) 대졸

여름 휴가를 이용하여 오고 싶은 SUPERMAN교육을 유감없이

받고 말았다. 누가 무어라도, 누가 지껄이더라도 나는 정신적・육체
적・심리적으로 완전히 정복하여 버렸다.

강인한 체력을 밑받침하여 주는 자동단전복식호흡대를 합숙 훈련
을 통해서 뼈저리게 느끼고 감사하는 마음을 여러 번 자신의 행동
을 통하여 보여주었다. 땀과 노력과 훈련을 통하여 반드시 깨우칠
수 있는 것이 SUPERMAN교육이라고 강조하고 싶다. 일반 교육
이 아닌 정신적 훈련과 체험의 훈련이 복합되어, 즉 의지와 행동으
로, 직접 말과 표현으로 원하고자 하는 모든 것들이 순간적으로 해
결하여 주고 만다.

수련 훈련 들어오기 전에만 해도 세상에서 내가 모두 하는 일에
는 잘 된다고 생각한 것이 바로 사고이었다는 것을 금방 깨닫고 바
로 행동으로 사고를 타파하고 퇴소할 때까지 맹훈련을 했다. 남보
다 더 소리를 지르고 더 움직이고 더 땀을 흘리니 이제야 홍 관장님
의 말씀이 진리임을 어느 누구에게도 자신있게 말할 수 있고 내 자
신도 지금은 밝은 세상으로 다시 눈을 뜨게 되어 이 기쁨 무어라 말
로 표현을 할 수가 없다. 앞으로 해야 할 일들이 산더미처럼 있지만
강력한 체력과 강인한 의지로 모든 것을 하나하나 타파할 수 있다
고 자신있게 말할 수 있다. 3박 4일 간의 수련이 나의 커다란 보배
요 커다란 발전이다.

끝으로 스페인으로 주재원 발령을 받아 5년 간 해외생활을 하게
되는데 나의 wife와 수련을 마쳤기 때문에 함께 커다란 행복과 우리
나라의 행동을 확실히 보여줄 것입니다. 감사합니다.

8) H전자 부장   이동선(44세 기독교) 대졸

직장에서 지위가 올라가면 갈수록 또 자기 발전을 위해 끊임없이
노력하려면 남보다 더 열심히 일하고 긍정적이면서도 적극적이며
도전적인 자세로 매사에 전력 투구하지 않으면 직위 유지와 대우는
어림없다. 아울러 건강 역시 강인하지 않으면 아무 소용 없다. 나는

이와 같은 모든 것을 한꺼번에 갖추기 위해서 슈퍼맨수련이 필요함을 확신했다.

등록을 하는 것과 안하는 것은 종이 한 장의 차이이다. 호텔에서 수련이 시작되자마자 나는 그 종이 한 장 차이가 엄청난 차이라는 것을 곧 발견하였다.

우리 선조들에게서 말로만 듣던 단전호흡 도장에서 하루에 몇 시간씩, 몇 년, 몇십 년씩 해도 어렵고 안 되던 단전호흡이 홍 관장님의 기막힌 최신 호흡대의 도움으로 즉시 습관화되는 사실에 다만 놀라울 뿐이다. 이러한 간단한 방법으로 단전호흡의 정수를 익히고 일생을 건강하게 살 수 있다는 것이 얼마나 감사한지 모르겠다. 아직도 이런 사실을 모르는 수많은 엉터리 도장에서 단전호흡을 익히느라고 시간 낭비하는 모든 사람들에게도 이런 기회가 빨리 주어졌으면 하는 마음 간절하다.

더욱더 놀라운 것은 미국에서 오랫동안 생활하면서 100m도 뛰어보지 않았던 내가 수련 첫날 엄청난 구보를 하고도 호흡 하나 가쁘지 않았다는 사실은 이 자동단전호흡의 비결이 얼마나 위대한가를 단적으로 웅변해 주었던 것이다.

또 더욱 놀라운 것은 세계 최초 슈퍼맨수련을 통하여 사고가 얼마나 우리 인류와 자기를 망치고 있으며 불필요하고 쓸데없는 것인 줄 확인했다. 보다 더 강하게 모든 범사를 의지의 행동으로 강력하게 추진할 때 머리는 싫증과 스트레스와 두통이 없게 된다는 사실도 체험했다.

과연 세계 최초로 지금까지의 세상 모든 현상을 초월하는 획기적인 현상이었다. 내가 끝으로 말하고 싶은 것은 단 한 가지, '홍 관장님과 만난 것은 일생에서 가장 큰 사건이었다'라는 것이다.

9) 고려당 사장　　박강석(56세 천주교) 대졸

3박 4일 간의 슈퍼맨 합숙수련이 아쉬움 속에서 끝나고 있다. 이 많은 창조성 발휘와 이 많은 배움을 어떻게 다 수용하나? 하도 많은 홍 관장님의 강력한 강의 내용과 수련을 몇 장의 지면에 표현한다니 이건 실로 말도 안 된다.

지금까지 50 평생을 넘도록 산전수전을 다 겪으며 살아온 내가 이 세상 어디에서나 항상 내 주위에서 맴돌던 모든 것들에 대해 알 듯 말 듯하면서도 깨우치지 못했었는데 홍 관장님의 분석심리 명강의에 의해서 새로운 진리로 깨우쳐지는 것은 이 어인 일인가? 지금까지는 감히 진리일 수 없던 수많은 것들이 진리이고 보면 과연 내가 신이라는 주장이 너무나도 당연한 것이라고 인정할 수밖에 없다.

내 나이에 인간이 새삼 위대하다고 느껴지는 것은 지금까지의 무지에서 새로 깨어났기 때문이다. 3박 4일 간의 슈퍼맨 합숙수련 생활에서 이토록 많은 것을 홍 관장님으로부터 받았으며, 이러한 기회를 주시기 위해 홍 관장님께서는 얼마나 많은 것을 연구하였으며 얼마나 많이 강의에 임하셨을까?

우리 민족과 현대 인류를 위해 이 거대한 업적은 현재보다도 후세에 크게 평가되리라 믿는다. 참으로 3박 4일이 너무나도 짧다는 것을 뒤로 하며 아쉬운 작별의 시간이 너무나도 섭섭하기만 하다.

10) 사업가   한용수(38세 천주교)

너무나 좋아졌다. 아니 획기적이었다. 너무나 좋아서 기적 같기만 하다. 이곳에 오기 전 많은 어려움이 겹쳐서 나 혼자만으로서의 해결은 절망이었다. 인생이 꼭 파탄된 것 같은 고립과 외로움에 떨면서 혼자서 문제를 해결하기 위해 분투 노력하다가 《동(動)》을 발견했다. 나는 《동(動)》을 읽고 또 읽었다. 《동(動)》은 나에게 행운과 재생의 길을 열어 줄 것 같아 손때가 묻도록 읽었다.

3박 4일의 수련이 끝나 가는 지금 너무나도 많은 감동과 느낌과 변화를 말과 글로써는 나타낼 수가 없다. 38년 간의 나의 고질적이었던 모든 문제가 불과 3박 4일 만에 획기적으로 파괴되었다는 것은 나 자신도 도저히 이해할 수 없을 정도다.

나 같은 인간이 홍 관장님을 존경하고 싶어졌다. 그리고 또 한없이 한없이 좋아하고 싶다. 참으로 위대하신 나의 스승이시며 구원자이기도 하신 분인 홍 관장님에게 오늘날 우리 한국 사람 모두가 슈퍼맨교육을 받아서 평생 동안 정신적 문제, 심리적인 문제, 건강문제, 인생문제와 신앙적 갈등을 갖지 않고 힘차고 아름다운 인생으로서 세계 속의 한국으로 비약하였으면 좋겠다.

일찍 홍 관장님을 만나지 못했던 것이 참으로 아쉽다. 그러나 지금이라도 문제 해결로 성공하였음은 내 인생에서 행운이었다.

끝으로 무한한 감사와 감사에 존경을 자꾸만 드리고 싶다. 너무나 큰 은혜에 또 한번 감사드린다.

11) L재벌 방송부 부장   김기학(43세) 대졸

나의 직업과 직책상 어떤 과감한 개선점이 없을까 하던 차 신문광고를 보고 국제슈퍼맨수련관 3박 4일 합숙수련에 '설마!' 하는 마음으로 투자를 하여 참가하게 되었다.

이틀째부터 믿어지지 않을 만큼 행동까지 변화되기 시작했다. 강력한 자동단전호흡에 목이 터져라 외치는 행동을 하자 온몸이 불덩어리같이 달아오르는 느낌과 함께 오는 그 희열, 경험하지 않은 자는 도저히 이해하지 못하고 오히려 본인을 욕할 것이라고 생각한다.

수면 시간 3시간에 교육 시간은 하루 20시간이란 내용의 안내문을 검토할 때, '과연 수련할 수 있을까?' 하고 의심하는 마음으로 참가하였다. 그 결과 놀라울 정도로 피로감, 괴로움, 육체적 고통 등을 힘들이지 않고 이겨 낼 수 있게 되었으니 그 무엇으로 보답하랴!

가정과 직장과 사회 어디에서건 자신감이나 행동력이 없는 사람도 슈퍼맨수련 후에는 명동 한가운데에서라도 자신있게 외칠 수 있고 행동할 수 있는 능력을 소유한다는 것을 확인했다.

아울러 관장님의 차원 높은 강력한 강의는 초인간적 차원으로서 욕심 같아서는 온 사회인들과 학생들이 슈퍼맨수련 과정을 거쳐 하루빨리 밝은 사회, 세계 지향적 대한민국이 되었으면 하는 마음 간절하다.

직장의 부하들과 아이들에게도 강력하게 권장하겠다. 차기에 대대적인 행사나 사료로써 필요한 내용들은 사진과 비디오로 제작하고 싶은 마음이다.

육체의 건강과 성격 창조는 물론 인생의 전반적인 문제 해결책이 이 짧은 기간에 가슴에 콱 오는 느낌을 안고 수료하게 되어 감사드린다.

12) 고교 교사   정선희(30세 女) 대졸

나는 국제슈퍼맨수련관에 참으로 잘 들어왔다고 생각한다. 국제슈퍼맨수련관이 아니고는 이 세상 어디에서 받을 수도 들어 볼 수도 없는 홍 관장님의 수련과 강의에 나의 몸과 마음은 흠뻑 빠져들었다. 우선 가장 큰 변화로 내 건강을 획기적으로 변화시켜 준 최신 단전호흡대는 정말 신비스럽기까지 했다.

의지가 약하고 결단력이 부족했던 나의 성격은 불과 3박 4일 만에 상상하지도 못할 만큼 크게 변했다. 죽어도 바뀌지 않을 것 같던 내가 이렇게 빨리 변하다니······. 홍 관장님은 정말로 슈퍼맨이시다. 《동(動)》과 《강(强)》을 다 읽었지만 처음부터 끝까지 저항감이 느껴지지 않았던 것도 참으로 희한했었다.

나의 인생에서 대사건은 홍 관장님을 만남으로 시작됐다. 이렇게 새로운 차원의 강의와 수련으로 강력한 희열감과 가슴 뿌듯함이 넘치고 있다. 왜냐하면, 지금부터 내 인생이 다시 시작되기 때문이다. 나만이 아니라 모든 수련생들도 나와 같은 현상임을 확인했음에 정말 슈퍼맨수련은 세상 모든 인류에게도 혁명으로 받아들여질 수 있으리란 생각이다.

13) 중학교 교사   박영숙(32세 女 대순진리회) 대졸

나는 우선 나와 남동생을 국제슈퍼맨수련관에 오게 해준 가족들에게 감사를 드린다. 나는 그동안 너무나 체면에 얽매여 살아왔다. 이번에 슈퍼맨수련으로 내 인생에서 가장 커다란 소득을 얻었다. 그것은 내가 가르치는 수많은 학생들과 이웃과 국가와 국민을 위해 어떻게 봉사해야 하는지 체득했기 때문이다. 특히, 내가 가르치는 학생들에게 즉시 활용할 수 있게 되어 무척 기쁘다. 나는 교사로서 목소리가 작은 것이 항상 학생들에게 미안했었는데 불과 3박 4일 만에 내 목소리가 하늘을 쩡쩡 울리게 되었다.

나는 지금까지 학생들의 발표력 신장은 아랑곳하지 않고(사실은 귀찮아서) 지식만 불어넣어 주려던 나의 사고가 얼마나 큰 모순이었던가를 알게 되었다. 아마 현 사회의 교사들이 지식의 노예가 되어 있기 때문에 학생들로부터 존경을 받지 못하는가 보다.

평생 건강까지 보장받은 이 몸으로 오직 이 나라의 내 학생들을 위해서 그 무엇도 주저하지 않겠다.

나는 처음에 국제슈퍼맨수련관이 어떤 곳인 줄도 모르고 나에게 억지로 이곳에 가라고 하시는 어머님을 원망까지 했었다. 나를 억지로 보내신 것은 종교가 다르다는 이유 때문이기도 했다. 수련 결과가 이렇게 엄청날 줄을 백 분의 일만 미리 알았더라면 자청해서라도 들어왔을 것이다.

슈퍼맨수련을 받음으로써 나는 물론이고 우리 인류가 신앙을 어떻게 가져야 하는지를 분명히 알게 됐다. 내 마음이 곧 하나님, 즉 神이다. 이 말을 듣는 수직관계에 예속되어 있는 현대 인류는 거의 다 놀랄 것이고 나아가 미친 사람이라고 할 것이다. 그러나 이런 판단을 하는 사람들은 극히 잘못되어진 현대문명의 희생자일 뿐이다. 그들은 현 세상적 차원을 초월하는 슈퍼맨수련을 받을 필요가 있다. 그래서 그들도 새로운 차원으로 지식과 함께 의지와 건강이 발전해야 한다.

너무나 많은 무형체에 시달렸던 나를 교육이나 신앙이나 사회는 지금까지도 깨우쳐 주지 못했었다. 또 깨우쳐 줄 수가 없다. 그런데 나는 바로 이 수련관에서 내가 바로 어떠한 존재라는 것을 분명히 알았고 앞으로 어떻게 행동해야 할 것인지 몸으로 알게 되었으며, 또 이 세상에서 유형체로 생활하는 한 평생 동안 강건하게 살아갈 수 있는 건강까지 보장받았다.

아직도 자기를 스스로 불완전하다고 자책하며 사는 자들이 있다면, 정말 그렇게 멍청하게 살겠다면 슈퍼맨수련을 받아 보라. 사고와 행동의 결과 차이가 어떤 것인가는 현대교육을 받은 당신들 머리로는 알 수 없다.

정말 홍 관장님께 무한한 감사를 드린다.

14) 상업   박희택(30세) 고졸

이것이 분명 감동이라는 것일까? 아니, 충격일 거야. 아니 쇼크다.

직장에서 하루 14시간 근무가 너무나 바쁘고 짜증스럽고 피로가 겹쳐 우울하고 괴로웠었는데 《동(動)》 책을 보면서 하루가 얼마나 보람 있고 일이 잘 됐던지, 일을 하면서도 《동(動)》 책을 가지고 다니면서 읽었고, 심지어 거래처, 화장실, 식당 할 것 없이 어느 곳에나 《동(動)》 책을 가지고 다녔었다. 오직 내가 바라고 해야 할 그런 행동들 전부가 나 하나만을 위해서 만들어진 책인 것 같았다. 나는 책을 몇 번 읽고 또 읽었다.

합숙수련 날짜가 되자 직장 일, 사회 일 생각지 않고 접수시켰다. 그리고 이 사실을 직장의 상사들과 형과 친구들과 동생에게 알렸을 때, "나이 30이나 되는 놈이 무슨 인생 공부를 하러 가냐?"는 등 주위로부터 지독한 욕을 배가 부르도록 먹었다. 허나, 하늘이 무너지는 한이 있더라도 슈퍼맨수련만은 받기 위해 고집을 앞세워 만사를 다 접어두고 여기에 온 것이 얼마나 잘한 일인지 모르겠다. 이 기쁘고 뿌듯한 마음, 이 감동, 이 감출 수 없는 희열, 얼마나 값진 4일 간이었는지 체험하지 않은 사람은 죽었다 깨어나도 모를 것이다. 나의 인생에 있어서 금맥을 찾은 것이다. 만일 내가 이곳에 오지 않았더라면 냉정하고 정이 없는 현 사회 속에 항상 속으면서 당하고 또 배신당하면서도 말 한마디 못하고 뒤돌아서서 울분만 터뜨리는 인생이 될 뻔했으니 생각만 해도 현기증이 일어난다.

나는 3박 4일 만에 목이 쉬었고 발바닥도 아프지만 이런 거 따위는 내가 발전하고 얻은 것에 비하면 1천만 분의 1도 문제가 아니었다. 분에 넘치는 너무너무 많은 것을 짊어지고 나간다.

식사 시간 때마다 나는 나의 눈물이 떨어진 국을 서너 번 먹었다. 관장님께서, "이 새끼야, 웬 말이 많나!" 하고 진노하실 것 같아 행동 없는 말은 더 이상 않겠다.

홍민성 관장님과 교관님들께 무한한 감사를 드리며 건투를 빕니다.

15) 종합무술체육관 사범   강무경(33세) 고졸

천지개벽이란 이런 것을 두고 한 말이구나! 행동에 의하여 확인된 명확한 이 사실을 결코 인간의 글과 언어로서는 다 표현할 수 없음을 확인한다. 30여 년이라는 무수한 세월을 수많은 서적과 학술과 무술을 통해도 해결하지 못하고 쌓이기만 했던 장막이 불과 4일 만에 먹구름이 걷히듯이 일시에 흔적도 없이 소멸되어 버렸다.

나는 이제 과거의 강무경이가 아니다. 아무런 실적도 없는 막연한 존재자가 아니고 신의 대행자로서 국제무대로 진출하여 인류의 사상과 철학과 모든 것에 나의 행동의지로서 능력과 행복과 행동 창조력이 그들의 원천이 될 수 있도록 확인시켜 주겠다.
 평생 건강 자동단전호흡대의 착용으로 지칠 줄 모르는 건강인이 되었기에 이 목숨 다하는 날까지 지구가 없어지지 않는 한 나의 행동은 식지 않을 것이다. 인간은 평생에 두 번 운다는 말을 들었는데 나는 세 번 울었다. 이 벅찬 감격과 뜨거운 창조의지의 자신감은 태산을 넘고 강과 바다를 건너고도 줄기차게 용솟음칠 것이다.
 끝으로 휴지 조각만도 못한 나의 의지를 산산이 파괴하고 재창조해 주신 홍민성 관장님께 신의 가호가 있기를 빕니다. 더 많은 봉사의 기회가 주어지기를 아울러 바랍니다.

16) 주부   김재순(40세 원불교) 고졸

우선 관장님께 감사드립니다.
 내가 이 수련에 오게 된 동기는 남편의 강요에 못 이겨 남편과 나와 아들이 같이 와서 받게 되었다. 남편에게 억지로 이끌려 왔기 때문인지 첫날은 후회스러웠다. 그런데 이틀째부터는 무엇이라 형용키 어려운 환희를 느끼며 '참으로 잘 왔구나!' 하는 자부심을 갖게 됐다. 아울러 인간이라면 남녀노소와 직업과 지위에 관계 없이 누구에게나 필요한 훈련이었다.
 이제 5학년인 아들이 의외로 수련에 불평이나 낙오 없이 전과정을 이겨 내는 데는 놀라지 않을 수 없었다. 어리광이 많았던 막내아들이라 조금이라도 도와주려 접근하면 안타까워했던 부모 마음이 서운하리만치 싫다고 거부했다. 다행히 복 많은 우리 막내는 이처럼 어려서 입소하였기에 참으로 잘 됐다. 성인들과의 관계나 표현력까지도 엄마인 내가 놀랄 만큼 뛰어나게 좋아진 데는 하늘이 준 복이라고 생각한다.
 처음에는 아무것도 아니라고 우습게 여기며 착용했던 자동단전호흡대였지만 수련을 받고 나니 그 결과의 위력에는 놀라움을 금치 못했다. 이제는 학업에도 자신만만하리라.

　돌아가면 주위의 어느 누구에게나 꼭 필요한 필수 훈련임을 강조하고 권해야겠다. 고등학교에 다니는 딸아이와 중학교에 다니는 큰아들을 데리고 다시 참석해야겠다.

　혹시 이 글이 지면에 소개된다면 자녀를 가진 모든 부모들에게 강조하고 싶다. 공부하는 학생들에게는 필수적인 수련으로서 이 슈퍼맨수련을 정기적으로 이수케 하면 그 아이의 인생은 모든 면으로 보장되어 성인이 되어서도 이 사회의 커다란 재목이 될 수 있다고 확신한다.

17) 주부　　남경숙(59세) 대졸

　나는 슈퍼맨수련을 받은 아들의 권유에 못 이겨 수련에 참여했다. 이곳에 오기 전날 수련관에 가면 대단한 일을 경험할 것이라는 아들의 전화를 받으면서도 무슨 일이 일어날 것인지는 감히 짐작도 못했다. 그런데 지금까지 내 생전에 처음으로 신나는 일이었다. 힘들기는 했지만 온몸과 옷에 땀이 흠뻑 젖었을 때의 성취감과 상쾌함은 정말 표현할 방법이 없다.

　사람으로서 행동하는 것같이 좋은 일은 없다. 행동이 없는 사람은 죽은 사람이나 다를 바가 없다. 행동을 안하는 사람은 죽어야 한다. 나는 이제 자신있게 행동한다. 구르는 돌에는 절대로 이끼가 끼지 않고 흐르는 물은 절대로 썩지 않는다.

　이 세상은 한없이 아름답다. 이 아름다운 세상에서 아주 좋은 나 자신이라는 친구와 함께 이 세상에 봉사할 수 있다는 것은 한없이 한없이 기쁜 일이고 또 얼마나 즐거운 일이냐! 내가 살고 있는 지구를 발 밑에 매달고 힘차고도 자신있게 행동할 수 있는 자신감이 몸 속에서 용솟음친다.

　이곳에 나를 인도한 아들이 너무나 고맙다. 본 슈퍼맨 수련관에서 나를 이와 같이 재창조해 주신 홍 관장님께 진심으로 감사의 말씀을 드립니다. 자녀들 모두를 수련받게 하겠으며 이 세상에 태어난 것을 또 한번 기쁘게 생각한다.

18) 중학생　　이정재(17세 천주교)

처음 이곳의 얘기를 아버지께 들을 때 강하고 그리고 자신이 고통스럽다고 할 정도의 훈련으로 생각했었다. 잠을 하루에 4시간씩만 잔다고, 나같이 잠이 많은 아이에겐 불가능했다. 그러나 단체생활은 날 긴장하게 해서 4시간 자도 버틸 수 있었다. 물론 단전호흡대의 도움도 있었겠지만, 3일을 버티고 나니 집에서도 하루 20시간 활동이 가능하다고 생각됐다.

의문 속에서 시작됐던 훈련은 고작 4일이지만 내가 하루하루 발전한다는 것을 느낄 수 있었다. 자신감과 통솔력이 생겨서 사회, 아니 외국에 나가서까지 떳떳하게 자신감 있게 혼자서도 충분히 지낼 수 있다고 생각했다. 단전호흡대, 이것은 분명히 굉장한 것임에 틀림 없다. 새벽 조깅 시간에 그것을 몸으로 확실히 느꼈다. 아주 먼 거리를 아침 운동 겸 해서 뛰었다. 사실 모두 뛰기 전에 거리가 얼마나 되는지 알 수 없었지만 뛰고 난 뒤 거리를 알은 나는 놀랐었다. 여기서 또 한번 자신을 의식하면 안 되는 일도 의지로써 하니 충분히 할 수 있었다. 아침 조깅, 특히 표출 그리고 식사 따위는 사람들을 더욱더 친숙하게 만들었고 단체 정신도 길렀다. 어른과 아이 할 것 없이 모두 친숙하게 되니 더욱더 좋았다.

이곳에서의 3박 4일은 내 생애에 있어 매우 중요한 영향을 끼쳤다. 의지력·통솔력 등 모든 일에 자신감이 생겼고 그래서 그런지 공부에는 물론이고 커서 사회생활을 할 때에도 많은 도움이 될 것이라고 느꼈다.

19) 해병 보좌관   장태훈(47세 기독교) 대졸

 지구상에서 유일무이한 국제슈퍼맨수련관에 수련을 받게 된 것이 일생 일대에 새로운 전기를 맞은 것이다. 6～7년 전에《동(動)》이란 책을 보고 매우 감명을 받았다. 의심도 가지고 왔었는데 실제로 체득해 보니 이해가 가고 수긍이 간다. 앞으로 여기에서 체험한 슈퍼맨으로서 내 가정, 내 이웃, 내 사회, 내 국가 그리고 인류를 위해서 열심히 일할 작정이다. 기회가 닿으면 처자식들까지도 수련시키고 싶은 심정이다.
 그간의 열성적이고 봉사적인 관장님의 강의와 뒷바라지한 교관 여러분들의 노고에 감사드린다.

20) D식품회사 사장   김광연(45세 원불교) 고졸

 《동(動)》이라는 책을 사서 읽게 되었다. 사업을 하다 보니 정신적으로 늘 스트레스가 쌓이고 육체적으로는 상당히 나약해졌다. 종교를 갖게 되면서 늘 좌선하고 수양하려 하였으나 오히려 더 초조해지기만 했다. 이런 차에《동(動)》이란 책을 보고 공감은 갔으나 직접 몸으로 성공해야 하겠기에 아내와 13살짜리 아들과 함께 입관했다.
 평소에 조금만 활동해도 피로 때문에 몸을 가눌 수가 없었는데 하루 20시간씩이나 정신적·육체적 강수련을 받으면서도 조금도 피로하지 않았다. 별것 아닐 것이라고 생각했던 최신 자동단전호흡대의 위력을 새삼 실감했다.
 더욱 놀란 것은 살찐 사람은 살이 빠지고 마른 사람은 살이 찌는 수련이라고 들었지만 나같이 마른 사람의 체중이 늘어난 현실 앞에서는 놀라지 않을 수 없었다. 저울에 올라설 때 틀림없이 몸무게가 줄어 있으려니 생각했던 내 판단과는 정반대였다. 아울러 살찐 사람들 몇 분들은 몇 kg씩 체중이 줄어든 사실도 확인할 수 있었다. 최신 호흡대 덕분인가 생각한다.
 몸이 날을 것처럼 가볍고 상쾌하다. 스트레스와 함께 괴로웠던 두통이나 목 뒤의 뻐근함 등등 일체의 성인병이 말끔히 사라졌다. 이 짧은 3박 4일 간의 수련을 체험하지 않은 사람은 도저히 이해하지 못하리라. 우리 국민들은 하루빨리 이 슈퍼맨수련을 받아서 평생 건강하고 평생 동안 자신감 넘치는 강력한 국민이 되어야 한다고 생각한다.
 끝으로 이렇게 획기적인 슈퍼맨수련 방법을 세계 최초로 창조하여 직접 지도해 주신 관장님께 진심으로 감사드린다. 이 국가와 세계 인류를 위하여 날로 부패되어 가는 그들을 위하여 등불이 되어 주실 것을 바란다.

21) 대학생   장성진(20세)

 슈퍼맨수련……. 이것은 결코 무엇인가 가득 찬 능력을 전수받은 것과 같은 차원이 아니다. 수련관에 오기 전 수많은 사람들의 생각이 너무도 급격히 변했음을 보고 들은 이후 꼭 이러할 것이라 생각하기도 했다. 그러나 관장님의 능력을 우리에게 불어넣어 주는 식일 것이라는 생각은 참으로 헛된 것이었다. 자신에게 엄연히 주어져 있는 능력을 발휘하는 기회가 될 뿐이다.
 첫째날, 둘째날……. 계속해서 그야말로 하루 20시간씩 끊임없이 이어지는 수련과 행동 과정들을 통해 결국 내가 깨달은 바는 자신 안에 신적 능력이 엄연히 주어져 있다는 사실이다. 관장님은 이것을 교육이니 하는 차원을 벗어나 자신이 직접 자신의 강함을 행동으로, 몸으로 체험시키는 과정이라 하셨다. 바로 이것이다. 내가 쉽게 다 해냈구나……. 사고는 강력한 행동 앞에서는 참으로 꼼짝 못한다. 이러한 평범하면서도 엄청난 진리를 깨닫기까지는 희망과 정열로 다가오는 나의 삶에 타인들에의 봉사와 가슴으로 몸으로 부딪혀 가는 자세를 확립하였다. 내가 행복해야, 부자라야, 모두 갖추어져야 이 민족과 국가를 위해 봉사하고 타인들의 삶에 도움을 줄 수 있다는 생각도 버린다.

수련 과정은 힘들었지만 나 속의 나를 발견했을 때의 기쁨은 무척 컸다. 끝으로 온몸으로 열변을 토하시며 행동으로 나의 능력을 확인시켜 주신 관장님께 무한히 감사드리며 내내 수고해 주신 조교님들께도 대단히 감사드린다.

22) 김선정(28세) 대학원퇴

이제 인간의 길은 명확해졌다. 우주의 주인이자 주체인 나는 불행하고 처참하게 본능과 사고의 노예로서 끝없이 방랑의 길을 헤메는 인류를 구원할 목표가 생겼다. 바로 나를 버림으로써 나 자신을 얻게 되는 진리를 행동으로 체득했다. 인류가 현재 고통을 받고 있는 이유를 알게 되었다. 현재의 교육제도로는 인간 모두를 불행하게 할 뿐이다. 행동이 없는 기형적 지식인을 양산하는 현 제도는 즉시 폐지되어야 한다. 날로 흉폭화되어 가는 세상의 인심 가운데 홀로 구도자의 길을 걷는 홍 관장님의 확신에 찬, 아니 강력한 의지의 행동은 몹시 돋보인다.

자아라는 구렁텅이에서 허덕이며 삶의 노예가 되어 버린 현대인, 이들에게 구원책은 바로 자신이 우주의 주인이자 주체인 神으로서 자아를 행동으로 실천하는 것임을 알게 되었다. 우리 인류가 행복을 향한 미로에서 벗어나는 것은 언제일까? 우리에게 남은 것은 강력한 의지에 의한 강력한 행동뿐이다.

23) 주유소 대표   여봉석(50세 로견용활) 대졸

참 잘 왔다고 확신한다. (돈도 시간도 잘 썼다.)
왜냐? 실제로 참여해서 수련해 봐야 안다.

24) 스님   김석배(50세)

보고 싶을 때 보고 가고 싶을 때 가고, 오고 싶을 때 왔습니다.
이 수련을 통하여 몇 가지 의심스럽고, 의심 때문에 우지좌지했던 사고의 원인과 결과가 확인된 것 같습니다. 자신이라는 위대함과 행동과 의지로서 표현하고 표출하고 발휘하는 것이 자신이라는 것을 확인하고, 확인된 것 같습니다. 사고와 본능에 예속되어 생활화되고 있는 현재를 조명해 볼 때 이번 수련을 통하여 확인된 것 같습니다.
모든 적은 외부에 있는 것이 아니고 내부에 있으며, 내부에 있는 적을 강력하게 물리쳐 내느냐 하는 것, 체험과 경험을 통한 지도자가 아니면 아니 된다고 뜨거운 가슴으로 확인된 것 같습니다. 수련 받은 모든 수련자들이 의지와 행동으로 체험하고 경험하여 모두가 지도자가 되어야겠습니다.
수련을 통하여 확인된 무한한 재산을 전인류에게 봉사해야 할 일들이 너무나 많은 것 같습니다. 그러나 서둘지 않고 그때그때 따라서 격정력의 발산으로 부채를 재산으로 활용한다면 인류에, 많은 생명체에 살아 있다는 영원한 영약으로 봉사하고, 봉사해야겠다는 자신, 자신들이라고 한번 더 확인해 봅니다.
관장님 그리고 교관님들께 한번 더 의지와 행동으로써 환희를 함께하는 것을 확인했습니다. 감사합니다.

25) 사원   김동일(31세 기독교) 대퇴

슈퍼맨수련을 받은 나의 모습은 거울에다 비추면 어떤 모습일까? 거울에 나타난 내 모습은 신이 신을 노려보고 있는 모습일 것이다. 한낱 사고에 구속되어 사탄의 모습을 하고 있었던 4일 전까지의 내 모습과는 비교를 할 수 없을 정도일 것이다. 일 것이다가 아니라 실제로 그렇다. 거울에 비춰 보지 못하는 내 의지 모습이 바로 그 모습이기 때문이다. 지금 가슴 뿌듯이 안고 있는 의지의 굵은 알맹이들이 가슴을 터뜨릴 것 같다.
 말로만 듣고 그렇게 의심 많았던 내 행동이 지금은 부끄럽기까지 하다. 정말 믿을 수 있을까? 아니, 확인해 봐야지 처음 등록을 하러 갔다가 그냥 돌아오고 말았고 또다시 이틀을 고민하다가 다음날 거리를 헤매이면서 슈퍼맨 사무실로 향하고 있었던 내 모습을 내가 발견하고 놀랐던 일, 또한 사무실 몇m 앞에서도 또다시 의심하고 책방에서 책을 펼쳐 들고 의구심을 확신하기 위해 몇 시간을 보냈던 일, 이 모든 입소 전 행동이 새삼 나를 되쳐다보게 한다. 지금의 이 터질 듯한 확신의 행동 표현은 사고가 아님이 분명하다. 그동안 사회생활 속에서 내가 행했던 행동들은 한마디로 미친 짓거리였다고 확인했다.
 '생각을 먼저 하고 행동하자. 말하기 전에 다시 한번 생각하고 행동하자'라는 글귀를 벽에 붙여 놓고 밤낮으로 쳐다봤던 미친 짓거리들이 나를 울분케 한다. 이번 수련에 참가한 나는 한마디로 소감을 쓰라면 '나는 지금 막 태어난 간난 아기처럼 다시 태어난 기분입니다'라고밖에 쓸 수 없을 것 같다.
 홍 장관님의 의지에 찬 말씀의 한마디 한마디를 다 열거하면서 논할 필요도 없이 내 가슴에, 뼛속에 녹아 들어왔다. 이 세상에 육체로서 태어난 지 30년 만에 처음 먹어 보는 '영원의 빵'이며 '영생의 빵'이고 '피와 땀의 빵'이었다. 그동안 수고해 주신 관장님을 비롯해서 교관님들께 진심으로 감사를 표한다.

26) 이평수(29세) 대졸

 군대를 제대하고 나서 조금 남는 시간을 어렵게 마련하고서 이번 기회에 자신감과 패기・박력・강력한 표현력 등을 기르기 위해 이곳 슈퍼맨수련관의 문을 두드렸다. 몇 년 전부터 《강(强)》이라는 책을 읽어서 수련의 이론적인 측면에 대한 인식은 대강 갖추어져 있고 긍정하는 부분이 상당히 많았다. 그러나 책에서도 언급되었듯이 실천해 보지 않은 관념의 허망함은 이제껏 살아오면서 자주 느껴 오던 것이었으므로 수련관을 찾아와 보고 싶었으나 시간과 기회가 여의치 못해 미루던 일을, 일단 들어온 첫날부터 후회했다. 진작에 들어와서 슈퍼맨수련을 받아야 할 것을…… 하고.

피땀을 흘리며 남자 수련생보다도 더욱 꿋꿋이 견디어 내는 여성 수련생들의 뜨거운 눈동자와 두 주먹을 불끈 쥐는 그들의 의욕을 보면서 나도 눈시울 시큰둥하여 감격하지 않을 수 없다. 행동으로 해보지 않은 관념이나 망상·잡념·후회·번민으로 고통스럽기까지도 했던 지난날의 아픔은 추억거리도 되지 않게 되었다. 강력한 표현력과 자신감을 갖게 된 이제, 나가서도 가정과 직장, 사회와 국가를 위해 나의 몸과 마음과 뜨거운 열정을 바치도록 하여야겠다. 끝으로 3박 4일 간 잠시도 쉴 틈 없이 우리 수련생들을 지도하고 이끌어 주신 관장님과 조교 분들의 노력에 진심으로 감사드리고 수련 동기 분들의 앞날의 영광을 기원하고 싶다.

27) 설비업 대표   김성일(43세) 고졸

국제슈퍼맨수련관 입관 전 나름대로 의지력 강화와 발표력을 강화하기 위하여 마인드콘트롤이나 심리훈련원에 다녀 본 경험이 있습니다. 그런데 다녀 보고 훈련을 마쳤는데 실제적으로 사회 생활하면서 적응을 하려고 하니 효과를 보지 못했습니다. 그러나 사회는 혼자만이 살아갈 수 없는 복잡한 현실이고 의지력과 발표력이 얼마나 중요한가를 실감하고 훈련원을 다녀 보아도 효과는 없고, 신문에 보니 국제슈퍼맨 합숙수련회가 있어 속은 셈치고 한번 수련을 받아 보자고 마음을 먹었다. 최신 자동단전호흡대를 체격마다 크기를 맞출 때, 이것이 별것 아닌 것 같은데 하면서 막연한 생각으로 착용을 했다. 첫째날 저녁 12시까지 훈련을 하고 다음날 3시 기상하여 왕복 구보를 하여도 몸에 거부감이 없었다.

나는 첫날 의심을 가졌던 여러 가지 일들이 하나씩 풀어질 때에 표현할 수 없는 무한한 희열을 느꼈다. 이제까지 관장님께서 강의하신 여러 좋으신 말씀을 상기하면서 더욱더 강인한 창조자가 되어 세상 모든 사람들에게 베풀고 또 베풀어 내가 신적 수평에서 강인한 행동을 할 수 있는 사람이라는 것을 보여줄 것이다. 이제는 신적인 지하층 만들기 시작했는데 이제부터는 수십 층까지 만들 것이다.

28) 증권사 여사원   심은영(26세 불교) 전문대졸

먼저 관장님과 교관 모든 분들에게 진심으로 감사드린다. 사실 나는 온 식구들과 친지 여러분들이 먼저 국제슈퍼맨수련관을 다녀오심으로 인하여 한결같이 모든 분들의 권유가 있었다. 인간이 한 평생 살아가는 데 (남녀 모두) 좋은 경험이고 의지와 담력을 기른다는, 특히 오빠의 권유는 나로 하여금 도대체 어떤 곳이길래 오빠가 저런 이야기를 할까? 무척 궁금했었다.

난, 내 자신에게 너무나 한탄한다. 나의 무지와 알량한 자존심과 자만심……. 인간에게는 무한한 능력과 (신 같은) 실천할 수 있는 행동과 몸이 있다는 것을 슈퍼맨수련관에 와서 절실히 느낀 것 중의 하나이다. 홍민성 관장님께 진심으로 존경과 감사의 뜻을 전하고 싶습니다.

모든 사람들에게 권유하고 추천하고 싶습니다. 관장님의 강의를 들으러 오시는 분들은 축복과 행복을 받은 분들입니다.

나 심은영은 이젠 사회에 나가서건, 생활하는 데 자신감과 이 세상에서 나 자신이 제일이라는 크나큰 보물을 발견했습니다. 이 세상에 관장님처럼 자기를 초월한, 의지가 강력한 그런 분이 한 분만이라도 더 이 지구상에 있었으면 나는 그런 분을 나의 영원한 친구로 삼고 말 것입니다. 강력한 행동을 가지고 세상을 넓게 살아갈 것입니다.

29) 김선만(29세 불교) 고졸

 국제슈퍼맨수련관을 오면서 너무나도 많이 변했다. 단전호흡을 하면서 너무나 시원한 것을 느꼈고 호흡대를 착용하고부터 내 마음이 너무 편해졌다. 하루 하루 보내면서 완전히 딴 세상에 온 것 같다. 미래를 향하여, 젊은 나로서 온 세상이 너무 아름답다. 홍 관장님의 연설을 통해서 나는 너무나 많은 것을 배웠다. 정말 지구상에서 단 하나뿐인 곳에 왔다는 것을 느꼈다.
 첫날 오면서 호흡대를 착용하고부터 내 마음은 많은 변화를 주었다. 너무나 감탄하였다. 호흡대를 착용하고부터는 내 마음은 물론 온 정신이 새로와지는 것을 느꼈다. 나는 살맛났다. 아! 이 아름다운 세상을 만들어 주신 홍 관장님을 무엇으로 보답하여 드렸으면 좋겠는가?
 관장님은 너무나 많은 것을 알고 계신 것 같고 내가 이 아름다운 세상에 살고 있다는 게 너무나 새로와 보였다. 아, 아름다운 세상이여! 참으로, 정말 국제슈퍼맨수련관을 찾은 것을 잘했다고 느꼈다.

30) 김지용(29세) 고졸

 먼저 우리들에게 뜨거운 정열과 강력한 행동의지를 심어 주신 홍민성 관장님과 교관 선생님에게 깊은 감사를 드립니다. 3박 4일의 합숙훈련을 받으면서 이 지구상에서 느끼지 못했던 피땀의 필요성과 과감한 행동의지를 이 짧은 기간에 다 소화시켰다는 게 그저 감개무량할 뿐입니다.
 대한민국의 한 젊은이로서 현재 사회의 경제와 흐름을 바탕으로 보면 울화통이 터지는 일이 한두 번이 아니었다. 그러나 이것은 어디까지나 사고요, 진정 우리들에게 필요한 강력한 행동과 굳은 의지를 바탕으로 이 사회의 발전을 위해 과감히 앞장서서 선도 지휘할 것을 다짐하며, 고로 아직까지 이런 교육을 받지 않고 있는 자들에게 꼭 한 번은 필히 받을 것을 다시 한번 국민의 한 대표로서 간곡히 권하고 싶다.

31) 김주문(23세) 고졸

이번 소감문을 쓰는 마음은 너무나도 희열에 차 있습니다.

관장님의 강력하고도 박력 있는 신적 행동은 누구도 흉내내지 못할 것이라고 생각합니다. 이번 수련을 통하여 저도 신적 입장을 확인했습니다. 강력한 행동을 통해 자기 속에 있는 사고와 본능이 무참히 깨지는 것을 확인하고야 말았습니다. 내가 왜 진작 수련관을 찾지 않았을까 하는 후회뿐입니다.

이곳에서 진정한 사랑의 의미와 사고와 본능은 세상을 살아가는 데 아무런 소용이 없다는 것을 진정으로 확인했습니다. 제가 가장 인상 깊었던 표출은 강력하게 부르짖는 가운데 내 마음에 있던 쓰레기가 한꺼번에 내려 쏟아지는 느낌을 받았습니다. 그리고 어떠한 상황에서도 본능과 사고에 노예가 되지 말라는 관장님의 말씀에 가슴을 치며 탄복했습니다. 언제나 강력한 행동만이, 나는 물론 온 인류를 구하고 우리나라를 살리고 내 직장을 살리고 내 가정을 살린다는 것을 피와 땀을 통해 확인했습니다.

그리고 강력한 행동이야말로 지금 이 시대를 살아가는 우리들의 사명이라 생각했습니다. 강력한 행동을 통해 나 자신을 확인하고 나의 무지를 깨닫는 순간 눈물이 나왔습니다. 지금 이 순간에는 눈물이 나오지 않습니다. 나의 생각과 본능과 무능을 깨버린 데 대한 통쾌함 때문입니다. 이젠 수련관을 떠나는 마당에 내 땀이 서려 있는 이 수련관을 절대로 잊을 수 없습니다.

32) 정가영(22세 女 불교) 고졸

나는 슈퍼우먼으로 태어났다. 7월 30일 나는 슈퍼우먼으로 다시 탄생했다. 이제까지 내가 갈망하던 이론을 여기서 직접 듣고, 이론만이 아닌 경험으로 체득했다. 내 인생에 있어 하나의 획기적인 현상이 3박 4일 동안에 일어났다. 종교, 의학, 이념, 철학 모든 분야를 초월한 홍 관장님의 이론에 나는 너무 황홀했으며 진심으로, 심장으로, 가슴으로 환영했다. 나는 '신'적인 입장에서 창조자라는 입장은 이제까지 망각했었다.

나는 오늘로서 사고와 본능의 노예가 아니고 이것들을 지배하는 의지와 행동으로 모든 것을 되찾았다. 인생은 갖추는 것이 아니고 행하고 역할한다는 것을 안 내가 이를 행하지 않고 베풀려고 하지 않고 갖추려고만 한다는 것은 너무나 나 자신, 아니 '신'을 모욕하는 것이다. 내가 앞으로 살아갈 날에 어떤 난관과 고통과 박해와 저항이 올지라도, 나는 이제 신인데 그런 것에 얽매여 내 인류를 위한 봉사를 행하는 데 이유 불문하고 파괴해 나가겠다. 내 인생의 혁명을 일으키고 내가 나를 찾은 지금, 두려움은 없으며 희망에 차 있다.

나는 이제 모든 것을 알았다. 관장님 존경합니다. 나의 변화된 모습을 다음에 보여드리러 오겠습니다.

33) K전자 대표　손원(35세) 고졸

나는 수련관에 오기 전 아주 나약한 체력과 불안 공포증으로 몹시 시달려 왔었다. 사람이 움직여 살려면 이유 여하를 불문하고 건강이 첫째이다. 건강하지 못하면 이 세상에서 아무것도 할 수 없다. 수련관에 와서 아무런 예비 동작 없이 하루 만에 나는 이 세상 어떤 건강인 못지않은 건강한 몸으로 바뀌었다.

이 기적 같은 위력은 어디에서 나왔을까 의심도 해보았다. 그것은 홍 관장님이 세계 최초로 발명하신 최신 자동단전호흡대의 위력임에 두말할 나위도 없다. 만약 최신 자동단전호흡대를 착용하지 않았던들 하루 만에 슈퍼맨수련 행동을 해내기는 어려움도 없었을 것이다. 이것 하나만 봐도 최신 자동단전호흡대가 나의 평생 건강을 보장해 준다는 사실이 틀림없다고 확신하게 된 것이다. 불안 공포증 역시 3일째 되던 날 없어진 것을 확인했다.

국제슈퍼맨수련관의 고차원적이고도 체계적인 수련 방법과 행동수련은 나를 산산이 파괴하고 감동케 하고야 말았다. 모르는 사람 얼굴 하나 제대로 쳐다볼 수 없었던 내가 많은 사람들을 좌지 우지 하고 회의까지도 주재할 수 있도록 변화되었다. 정말 내가 생각해도 기적 같은 일이다.

지금 나의 마음은 한없는 기쁨으로 용솟음치고 있다. 나에게서 평생 떨어져 나가지 않을 것 같았던 모든 문제와 고민들이 순식간에 해결됐기 때문이다. 3박 4일 과정이 정말 꿈만 같지만 엄연한 현실임을 부인하지 않는다. 나는 이제 수련관의 수련법대로 좀더 적극적이고도 강력하게 사회에 봉사하겠다.

끝으로 3박 4일 동안 불철주야 우리를 위해서 새벽부터 밤까지 행동을 같이하신 홍 관장님과 교관님들께 깊은 감사를 드린다.

34) 정밀社 대표   최우동(36세) 대졸

광고를 보는 순간 수련에 꼭 참석해야겠다는 결심을 굳힌 이유는 국제슈퍼맨수련관에서 수련을 받음으로 얻어지는 많은 효과들이었다. 사업을 하는 나로선 사원들이 함께 쉬는 연휴가 아니면 시간을 낼 수가 없으므로, 이번이 마침 신정 연휴인지라 우선 결정하고 말았던 것이다. 평소의 일상생활이나 사업에 나름대로 열정을 가지고 한다고 했으나 막상 3박 4일의 교육과정을 마치고 난 지금의 심정은 그저 놀랄 뿐이다.

어떤 것이 최선이고 어떤 것이 인내이고 앞으로 어떻게 인생을 살 것이며 사업은 어떻게 더 훌륭히 해나갈 것인가를, 그리고 인간의 의지가 얼마나 무한하고 가치 있으며 위대한가를, 마음의 진정한 고요와 평화가 과연 무엇인가를 3박 4일 간의 홍민성 관장님의 열정적이고도 온몸으로 쏟아붓는 강의와 활동이야말로 나를 감동케 한다.

아무튼 이번 수련을 마치면서 얻어지는 효과는 이외에도 많다. 평소의 의기소침과 나태성, 불안, 초조 등으로 항상 기진맥진 맥없이 시달리던 지난날들이 언제인가 싶다. 한마디로 신비로울 정도다. 홍 관장님께서 펴내신 책들 중 《강(强)》이란 책자에서 선배 수련생들의 소감문을 보고 의아해 했던 처음과는 달리 이젠 알겠다. 행복하게 살아가는 인간상이란 게 어떤 것인가를…….

마지막으로 홍민성 관장님과 그동안 수고하신 교관님들께 무한한 감사를 드린다.

35) 국민학생   김경민(12세)

나는 국제슈퍼맨수련관에 올 때 슈퍼맨수련도 별 성과가 없을 것이라고 생각하고 왔다. 그 이유는 과거에 모 단체에서 시키는 슈퍼러닝 같은 것을 해보았지만 아무런 성과도 없었기 때문이다.

하지만 슈퍼맨수련에서는 받는 도중부터 생각이 완전히 달라지게 되었다. 행동을 취함으로써 사고를 죽이니 자동적으로 의지가 강해져 자신감이 생기게 되는 것이었다. 참으로 신기하였다.

내가 전에 잠자는 시간은 보통 10시간 내지 11시간이었다. 그런데 슈퍼맨수련 대회에서는 3시간 40분만 자고도 하루에 20시간씩의 강력한 수련 행동을 거뜬하게 해냈다. 전에는 6백m만 뛰어도 털썩 주저앉고 말았는데 이곳에서는 그 10배 이상을 달렸고, 또 여러 가지 행동을 하는 데 힘이 넘쳤다.

이런 슈퍼맨 교육을 창조하신 홍 관장님이 너무나 존경스럽다. 이런 교육을 받을 수 있게 도와주신 부모님도 존경한다.

나의 꿈은 세계 제일의 공학박사가 되는 것인데, 앞으로 내가 공학박사가 되기 위해서는 이런 과정쯤 거뜬하게 이겨 내야 한다. 나는 국민학생으로서 들어왔으니 타인들보다도 나의 목표를 달성하는 시일이 상당히 단축될 것이다.

나는 지금부터 나의 꿈을 실현시키기 위해 슈퍼맨 행동으로 공부를 하고 생활도 하겠다. 나이는 어려도 시대를 앞서가는 슈퍼맨이 되었으니 내가 우리 민족과 국가를 지키지 못하면 누가 지켜 주나? 나에게 평생 동안 튼튼한 체력을 유지할 방법까지 가르쳐 주신 관장님과 교관님들께 감사를 드린다.

36) 중학생   이명재(15세)

〈국제슈퍼맨수련관〉이라는 제목은 참으로 마음을 끄는 제목이었다. '슈퍼맨, 초인'이란, 인간의 능력을 초월한 것을 말한다. 요즘 같은 바쁜 생활과 여러 가지 문제에 시달리는 현대인들에게 이것은 희망이요 꿈처럼 들린다. 그래서 그것을 실현하기 위해 각계 각층의 사회인이 모였다. 나는 이곳에 대해 아는 것은 없지만 나도 활기찬 성격 개조로 공부도 잘해서 멋지게 살아보겠다는 일념으로 왔다.

관장님의 열성적인 모습에 우리 모두는 강력함이 습관화되어 갔다. 수련을 다 마치지 않았는데 이 정도면 이젠 모든 면에 자신감이 생겼다. 수련을 다 마치고 보니 슈퍼맨수련을 받으면 받을수록 대 발전을 확인하게 되는 사실에 나는 정말 커다란 충격을 받았다. 큰 발전에는 큰 저항이 따른다더니 정말 고통 없는 발전은 내 것으로 인정할 수 없다는 진리까지 확인했다.

평소에 대인관계에 곤란했던 나는 이곳에서 같이 수련받은 박사님들과 교수님들과 각 교육기관의 선생님들과 군대의 고급지휘관들과 사장님들과 선배들과 일반인들과도 대화하는 데 조금도 떨림이 없이 자신있게 다 해냈다. 여학생들 앞에서는 얼굴이 붉어졌었던 내가 이제는 여학생이건 누나들이건 아주머니나 할머니들과도 대화하는 데 조금도 불편함이 없었다.

이제 이 세상 모든 인류에게 자신있게 완성의 기쁨과 희열로 외친다.

"가련한 자들아! 의심하지 말고 빨리 달려오라! 그대들이 슈퍼맨수련을 받지 않고 어떻게 이런 차원을 이해하겠느냐!"

나는 72년생으로 72기 수련을, 7월 26일생으로 7월 26일부터 4일간 수련을 받았다. 그야말로 나는 내 생일에 다시 한번 태어난 것이다.

마지막으로 끝까지 시종일관 강력하게 지도해 주신 관장님과 교관님들께 감사드린다.

37) 자영업자   김영귀(41세) 고졸

《동(動)》, 《강(强)》, 《창(創)》, 《생(生)》을 보고 무엇인가 차원 높은 유익한 것이 있겠다 싶어 책 4권을 여기저기 서점에서 구하여 읽어 본 소감이, '아! 이러한 세계가 있었구나' 하고 탄복을 올렸고, 이렇게 귀중한 책을 인류의 발전을 위해 세상에 내놓은 그 의지가 한없이 존경되었습니다. 그렇지만 홍 관장님이 어떻게 생겼는가, 또 육성을 직접 들어 보고 싶었고 책에서 읽은 내용 가지고는 실제의 행동을 통하여 얻은 것이 아니었기 때문에 이해가 잘 가지 않고 건강과 심리문제 등에 있어서는 효과를 볼 수가 없어 내가 어떠한 어려움이 있더라도 일생 일대에 한 번만이라도 인류역사 이후 최초로 탄생된 국제슈퍼맨수련관의 홍 관장님의 수련을 받고 싶은 욕망으로 가득 찼었습니다.

3박 4일 동안에 어떻게 그 많은 것을 체득할 수 있겠는가와 책 내용과 같이 100%가 아닌 1000% 이상의 효과를 거둘 수 있을까 하는 약간의 의문이 있었습니다마는 의심하지 않고 수련에 임했던 것입니다. 머리로는 이해가 가지 않았던 의문이 풀리고 의지의 동작을 통해서만 체득할 수 있다는 걸 깨달았습니다. 열심히 그리고 최선을, 최선 이상을 다해 수련을 받았던 것입니다. 수련을 받는 동안 몇 번씩 느꼈던 점이지만 홍 관장님은 정말 살아 움직이는 신이라는 것을 수련과 경험을 통해서 알 수 있었습니다.

지금의 나의 마음은 한없이 기쁩니다. 이렇게도 좋은, 대다수의 많은 세상 사람들이 모르고 있는, 인류 역사 이후 최초로 세워진 국제슈퍼맨수련관이 다른 나라가 아닌 우리나라에 있었다는 데에 무척이나 다행스럽고 고마운 마음이 들었습니다. '우물은 퍼내야 새로운 싱싱한 물이 솟는다.' 이 절대 절명의 진리 앞에 몇 번이나 나는 감동했는지 모릅니다. 나 자신을 위해, 사고와 본능을 위해 퍼담을 때엔 내가 썩는다는 걸 알고 반드시 퍼내야만 건강하고 용기와 패기와 박력이 생긴다는 것을 알고 정말 희열을 느꼈습니다. 자신 있습니다. 의지가 약했던 나 자신에게 총알보다 더 위력이 있는 자신감을 꽉꽉 넘치도록 채워 주신 홍 관장님 수고 많으셨습니다.

아쉬운 점이 있다면 홍 관장님 사시다가 세상을 뜨시면 또다시 가족·친척·친지 들을 수련시킬 수 없다는 것이 아쉬운 만큼 오래오래 건재하시기 바라면서 홍 관장님 그리고 교관 여러분 앞에 밝은 미래와 무궁한 발전을 기원합니다.

38) 그룹 부장   김진현(46세 가톨릭) 대졸

국제슈퍼맨수련관을 찾기까지의 망설임은 이루 말할 수 없었다. 평소에 나의 건강을 위해, 나의 성격 개조를 위해, 새로운 삶을 위해 꼭 찾아가 수련을 받고 싶었으나 사고의 노예로써 망설임 속에 찾지 못하였다가 대담하게 솔직하게 이야기함으로써 수련의 기회를 갖게 되었다. 이번 수련을 통하여 나는 내 자신의 제2의 삶을 시작하게 되었다. 여지껏 40 평생을 살아온 것이 너무나 헛되이 지나왔다. 이 제2의 인생의 삶의 기회가 주어졌던 것이 얼마나 나에게 축복의 기회인가. 너무나도 너무나도 대견스럽고 존경스럽다. 이제 이번의 수련을 통해서 나 자신, 내 자아를 다시 돌아볼 수 있었으며 나 자신이 얼마나 소중하고 나 자신이 얼마나 위대한 것인지를 깨달을 수가 있었다. 이제 나는 나의 인생관을 재정립하였다. 이제까지 무의미하게 지냈던 나의 인생이 이 수련을 통하여 얻고 배운 것을 실질적으로 두려움 없이 망설임이 없이, 떨림이 없이, 사고의 노예가 되지 않고 항상 행동을 먼저 하는 내가 되어 병들어 가고 있는 자들을 위하여 베풀어 나가겠다.

항상 하고 싶었으나 사고의 노예가 되어 행하지 못하였던 것을, 사고란 필요 없고 행동으로써 실천하는 슈퍼맨이 되어 나의 수련이 헛되지 않도록 행동으로 모든 일을 실천하겠다. 나의 뿌듯한 이 가슴 속에 행동을 통하여 수련된 하나하나의 경험이 우리 국가를 위하여, 우리 우주를 위하여 더욱더 정진해 나가겠다.

39) 주부　　정순화(40세 기독교) 고졸

먼저 홍 관장님과 교관님들의 수고에 너무나도 감사드립니다. 나는 여기 오기 전에 동생의 권유로 《동(動)》과 《창(創)》과 《강(强)》을 읽어 보았습니다. 정말 그 책에는 나의 부족한 것이 다 들어 있었고, 또한 나보다도 중 2인 아들을 위하여 무엇이든 부모가 아이를 위해서 할 수 있는 일이라면 노력하였습니다. 나 자신도 물론 부족한 것이 많고 내성적으로 자라온 것이 한이 되었습니다. 그런데 하나인 아들이 그 성격을 닮아서 학교에서 공부할 때나 성격에도 지장이 많았습니다. 그래서 극기훈련이라면 안 가본 것이 없을 정도입니다.

홍 관장님의 저서를 보는 즉시 우리는 아들과 저의 내성적 성격 개조, 표현력, 이 모든 것이 우리에 고쳐지리라 큰마음 먹고 겨울 방학을 이용해서 등록하였습니다. 아~ 정말, 이런 것이었구나 하는 마음과 함께 2일째는 큰 감동으로 인하여 눈물까지 나왔습니다. 나는 아들과 처음으로 남의 앞에서 마음껏 발표도 해보고 손짓 발짓도 하면서 나의 그동안 해보지 못한 한들을 정말 마음껏 외치고 노래도 해 이 세상에 무엇보다도 통쾌하게 나 자신이 깨어질 때, 참으로 아무것도 아닌 것을 가지고 이렇게 고민을 했었나 하고 지난 내가 생각만으로 나를 괴롭혔던 것들이 미웠습니다. 그러나 이제는 알았습니다. 또한 신앙의 갈등도, 나의 지난날의 무지했던 생각이 옳지 않음을 깨달았으며 앞으로의 신앙을 더 열심히 사랑으로 봉사할 줄 아는 나 자신이 되었습니다. 또한 우리 아들은 앞으로 발표력과 집중력을 통하여 열심히 수련관에서 배운 것을 발휘하도록 하겠습니다.

단전호흡대라는 것이 이렇게 좋은 것이라곤 상상도 못하였습니다. 나는 생전 처음 거의 ○○km를 달린 것을 보고 얼마나 놀랐는지 모릅니다. 집으로 돌아가면 인류에게 봉사하며 나의 평생 건강을 위하여 구보하며 그동안 게으른뱅이라는 딱지를 오늘 이 순간부터 떼어 버릴 것을 나 자신에 약속을 하였습니다. 여기 오기 전에는 집중력이 없어서 책을 보거나 내가 하고 싶은 공부를 마음엔 너무나 원했으나 1시간도 못 가서 누워 있곤 하였습니다. 이젠 모든 것이 나의 의지로서 행해지는 것을 배웠으니 열심히 행복하게 살겠습니다.

40) 세무사   심관무(43세) 대졸

학교 교육을 20여 년 이상이나 받았고 공무원 재직시에는 '새마을 교육이다, 연수다' 하는 등등의 교육도 많이 받았으나 이번같이 나 자신에게 충격이 컸던 교육은 없었다. 많은 내용이 이 3박 4일이라는 짧은 시일 동안에 한꺼번에 발전과 성공으로 확인되고 있으니 너무도 놀랍고 또 놀라운 것은 나의 신체와 정신의 너무나도 분명한 변화다.

나는 이 수련관이 나를 알 수 있고 나를 사랑하고 나를 신격화할 수 있는, 또 그런 나를 존경할 수 있는 유일한 교육장이 되었음을 나의 의식 속에서 아무런 저항 없이 받아들인다.

슈퍼맨수련 받기 전에는 아침 8시가 되어야 기상하고 사무실 소파 의자에서도 30분 이상은 견디지 못했던 나. 3일이 지난 후에 내 신체는 새벽 3시 50분에 기상하여 엄청난 수련 과정을 마치고 의자에 종일 앉아 있어도 졸립지 않고 피곤하지도 않게 변했으니 내가 과연 슈퍼맨이 아니고 무엇이란 말인가?

지금 생각은 교육을 며칠 더 받고 싶다. 그러나 빨리 돌아가서 할 일이 더 급하다. 나의 사랑하는 처자에게도 빨리 교육을 시켜 발전시키겠으며 또 내가 데리고 있는, 나를 따르고 있는 직원들에게도 변화된 나의 모습을 빨리 보여주고 행동수련을 전파하고 싶다. 직원들 모두를 본 수련에 참가시켜 진수를 맛보게 하겠다.

41) 건설회사 계장   이윤수(31세 불교) 대졸

평소에 의지가 약해 자신을 약간 비관적으로 생각하고 있었으며 '작심삼일'이라는 단어는 꼭 나에게 맞는 단어일 것이다. 정말이지 형편없는 졸장부였다. 젊은 나이에 한창 성장해야 하고 성숙해야 할 아주 중요한 시기에 인내 없는 내 행동과 우유부단한 성격은 큰 장애물이 아닐 수 없다. 그런데 우연히 접한 《강(强)》이라는 책 내용이 나를 무척 망설이게 했다. 아무 생각 없이 수련비를 입금시키고 회사에 4일 간의 결근계를 제출했다.

오전 5분, 오후 5분의 휴식시간, 수면시간 3시간 30분, 그러니까 하루 20시간 이상이 연속 수련교육이었다. 몸이 피곤했지만 관장님이 주신 단전호흡대 착용으로 20시간 이상 몸을 혹사해도 거뜬히 견딜 수가 있었다. '잘 왔구나' 하는 안도감이 앞선다. 시간이 지남에 따라 변해 가는 자신을 발견했다. 오직 행함, 강력한 행동만이 내 사고를 침몰시킬 수가 있었다. 변화한 자신이 너무도 자랑스럽다. 왜 진작 오지 못했나 하는 아쉬움이 앞선다. 이제 열심히 살아보련다. 내적으로 너무도 변해 버린 자신을 이젠 떳떳이 가슴을 펴고 뛰어 보련다.
 끝까지 수고해 주신 홍민성 관장님과 교관님들께 진심으로 감사함을 전합니다. 정말 감사합니다.

42) 노동   김주성(31세) 고졸

 생각과 현실 속에서 나는 자신의 정신력, 추진력, 실행력, 건강의 부족함을 느끼고 《생(生)》이라는 책을 우연히 보고 허식 없고 사실적인 표현과 핵심적인 진실을 느꼈었다. 야! 이렇게 많은 지식과 종교와 철학을 집대성하여 현실에 맞는 수련이 있다니……. 짧은 시간에 마음이 열리고 가슴에 전봇대보다 큰 나의 의지를 이번에 심어 놨다. 다시는 헛된 망상과 헛된 세월 속에서 나의 몸과 마음을 썩히지 않고 인생을 뜬구름처럼 보내지 않고 하루하루가 미래의 거름이 되고 씨앗이 되는 생활이 되겠다고 다짐한다. 그렇게 하지 않을 수 없는 체험이, 의지가 가슴에 불타기 때문이다.
 짧은 생을 자신의 갈등과 모멸 속에서 지내왔던 것이 한스럽고 진작 기회를 찾지 못했던 게 못내 아쉽습니다. 직장생활중 광고를 봤지만 반신반의했던 때가 후회스럽다. 이제는 창조자로서, 시대의 주역으로서 부족하면 메꾸고 실패하면 도전하는 쌩쌩한 인간이 되었고 작은 것에 구애받고 조그만 구멍으로 세상을 내다보며 스스로 굴레 속에서 허우적대는 삶을 사는 많은 사람에게 이끌어 주는 사람이 되어야겠다고 생각한다.

43) 국교 1년   윤진희(7세 女)

 나는 엄마 아빠를 따라 슈퍼맨 교육을 왔다. 언니, 오빠, 우리 식구 모두 왔다. 오자마자부터 수련이 시작되었다. 잠도 3시간밖에 안 자고 12시까지 교육을 받았다. 아침 3시 50분에 일어났다.

그리고 깜깜한 산길을 뛰어갔다 왔다. 온천에서 목요할 때는 시원했다. 씩씩하게 하는 웅변도 했다. 큰소리로 외쳤다. 나는 관장님한테 물구나무도 배웠고 여러 가지 배웠다.

나는 힘들었지만 용감하고 씩씩한 슈퍼맨 윤진희가 됐다. 학교에 가면 잘할 수 있다. 상도 탈 수 있다. 선생님한테 칭찬받을 수 있다. 학교로 돌아가서 성적표를 '수'만 받아 올 수 있다. 회장을 할 수 있다. 애들에게 인기를 끌 수도 있다.

44) 국교 5년   서상원(12세 불교)

나는 방학 전에 여기 와선 무엇하며 귀중한 시간을 빼앗기게만 되니 여기에 오지 않겠다고 말하였다. 하지만 지금은 여기에 와보고 보니 무지무지하게 잘 왔다는 생각이 들었다. 이 대 합숙수련회에는 그만큼 보람이 있었다. 돈 내고 왔지만 천만 원을 받아도 부족할 정도로 너무너무 훌륭했다.

나는 내가 예전보다도 훨씬 강인한 체력을 가지게 되었다는 것을 목욕탕에서 깨달을 수가 있게 되었다. 그 이유는 거기에는 헬스가 있는데 서울에서는 42kg도 무거워서 들까말까 했는데 49kg을 거뜬하게 들어올렸다. 나 자신도 나의 힘에 놀라지 않을 수가 없었다. 내 힘이 몇 배, 한 2배 정도 세어졌기 때문이다.

나는 여기에 와서 내가 웬만한 것이면 다 해낼 수 있다는 것을 느꼈다. 그 이유는 3일 간을 연속으로 4시간밖에 자지 않았다는 사실이다. 그렇게는 절대로 할 수 없다고 생각했었다. 그런데 그것이 아니었다. 막상 진짜로 하고 보니 나도 할 수 있다는 것을 느꼈다. 나는 다 할 수 있다. 나는 한다. 그런 것 등을 배웠다. 이번 대 합숙수련회는 보람 있고 좋았다.

45) 중학생   김인호(14세 기독교)

나는 이젠 창조자로서 어떠한 것이든 창조한다. 의지가 사고에 예속되면 순식간에 파탄되어 버리기 때문에 나는 이젠 나의 의지를 믿고 펴내는 일(봉사)에만 열중할 것이다. 내가 하는 일에는 바라는 것이 없고 오직 나를 펴내는 일에만 열중한다. 이젠 모든 일에 자신있다. 이제까지의 불안이 있다, 무섭다, 할 수 없다, 괴롭다 등등의 사고에서 이젠 강력한 의지로 깨버린다.

나는 수련하는 동안 나 자신의 모습을 보고 아연할 뿐이었다. 하루 20시간 수련, 1000m도 못 뛰었던 내가 수km를 뛰고, 남 앞에서 말하는 것을 꺼려했던 내가 이젠 자발적으로 남들 앞에서 이야기를 당당히 한다. 발성 연습을 할 때 폐부의 모든 힘을 말하는 데 집중시키느라 목이 쉬고 땀이 온몸을 적실 때 나는 쾌감을 느껴 훨씬, 더 훨씬 목이 터져라 외쳤다. 정말 수련을 안 받은 자는 이 기분을 못 느낀다. 그래서 정말로, 정 - 말로 이 수련을 하기를 권한다. 돈과 시간이 문제가 아니다. 이 수련을 받으면 정말로 인생을 재창조하기 때문이다. 그렇다고 공짜로 되는 것이 아니다. 자기의 끊임없는 강력한 행동이 필요하고 피땀을 흘려야 한다.

나는 이젠 과거를 볼 필요도 없고 볼 수가 없을 것이다. 끊임없는 창조의 행동을 해야 하기 때문이다. 나는 이젠 이 수련을 주위 사람들에게 권하겠다. 그리고 강 - 력한 행동을 한다. 이젠 나는 내 몸뚱이를 발휘하며 또 사람들을 존경하고 비교하지 않는다. 그리고 5천여 년의 조상들의 무식과 무지로 망친 나라를 새롭게 재창조하고 후손들에게 물려줄 의무가 있다. 5천년의 묵은 한을 없애 버리기 위해 강력한 행동을 하고 사자후를 부르짖겠다.

46) 공무원   고성애(36세 女 천주교) 고졸

3박 4일의 슈퍼맨수련을 통해 이 소감문을 쓰게 됨이 자랑스럽게 생각됩니다. 내가 이렇게 큰 존재가, 아니 역할자였다는 게 너무너무 놀라웠습니다.

나는 최신 자동단전호흡대의 위력을 의지로 확인했으니 평생 건강(정신적·육체적)을 위해 항상 착용할 것이고, 오늘로서 이 수련과정을 마치게 되더라도 집에 돌아가서부터, 아니 이 순간부터 강력한 의지의 표출을 게을리하지 않겠습니다. 표현력 부족으로 많은 시일을 고민했었는데 이곳에 와서 생각은 말로 하는 게 아니고 가슴(의지)으로 표출시킨다는 엄청난 사실을 알게 되어 자신감이 생깁니다.

영혼이 없는 허수아비처럼 살아왔던 자신을, 홍민성 관장님의 가슴으로 와닿는 존경스러운 강의로 이젠 내 자신의 가치관을 확실하게 정립했습니다. 이젠 알았습니다. 나는 내 자신보다는 인류를 위해 헌신(봉사)해야 한다는 것을……. 여자이기 때문이라는 그릇된 사고방식을 벗어나 남자들 못지않게 강력한 행동으로 인류에게 봉사하겠습니다.

행동창조자이신 홍민성 관장님을 평생 스승이요, 인도자로서 존경합니다. 3박 4일 동안 저를 재창조시켜 주신 관장님과 조교님들께 진심으로 진심으로 감사드립니다.

슈퍼맨수련관은 나를 탄생시킨 둥지이기 때문에 결코 평생 은혜를 잊지 않고 보답하는 마음으로 열심히 인생을 자신있게 살아가겠습니다.

47) 전병욱(33세 불교) 대졸

얼마나 많은 사람들이 잘못된 자기 사고의 노예, 본능의 노예가 되어 방황하고 갈등하고, 자기 부정의 낭비적인 삶을 살아가는 가? 금번 수련교육을 통해 이 모든 내 생활의 장애물, 사고의 찌꺼기, 잘못 알아 왔던 믿음과 진실이 마치 강렬한 햇살에 어둠이 순식간에 사라지듯, 너무도 어이없이 사라졌다. 사실 이번 교육을 이수하기 전까지도, 아니 수련이 종반에 접어든 시점에까지도 확신을 가지지 못했었는데, 진실은, 믿음은, 진리는 내 마음속에 평생 움직일 수 없는 바위덩어리가 되어 버렸다.

참으로 관장님은 초인이십니다. 단순 이론으로가 아니라 행동으로써, 확신과 경험으로써, 행동 확인으로 표현하시니 누가 감히 이론을, 반론을 제기하리요. 이제 수련을 마치는 이 시점에서 그동안의 나를, 나의 생활을, 나의 정신과 사고를 돌이켜보건대 한마디로 너무나 후회 막급이라는 말 이외는 달리 표현할 길이 없다. 너무나 큰 시간 낭비였다. 5, 6년 전 신문에 난 광고를 보고서도 그저 그러려니 하였던 게 큰 실책이었음을 통감한다.

하지만 이제부터는 오직 강력한 신적 의지와 강력한 신적 행동으로 인류를 위해, 국가·사회를 위해, 그리고 부모님을 위해 나의 모든 것을 초월해 의지창조, 행동창조, 가치창조할 것을 나 자신에게 굳게 맹세한다.

끝으로 관장님에게 진심으로 감사드리며 그 동안 수고하여 주신 교관님들께도 진심으로 감사드립니다.

48) 현미 대리점 경영   김근황(32세 카톨릭) 중졸

강력한 의지·행동으로 수련 과정을 마쳤다. 솔직히 처음은 떨리고 초조하고 불안했었다. 왜냐하면 그놈의 사고와 본능 때문이었다.(예속관계) 나는 여기서 틀림없이 신적인 인간으로 다시 태어났다는 것을 확신하게 됐는데, 그것은 먼저 홍 관장님과 교관님과 나 자신 모두의 강력한 의지로 3박 4일 동안 행동 표출했기 때문이다. 나는 정말 신이다. 나는 내 강력한 의지와 가슴과 행동을 여지없이 믿어 버렸다. 앞으로는 사고와 본능을 강력한 의지로 써먹어 버리겠으며 행동으로 표출하겠다.

글로서는 신이라는 것을 쓸 수가 없고, 직접 체험, 격정력 발산을 통하여서만이 확인될 수가 있는 것이다. 나는 이곳에 와서 진짜진짜로 '행'이 무엇인지 '동'이 무엇인지를 알아냈다. 그러므로 나는 슈퍼맨(신)이 되어 버렸다.
 대통령, 정치인, 학생, 판사, 검사, 국민 모든 분(여러 사람에게) 슈퍼맨수련을 꼭 시켜야 된다고 간곡히 간곡히 외치고 싶으며, 나는 다음에 또 시간을 절약해서 여기서 꼭 슈퍼맨수련을 정말, 정말로 한번 더 받고 싶다. 나는 가슴을 치며 울었다. 나는 과거를 너무나도 무식하게 살아왔기 때문에 …….
 끝으로 모든 수련생은 한 사람의 낙오자도 없이 무사히 마쳤고 홍 관장님, 교관님 모든 분들에게 정말로 정말로 감사를 가슴으로 느꼈습니다. 세계에서 질문 없는 수련관이 세계 최초로 생겼는데 그곳이 바로 이 '국제슈퍼맨수련관'이라는 것을 알았으며 이해도 간다. 진짜로 진짜로 여기 수련관의 모든 분들에게 가슴으로 감사를 드린다.

49) 운수회사 사원   유철호(31세 불교) 고졸

 나의 건강 증진과 성격 창조를 위해서 여러 가지 장애와 곤란이 많았으나 과감하게 떨쳐 버리고 국제슈퍼맨수련관에 입관했다. 이곳에 도착하여 강의를 듣고 직접 몸으로 부딪쳐 모든 훈련을 받고 보니 훈련을 받기 전의 나의 생각과 사고와 건강은 너무나 소극적이고 심약했었다. 처음 만나는 사람들의 얼굴을 똑바로 쳐다볼 수도 없고 말도 제대로 하지 못했다. 이런 나를 개선해 보려고 많은 노력을 했었지만 뜻데로 되지 않았다.
 이곳에서의 모든 훈련과 강의가 하루 이틀 지남에 따라 나의 모든 것이 많이 변했다. 지금 나는 너무너무 기쁘다. 앞으로 이곳을 나가서 내가 할 일은 너무나도 많다. 내 주위의 모든 사람들을 포용하고 존경할 것이며 우리나라가 세계를 제패할 수 있도록 나의 강력한, 신적인 의지와 행동으로 나의 몸을 바치겠다. 나아가 온 인류의 행복을 위해 강력한 행동과 의지로 봉사하겠다. 끝으로 우리들을 한 사람도 낙오자 없이 끝까지 이끌어 주신 홍 관장님과 교관님들께 진심으로 감사드린다.

50) 공무원   최찬정(56세) 대졸

나는 이 교육을 받고 나서야 내가 얼마나 무식했던가를 절감했습니다. 홍 관장님의 교육은 이 무식한 나로 하여금 너무나 많은 것을 깨닫게 해주었습니다. 그야말로 내 과거는 꼴불견이었습니다. 평소부터 건강에 시달리던 내가 3박 4일 간 하루 20시간씩의 행동수련을 해냈다는 것은 나의 사고로서는 생각조차 할 수 없는 불가능한 일이었지만, 나는 나의 의지와 동작으로 해내고 말았습니다. 허약했던 내 체질이 이렇게 건강한 체질로 변화되는 데 불과 3박 4일이라니 신기하지 않을 수 없습니다.

최신 자동단전호흡대를 착용한 결과 이렇게 몸이 가벼워지고 가슴과 기분이 상쾌해지는 것을 확인하고 나는 몸에 기적이 일어난 것 같은 희열을 느꼈습니다. 최신 단전호흡대를 일평생 계속 착용하여 건강을 유지하겠습니다.

관장님의 그 놀라운 능력으로 속세에서 시달리는 많은 인류를 교육시켜 주셔서 우리나라가 강력한 국가로서 선진화하는 데 기여해 주시기 바랍니다.

51) 대학생   권용대(20세)

슈퍼맨수련을 받기 전에는 나는 도무지 사람들 앞에 서지 못했다. 타인들과 얼굴만 마주쳐도 움츠러드는 약자였었다. 하지만 지금은 다르다. 나의 몸과 가슴에는 강력한 행동과 의지로 어떠한 상황에서도 대담하게 행동할 행동력과 자신감이 넘치고 있다.

의지가 약하고 행동력이 약한 사람들이여, 자기 발전을 도모하고 성공하고 싶은 사람들이여, 모두 다 국제슈퍼맨수련관으로 오라! 당신들은 강력한 슈퍼맨수련을 받으면 하루하루 당신의 모습이 변하는 것을 발견하게 된다.

의식이라는 것이 인간에게 얼마나 큰 부분을 차지하고 있으며 또 그것을 정복함으로써 의지의 행동이 얼마나 획기적으로 발전하게 되는가를 알게 되었다. 나에게 기대를 걸고 있는 모든 사람들 또 나를 기억해 주는 모든 사람들을 위해서 정말 기쁜 마음으로 봉사할 수 있는 강자가 되었다.

3박 4일 기간 중 첫날은 정말 이해할 수 없었고 견디기 힘들었다. 그 이유는 행동을 하지 않고 사고로 이해하려 했었기 때문인데, 다음날에야 이 사실을 알고는 그런 나의 어리석음이 부끄러웠었다. 이틀째부터는 자신이 변하고 있다는 느낌과 함께 기쁨이 있었다. 과거의 어두움 때문인지 현재 나의 이 기쁨은 너무도 크다.

나를 국제슈퍼맨수련관에 보내 주신 부모님과 가족들에게 감사한다. 나는 이제 행동을 통하여 성공하기 위해서 어떠한 시행착오도 두려워하지 않겠다.

52) 운수회사 사장   김광주(37세)

3박 4일 슈퍼맨수련을 받은 나는 큰 산이라도 뚫고 나갈 힘을 얻었다. 들어올 때나 나갈 때나 외적인 모습은 그대로인데 얻어진 것은 엄청나다.

나는 시간의 흐름에 깜짝 놀랐다. 이제 겨우 하루가 지난 것 같은데 벌써 3박 4일이 다 되었다니 믿어지지 않는다. 불과 4일 만에 나는 너무 많은 변화를 확인하고 있다. 물론 변화를 바라고 찾아왔지만, 내가 이렇게 급작스레 변할 줄 예측하지 못했다. 이 수련관에 온 것은 참으로 용단이었다. 이제 이곳 국제슈퍼맨수련관의 전용수련장인 부곡 관광호텔을 떠나는 나의 모습은 너무나도 대견스럽다.

목적을 초월해도 엄청나게 초월했다. 나에게는 이젠 두려움이 없다. 오직 강력하게 행동할 강력한 의지의 동작과 자신감만 팽배해 있다. 이제 내 가정과 내 사업과 내 민족과 내 국가에 나의 강력한 행동으로 살을 붙여 보기 좋고 행복하고 건강하고 영광스런 내 세상으로 만들겠다.
 끝으로 홍민성 관장님, 정말 감사합니다.

53) 고교생　　김광호(18세)

 나는 이제 세상에서 결코 남부럽지 않게 공부를 잘 할 수 있게 되었고 또 잘 살 수 있게 되었다. 지금까지 나를 지배해 온 사고는 국제슈퍼맨수련 3박 4일로 무너지고 새로운 차원의 의지와 행동과 의식으로 변화되어 이루 말할 수 없이 기쁘다.
 지난 과거의 나는 내 성격에 불만도 많았고 건강과 표현력도 형편 없었는데 이제 새롭게 창조되었다. 이제 집에 돌아가면 부모님께 효도하고 동생을 잘 지도해 주겠다. 학교와 사회의 친구들에게는 적극적인 활동과 대화로 그들을 포용하고 도울 수 있는 자신감까지 넘치고 있다. 불과 4일 전만 해도 이런 기쁨은 상상할 수 없었고 상상해 보지도 않았다.
 나는 3박 4일 동안에 흘린 땀이 내가 18년 간 흘린 땀보다 더 많은 정도의 땀흘리는 행동을 했다. 그야말로 엄청난 행동 발휘였다. 하여간 나는 이번 수련을 통해 이루 말할 수 없는 많은 문제의 해결과 헤아릴 수 없을 만큼 많은 지식과 지혜를 배워 가지고 간다. 지금 나의 마음은 너무 뿌듯하다.
 나를 이처럼 최고의 슈퍼맨으로 재창조해 주시기 위하여 3박 4일 동안 피땀으로 지도해 주신 관장님과 조교님들께 감사드린다.

54) 신문기자　　홍정욱(35세) 대졸

 수련이 시작되자마자 아주 새롭고 혁신적인 세계에 접하게 됐다. 평소 사회생활할 때의 사고방식은 물론이고 시간 활용 및 제반 사항이 모든 일상의 틀과는 너무 판이하게 다른 환경의 슈퍼맨 수련은 '기상천외' 바로 그것이었다.

30여 년이 넘도록 살아오면서 형성된 나의 내면·외면 할 것 없이 나의 실체가 적나라하게 노출되고 다시 짜맞추어지는 과정이 처음에는 고통스럽기도 했지만 새로운 세상을 대하는 듯한 경이로움과 환희와 희망으로 점철되어 재탄생의 계기를 맞았다.

관장님의 폭발할 듯한 행동철학관은 이 세상 인류에게 있는 모든 문제점과 인간의 내면세계에 대한 문제점을 강력하게 해결해주는 돌파구를 갖고 있다고 확신한다.

또한 어쩔 수 없는 문제로 괴로워하며 부당하다고 할 정도로 손해 보며 사는 나약한 인류의 심성 격파에 지대한 공헌을 하고 계시는 관장님께 모든 인류를 대표하여 감사드린다. 관장님을 통해 알게 된 수련 내용을 이 사회의 모든 인류를 상대로 강력하게 행동하는 무기로 삼고 살아가겠다.

현재 나와 있는 이외에도 관장님의 수많은 강의 말씀을 한데 묶어서 다시 접할 수 있으면 더할 수 없는 기쁨이겠고 그런 기회가 하루 빨리 오기를 손꼽아 기다리겠다.

55) 고교 교사　　유계천(47세 기독교) 대졸

《동(動)》이라는 책이 눈에 띄자 강렬한 호기심으로 구입해 읽었다. 나는 일정을 겨우 만들어 수련받기로 결심했다. 고 3짜리만 지도하는 교사이기 때문에 학생 지도에도 크게 도움을 주리라는 강한 욕구도 있었다.

관장님과 면담시 1000% 이상의 수확이 있다는 말씀에는 속으로 매우 놀랐고 '어떻게 불과 며칠 만에 그럴 수 있겠나?' 하는 의심도 컸었다.

막상 수련이 시작되어 관장님의 쏟는 듯한 강력한 강의 말씀이

상식과는 차이가 너무도 커서 매우 신기함을 느꼈었다. 본인이 신기하다고 느끼건 말건 쏟아지는 폭포수 같은 관장님의 강의는 나를 샅샅이 파괴시키는 것이었다. 과연 현 세상적 차원이 아니었다. 세상 범사를 초월하여 가슴과 몸으로 체험하고 확인시켜 주는 이 엄청난 강의 앞에 나는 놀랄 수밖에 없었다.

세상 사람들이 감히 생각지도 못했던 큰 수확을 하고 나니, 이제까지 나를 괴롭히고 내가 얻고자 했던 자질구레한 것들은 한꺼번에 없어져 버리고 기대를 초월하는 커다란 열매를 주셨던 것이다. 이 수련을 통해서 시시하게 100% 효과를 보는 것이 아니고 1000%, 아니 상상을 초월하는 효과를 봤다는 사실이다.

우리 민족 모두가 이러한 수련을 받아서 나라를 발전시키는 강력한 역할자들이 되었으면 하는 간절한 소망을 간직하고 돌아간다.

56) 한용섭(44세)

무척 두려운 마음으로 교육을 받기로 결정했다. 평소에 심장이 좋지 않아서 무리한 교육 일정을 과연 소화해 낼 수 있을까 하는 망설임은 나를 불안하게 만들었다. 그러나 막상 부딪쳐서 행동으로 모든 것을 떨쳐 버리고 난 뒤의 그 후련함은 가히 무아의 경지라고 아니할 수 없다.

걱정했던 건강문제도 일시에 밝은 마음으로 돌아왔고 자신을 갖게 되었다. 그리고 내가 앞으로 삶을 영위함에 있어서 보다 진취적이고 모든 인류와 민족을 위해서 봉사할 것을 다짐하는 바이다.

3박 4일 동안 우둔한 저와 같은 사람을 몸과 정성으로 일깨워 주신 홍민성 관장님께 깊은 감사의 마음을 전하고 싶습니다. 그리고 제가 느낀 간절한 마음은 보다 많은 사람들이 슈퍼맨교육을 받을 수 있었으면 하는 마음이 간절하다. 끝으로 3박 4일 동안 성심으로 지도해 주신 교관님들께 고맙게 생각합니다.

57) 보험회사 조직소장   성낙영(51세 女 기독교) 중졸

먼저 주님께 이곳 슈퍼맨수련을 찾게 해주신 데 감사합니다. 이 세상 어느 곳에도 없는 피와 땀의 결실을 받아 진실로 나의 소유가 되었음을 너무나도 감사합니다.

이 수련을 받기 전에는 항상 우울, 초조, 갈등, 고민 여러 가지 무형체에 시달리며 삶의 의욕을 잃었습니다. 홍 관장님, 너무나도 진실로 감사합니다. 이번 수련으로 우리 가족 모두 완전한 슈퍼맨을, 더욱더 자녀 인생길을 찾게 해주셨습니다. 감사합니다.

58) 공무원   최원택(52세) 고졸

오늘처럼 기쁜 날이 또 있을까? 나는 중학교 시절 콩쿨대회 때 전교생 앞에서 노래를 부르다 가사를 잊어서 학생들로부터 놀림을 받았고 그 후 대중이나 사람이 많은 곳이 싫어져 사람들을 피하다 보니 대인공포증에 시달려, 심지어 공무원인 관계로 표창장을 준다고 하여도 세종문화회관에 수천 명 앞에서 받을 용기가 나지 아니하여 상장까지도 포기해야만 할 실정이었습니다. 그러던 중 진급이 되었으나 딴 곳으로 발령이 나겠고 그곳 직원들 앞에서 부임인사를 하자니 대인공포증인 나는 큰 걱정이었습니다.

그런데 이번 홍민성 관장님에게 교육을 받은 결과 이렇게 변할 수가 있는지 나 자신이 놀랐습니다. 분명히 나는 여러 사람 앞에서 연설도 하였지만 대인공포증이 말끔히 없어졌습니다. 이 고마움을 무엇으로 갚아야 할지 정말 눈물이 앞을 가릴 뿐입니다. 고맙고 또 고마울 뿐입니다.

59) 고교생   오상훈(20세)

과거에 나는 많은 문제에 시달렸다. 그러나 나는 이 수련을 통해 많은 것을 깨달았다. 나는 사탄이 아니고 신이다. 과거에 사고와 본능에 이끌리는 내가 아니라 바로 행동을 취하는 신이 됐다. 그리고 최신 자동단전호흡대로 평생 건강도 보장받았다. 과거의 퍼담으려고만 했던 내가 이제는 퍼내는 입장에서 인류를 위해 봉사하는 입장이 됐다. 그리고 이제부터는 머리가 아닌 마음에서 우러나오는 강력한 의지로서 생활해 나가겠다. 입 벌리고 동작하면 모든 일이 해결된다는 진리도 깨달았다.

이 수련관에서 깨달은 신적인 행동을 앞으로 나만이 아닌 인류를 위해서 행동하겠다. 이 3박 4일 수련에 임하는 데 힘든 점도 많았지만 많은 것을 얻었다. 그리고 홍 관장님과 여러 교관님들에게 감사드린다. 또 홍 관장님께서는 우리 인류를 위해 이 수련을 계속해 주시기 바랍니다. 여기서 깨달은 많은 것들을 나만이 아닌 가정과 국가 사회 인류를 위해서 영원히 힘쓰겠다.

60) 여고 교사 유완근(58세) 대졸

믿을 수 없었던 이 사회에서 오직 하나 믿을 수 있었던 국제슈퍼맨수련관에서 내 일생에 처음 대하는 오직 한 사람의 위대한 사람을 만나 이분으로부터 슈퍼맨수련을 받았습니다.

처음에는 별로 신통하지 않은 듯했으나 이틀 뒤부터는 가장 참된 인생 교훈이요 행동의 큰 힘을 확인하게 되고 5천년 역사에서 선조들의 잘못된 사고로 인해서 온 오늘의 그릇된 사회현상을 깨달았습니다.

하루 4시간도 못 되는 수면으로 20시간씩 활동하는 생활도 배웠습니다. 우리 민족은 옛부터 무슨 일을 할 때 안 된다는 말만 앞세우고 행동과 일하기를 가장 싫어하면서 나라와 발전을 막고 종교에 있어서나 교육에 있어서 창의력, 활동력 없는 생활습관에서 악습을 고집해 나왔습니다. 이것은 모든 일을 할 때 말만 앞세웠지 행동은 하지 않았기 때문에 창조를 못 해낸 것입니다. 슈퍼맨수련 행동을 강력한 봉사와 성공창조 행동으로 옮겨서 우리나라뿐 아니라 세계 인류를 향해 잠시라도 쉬지 말고 행동 번식을 시켜야 하겠습니다.
 관장님의 차원 높은 강의는 주의력을 절대적으로 집중시켜서 열심히 듣지 않으면 참된 진리와 깨달음을 못 얻고 시간은 흘러가 버립니다. 앞으로 슈퍼맨수련에 임하시는 분들은 모험을 해서라도 홍 관장님께 몸을 맡기시기 바랍니다.
 이 나라 60만 대군보다도 10만의 슈퍼맨으로 민족과 국가의 통일을 이루고 하루바삐 우리나라가 발전·번영하기만을 바라겠습니다. 대단히 감사합니다.

61) 교사   정영진(36세) 대졸

 부정적인 사고에만 내 자신을 맡겨 왔던 지난날을 생각하니 한바탕의 꿈이었던 것만 같다. 이번 모처럼의 특별한 기회로 국제슈퍼맨수련관에 투자하지 못했더라면 평생을 부정의 늪 속에서 창조적·봉사적 행동이란 꿈도 꾸지 못했을 뻔했다.
 모든 유혹을 뿌리치고 어이된 연유인지 국제슈퍼맨수련관을 찾았던 내 발길은 정말 과감한 용기였다. 나 자신도 놀랄 만큼 잘했다. 홍 관장님의 행동수련과 열강은 이 세상 어느 곳에서 할 수도 볼 수도 들을 수도 없는 수련과 열강이었다. 보통 사람 이하로 자처했던 나를 신적인 경지에까지 끌어 올려주신 그 은혜로운 지도와 열성에 관장님을 존경하고 감사하지 않을 수 없다.
 특히, 관장님의 그 많은 연구와 독서력과 창조력의 실증은 쏟아지는 폭우처럼 하루 20시간씩 나와 우리 모두에게 너무나 충분하고도 남음이 있는 감동을 주었던 것이다. 또한 관장님의 선물 최신 자동단전호흡대는 내 일생의 동반자가 되었다.
 관장님을 뵙게 된 우리는 너무도 행복한, 한마음 한뜻으로 혼연일체가 되어서 '動'을 '強'하게 했기 때문에 이렇게 엄청난 결과를 맞았던 것이다. 세상을 책임질 수 있도록 변화시켜 주신 국제슈퍼맨수련관에 뜨거운 감사를 드린다.

62) 대학원 연구원   조규철(27세) 대학원 졸

3박 4일 간 나의 사고와는 달리 피·땀·눈물의 강력한 발휘 과정으로 인해서 나의 의지와 동작은 놀라웁고 무서울 정도로 내 몸 하나에서 많은 것을 확인하고 창조하는 경험을 했다. 이처럼 세상 차원을 초월하는 강력한 슈퍼맨수련이 아니었다면 어떻게 적극적이고도 강력한 나를 창조할 수 있었겠는가?
 이제 최신 호흡대로 인해 결코 지치지 않는 나의 의지와 건강이여! 나는 나의 의식을 의지와 행동의 종으로 거느리고 나의 신성을 유감없이 발휘한다. 힘껏 마음껏 발휘한다.
 이제까지 내 인생에서 나를 불안케 했던 사고야! 너는 이제 꺼져 버려라! 뒈져 버려라! 나의 의지와 동작은 네 명령을 듣지 않는다. 네 명령대로 살아서 여지껏 해놓은 것이 무엇이냐? 과연 무엇이냐? 증거를 대봐라! 내가 3박 4일 간 슈퍼맨 동작으로 너를 무시하지 않았던들 어찌 나에게 이런 변화가 일어날 수 있었겠는가? 이전 같으면 몇 년, 몇십 년을 거쳐도 못 해낼 것을 단 며칠에 해내지 않았는가! '세상에 대한 봉사와 사랑을 언젠가는 해야겠지'라고 여지껏 막연히 꿈만 꾸었던 것을 나는 이제 슈퍼맨으로서 이 위대한 봉우리를 공격하기 시작한다.

63) 이상영(27세) 고졸

먼저 국제슈퍼맨수련관 관장님과 교관님들께 한없는 고마움과 감사를 드립니다.
 저는 단전호흡 한 가지만을 목적으로 입관했습니다. 세계에서 가장 정확하고도 빠르게 자동으로 단전호흡을 익힐 수 있다기에 말입니다. 3박 4일 수련을 받고 보니 제가 바란 단전호흡 1백% 성공은 물론, 저의 의식과 건강과 생활 창조력까지 덤으로 얻어서 목표의 1천%, 아니 1만% 이상으로 성공했습니다.

이틀째부터는 엄청난 변화가 오기 시작했습니다. 쏟아지는 눈물을 주체할 수 없었습니다. 행동하면 할수록 실적과 자신감은 더욱 더 쌓이게 됐고 모든 것이 갖추는 것이 아니고 발휘해서 확인하고 성공한다는 신적인 수련이었습니다.

홍 관장님, 정말 정말 존경합니다. 우리 민족과 세계 인류여! 슈퍼맨 이상영이가 여러분들에게 외칩니다. 여러분들이 인생으로 태어나서 성공하려거든 대한민국의 국제슈퍼맨수련관에 와서 홍민성 관장님의 신적인 슈퍼맨수련을 받으십시오! 말이 필요 없습니다. 안 믿어도 좋습니다. 믿지 않는 건 당신들의 사고(思考)입니다. 믿는 걸 누가 못 해냅니까. 안 믿어도 행동으로 성공시켜 내는 슈퍼맨수련입니다.

64) H중공업 사원　　신완식(22세 기독교) 고졸

이 지구상에 내가 존재하고 있는 것이 얼마나 얼마나 좋았던가를 슈퍼맨수련을 통해 알게 됐다. 이제 지나간 과거는 되돌아볼 필요성이 없다. 이제 내 인생 앞에 절대로 실망과 좌절은 없다. 실망과 좌절은 사고일 뿐이다. 지금까지 살아왔던 암흑의 세계가 3박 4일 수련을 받고 보니 환하고 밝은 광명의 세계로 바뀌었다.

나는 神이다. 나는 나의 건강 강화와 소극성, 주관성, 우울, 공포증 등의 결점을 고치려고 왔으나 이제는 이 따위 것들 해결은 물론 훨씬 더 초월된 神으로서 민족과 세상 인류를 사랑하고 봉사하면서 살 수 있는 희망과 웃음이 넘친 나로 되었다.

내가 이번에 국제슈퍼맨수련관을 찾지 못했더라면 내 인생은 얼마나 더 크게 낙오됐을까? 나는 이제 국가와 민족과 세계를 위해 일할 준비가 다 되어 있다. 오직 강력한 창조행동으로 한 알의 밀

알이 되어 모든 인류의 빵이 되어 주겠다.
 끝으로 나와 우리를 최선 이상의 노력으로 이끌어 주시고 행동 창조력과 강한 의지까지 심어 주신 관장님과 교관님들께 감사드립다.

65) 주부   남혜숙(40세) 대졸

 신문 광고를 볼 때마다 슈퍼맨수련을 받고 싶은 의욕이 있었으나 기회를 잡기 어렵다가 이번에 남편과 아이들과 같이 오느라고 남편의 사업까지 중지해야 했습니다. 참으로 좋은 기회였습니다.
 나와 남편과 아이들 모두가 너무 수줍어하고 거리낌이 많아 이제까지 소극적인 행동과 생활을 하여 왔었는데 이번 슈퍼맨수련을 통해 모든 것을 한꺼번에 해결하니 도무지 믿어지지 않을 정도입니다. 아무리 많은 사람 앞에서도 떨림도 거리낌도 전혀 없으니 이런 곳에 좀더 일찍 오지 못한 것이 한스럽습니다. 더욱이 관장님의 차원 높으신 강의에 많은 공감을 했습니다.
 많은 종업원을 거느린 남편도 이제부터는 그들에게 활기차고 강력한 리더쉽을 발휘할 수 있게 되었다고 기뻐하니 참으로 다행입니다. 나 자신의 엄청난 성공 외에도 남편을 폭넓게 도울 수 있게 되었고 가정에서 아이들에게 차원 높은 지도를 할 수 있게 되었습니다. 이제부터 저의 앞날과 가정은 밝기만 합니다.
 그 동안 저희들과 똑같이 수련하면서 애써 주신 관장님과 조교님들에게도 내 평생 최고의 감사를 드립니다.

66) 보석감정원   윤형준(27세 증산도) 고졸

 처음 《동(動)》이란 책을 읽고 그 동안의 저의 성격문제와 건강상 문제로 고심했던 제가 큰 감명을 받았습니다. 그리고 이번에야말로 소극적인 성격과 항상 건강치 못하여 건강에 자신이 없던 나를 완전히 개조할 수 있는 기회라 생각하고 집과 직장의 모든 일을 제쳐두고 수련관으로 향하였습니다.

과연 내가 3박 4일이라는 짧은 수련으로 얼마나 변모될까 하는 생각도 하며 다시 책을 보며 수련 실적을 보고 나도 반드시 변화될 것이다. 그리고 나 자신에 사고를 무시하고 홍 관장님께 나의 모든 것을 맡기고 수련에 임한다는 자세로 흥분과 설레는 마음으로 부곡온천에 있는 수련장으로 향하였습니다.

이것은 정말 말로 표현할 수 없는, 오직 행동을 하는 자만이 알 수 있는 것이었습니다. 최신 자동단전호흡대는 나에게 무한한 자신감과 건강에 신뢰를 가지게 했고 이 세상 차원을 뛰어넘는 홍 관장님의 강의는 나를 정말 열광에 빠져 버리게 했습니다. 12시에 취침, 새벽 4시 기상, 실로 나에게는 전혀 없었던 획기적 체험이었습니다. 그리고 이어지는 신적 차원의 강의와 행동수련, 피땀을 흘려 본 자만이 알 수 있는, 느낄 수 있는 과정이었습니다.

이 민족과 53억 인류에게 창조자로서 사랑과 봉사를 다할 것을 굳게 다짐합니다. 그리고 많은 저의 친구와 가족들과 이웃들에게 소개하여 사고와 본능에 빠져 있는 저들을 구원하는 계기로 삼겠습니다. 다시 한번 홍 관장님과 교관님들께 감사 말씀 드립니다.

67) 철도 공무원   주홍기(26세) 고졸

먼저 3박 4일 동안 수고하신 관장님께 감사드립니다. 제가 이곳에 오게 된 동기는 《동(動)》이라는 책을 읽어 본 순간 모든 것이 저를 비교하여 나열한 것처럼 아찔했었습니다. 책장 한 장 한 장을 넘길 때마다 무엇인가가 있을 것 같은 느낌과 동시에 나도 수련을 받아 보자는 생각에 가입을 했습니다.

제가 26년 동안 살아오면서 수련을 받는 것이 이번 처음이라서 무척 걱정했었습니다. 제가 수련을 받을 결심을 했던 이유는 누구에게나 의지하면서 살려고 했고, 남들 앞에서 제 의사를 제대로 발언하지도 못할 뿐더러 특히 잠이 많은 제가 4시간 정도의 수면을 취하고도 지치지 않는다는 대목에서 매우 공감을 느꼈습니다.

최신 자동단전호흡대를 부착하고 첫날부터 열성적이고 행동적인 관장님의 강의에 저절로 귀와 눈이 모아졌습니다. 다음날 저는 정말 신기하고 놀랐습니다. 제가 정말 4시간 자고 일어났으며 제대로 못 뛰던 내가 ○○km 가까이 뛰고도 전혀 지치지 않았다는 사실이다. 더욱더 놀랐었던 것은 남들 앞에만 서면 다리가 떨리고 얼굴이 빨개졌었는데 관장님의 신적 의지와 강력한 행동 앞에는 그저 무너지고 말았습니다.

관장님 정말 감사합니다. 무어라 감사를 드려야 할지 …….

68) 제과회사 여직원   이성숙(26세) 고졸

국제슈퍼맨수련에서 이제까지 경험하지 못한 충격을 받았다. 내 인생에서 가장 획기적 도약의 길을 열어 준 데 대하여 홍민성 관장님께 뭐라고 감사의 말을 전해야 옳을지 모르겠다. 광고지에서 우연히 본 모습에 사로잡혀 광고 내용을 읽어 본다는 갈등 속에 지내왔던 내 과거를 청산할 수 있지 않을까 하는 매달리고 싶은 심정이었다.

나는 이제 다시 태어났다. 지난날의 무지를, 겁내고 용기가 부족해 할말을 못하고 삭혀 버려야 했던 고통들은 말끔히 없어졌기 때문이다. 사람으로 태어나서 진짜 사람 노릇 못하고 내 인생을 허비해야만 했던 시간의 끈을 붙잡고 마냥 내 사고에 매달리는 나 자신을 건져 낼 수 있었다. 이젠 신음하지 않아도 된다. 여지없이 내 의지가 그 못된 사고를 파괴했기 때문이다. 차츰 귀가 열리고 목이 트이는 과정을 반복하며 나 이성숙은 이제 슈퍼우먼이 됐다.

이제 나는 몹시 바빠질 것이다. 모든 인류를 위해 봉사자가 되어 강력한 행동으로 포용하며 새로운 미래를 열 것이며 그 누구보다도 굳센 의지의 창조자가 될 것을 나 자신에게 약속한다.

69) 주부   김희자(46세 불교) 고졸

누가 가자고 하더라도 자기가 가기 싫으면 그만인데 저는 저 자신이 오고 싶어 왔습니다. 저는 아이들과 같이 왔습니다. 한 명도 아니고 4명입니다. 수련을 받고 난 지금 생각하니 여기에 오길 너무나 잘했다고 손뼉이 쳐집니다.
처음에는 너무 힘들어 금방 뛰쳐나가고 싶었었지만 커다란 열매가 손쉽게 굴러 들어올 수 없다는 이치대로 큰 고난을 피땀으로 정복하니 이렇게 가슴이 활짝 열리고 심장에까지 감응되는 느낌입니다.
다행히 아이들도 어느 누구 한 명 낙오 없이 잘 따라 주는 가운데, 수련 과정이 진행되는 시간 시간마다 달라 보일 정도로 의지와 행동이 진전되고 얼굴까지 밝아졌습니다. 이렇게 속이 시원한 느낌은 생전 처음입니다. 세상에 이렇게 짧은 시간에 많은 것을 깨닫고 이렇게 많이 발전시킬 수 있는 훈련기관은 이 세계에 국제슈퍼맨수련관 말고는 없을 것입니다.
이곳에 우리 4명을 기꺼이 보내주신 남편한테 제일 먼저 고맙다는 말을 쓰고 싶습니다. 지금까지 모시는 데 소홀했던 부모님에게도 이제부터는 더욱 열심히 봉사하겠으며, 이웃 친지들에게도 봉사의 행동을 아끼지 않겠습니다. 기회가 주어지는 대로 우리 가족 전부 들어와 관장님의 수련을 받겠습니다. 감사합니다.

70) 대학생   김태성(22세)

나는 나태함과 소극성을 고쳐 보기 위해 수련관에 들어왔다. 수련을 받다 보니 머릿속 사고가 아닌 행동으로 나설 때 모든 문제가 해결될 수 있다는 것을 느꼈다. 내가 수련관을 나가면 정말로 할 일이 많다. 내 주위의 사람들에게 봉사하며 사회와 국가, 나아가 인류의 행복에 이바지할 수 있도록 나의 사고를 무시하고 끝없이 향상해 나가겠다. 수련관에서 쌓은 나의 신적 건물 기초를 바탕으로 내 자신의 고층건물을 쌓겠다.

슈퍼맨수련관은 자신의 문제로 고민하고 있거나 항상 앞서가는 사람이 되고자 하는 사람은 체험을 함으로써 무엇이 잘못됐으며 어떻게 행해야 하는지 절로 알게 될 것이다.

이제부터 나는 언제 어디서나 어떠한 상황에서도 오직, 강력한 행동만을 먼저 취하고 행동으로서만 모든 문제를 해결하겠다.

71) 화장품 회사 여사원   김영주(26세) 고졸

관장님과 교관님들께 먼저 진심으로 감사드립니다. 소극적이고 사소한 작은 일에 너무나 많은 시간을 허비해 버렸었지만 우주보다도 훨씬 큰 자신을 만들어 나감에 지금까지의 그 어떤 기쁨보다도 큰 감격스러움과 희열을 느꼈으며 알지 못했던 어리석음을 이젠 강력한 행동가로서 뚫고 나가겠습니다. 내 생애에 홍 관장님을 뵐 수 있게 됨은 나에게 가장 큰 영광이라 생각합니다. 모든 사고에서 초월한 강력한 언어 한 말씀 한 말씀에 정말 위대함을 느끼지 않을 수 없었습니다. 다 같은 인간인데도 이럴 수 있는 것은 왜일까? 그러나 확신할 수 있습니다.

풀어졌던 내 마음을 다시는 사고의 노예가 되지 않도록, 지금까지의 자신을 강력하게 깨버리겠습니다. 변화시킬 수 있는 현재와 미래, 수련을 받은 만큼 이젠 행동철학자로서 인류와 부모님과 모든 사람들에게 봉사하겠습니다. 진심으로 감사드립니다.

72) 회사원   정병구(25세) 고졸

《동(動)》이라는 책을 읽고 국제슈퍼맨수련관에 들어와 3박 4일의 행동수련 과정을 마친 지금 나는 무어라 표현할 길이 없다.

이 세상 모든 사람이 이렇게 사랑스럽고 존경스럽고 형제·자매처럼 보이는 이 마음, 생전 처음으로 느끼고 있다. 이 세상 인류에게 더 이상의 긴 말은 할 필요가 없겠다. 더 이상 할말이 있다면 어디 끝이 있겠으며 더 말하면 아부로 들릴지도 모르겠다.

수련관의 광고를 보는 사람들에게 믿으라고 할 말밖에 없다. 실적을 보고 안 믿으면 무엇을 믿겠는가? 실적을 보고도 안 믿는 자는 돼져라!

나는 이제 집에 가면 고정관념으로 꽉 찬 가족부터 수련관에 보내겠다. 처음에는 미친 사람으로 보겠지만 조롱하고 핍박한 뒤에는 나를 인정하지 않을 수 없게 될 것이다. 왜냐? 실적에는 믿지 않을 수 없으니까!

세계 인류 역사 최초로 신적인 슈퍼맨수련법을 창조하신 홍민성 관장님은 이 모든 수련 과정들을 그저 보통의 여느 교육자, 교수, 철학자, 박사, 지도자 등처럼 수직관계로 가르치시지 않았다. 그저 무엇을 암기하라는 등의 주입식과 같은 지식을 가르치지도 않으셨다. 그렇다 해서 관장님에게 예속시키지도 않으셨다. 단, 수평관계로서 나와 똑같은 입장에서 하나하나 동기만 주셨을 뿐이다.

나는 과거의 그 어둡고 침침한 생활——대인공포, 불안, 초조——이 언제 내게 있었느냐는 듯 오히려 이상할 정도이다. 그런데 나에게는 수련비가 큰 문제였다. 가족을 위해 또 직장을 위해 현실을 초월해야만 하겠기에 늙으신 부모님과 담판을 벌였다. 아니나 다를까 늙으신 부모님은 대번에 죽일 놈, 살릴 놈 하면서 미친 놈으로 대하셨다. "성격이 하루아침에 바뀐다니 말이 되느냐? 저 놈이 사기를 당해도 크게 당할 놈이다" 하시면서 난리를 피우셨다. 그때 나는 정말 앞이 캄캄했다. 그 후 나의 목숨을 건 끈질긴 투쟁으로 수련 당일까지 수련비를 마련하는 모험을 했다.

수련을 마친 지금 생각하니 내 일생에서 가장 큰 모험을 가장 필요할 때 잘했다고 자부한다.

최신식 평생 건강 자동단전호흡대의 위력 역시 정말 말로 표현할 길이 없다. 그렇게 약했던 나의 건강으로 3박 4일 수련을 숨 한 번 가빠하지 않고 마쳤다니 신기할 뿐이다. 돌아가면 가족과 이웃과 직장과 모든 사람에게도 최신 호흡대의 위력을 실감시켜 이 세상 모든 인류가 질병과 건강 문제에서만큼은 평생 해방되도록 권유하겠다.
 이 말은 수련받지 않은 사람들이 들으면 이해할 수 없다. 그러나 누구라도 수련받게 되면 금방 몸과 가슴으로 확인하게 된다.

73) 고교생   김한상(18세 천주교)

 나는 과거에도 학교에서 극기훈련에 간 적이 있었는데 그때에는 재미는 있었지만 슈퍼맨수련의 결과 같은 보람과 실적은 없었다.
 관장님 말씀에 '참는 것이 인내가 아니라 불가능한 것을 행동으로 해내는 것이 인내'라고 하는 우리 역사적 사상까지 뒤집어 놓은 강의와 행동에 놀라기까지 했다. 반신반의하면서 슈퍼맨수련에 참가했던 나는 새로운 차원에 부딪힐 때마다 놀랐고 놀라는 가운데서도 행동을 통해서 지금까지 나의 고민이었던 건강문제와 빈약했던 의지와 집중력 부족을 한꺼번에 해결하여 내 마음에 흡족한 만족을 거두었다.
 3박 4일 동안 한시도 벗지 않았던 최신 자동단전호흡대를 앞으로도 죽을 때까지 착용하면서 강력한 체력을 유지해 나가겠다. 하루 20시간씩 강력한 행동을 해도 전혀 지치지 않는 원인이 최신 자동단전호흡대에 있었음을 알았다.
 슈퍼맨수련은 인류가 살아가는 데 있어서 누구에게나 꼭 필요한 것이지만, 그렇다 해서 어디에서나 배울 수도 없는 것이어서 매우 값지고 고귀하게 느껴졌다. 관장님의 종교 말씀 역시 나에게는 매우 훌륭했고 나의 종교에도 더욱 자신감을 갖게 해주었다. 슈퍼맨수련 받기로 결심한 것이 너무나 잘된 일이어서 나의 마음은 지금도 생기로 넘치고 있다.

앞으로 슈퍼맨수련을 타인들에게도 강력하게 권할 것이며 가정에서나 학교에서도 슈퍼맨 행동으로 강력하게 살 수 있는 자신이 있다.

74) 여고생   추연림(17세 천주교)

우리 식구 전부는 아버지의 권유로 슈퍼맨수련을 받게 되었다. 나는 슈퍼맨수련이 매우 힘들고 어려울 것 같았기 때문에 가지 않겠다고 떼를 썼다. 그런데 아버지께서 주신 《동(動)》이라는 책을 읽고 나서 '정말 그렇게 변할 수 있을까?' 하는 호기심에 슈퍼맨수련을 받기로 했다. 처음에는 좀 힘들었는데 이틀, 사흘, 시간이 흐름에 따라, '아, 정말 잘 왔구나!' 하는 감탄사가 절로 터져 나오는 희열을 맛볼 수 있었다. 아버지의 권유가 얼마나 고마운지 수련을 받고 보니 실감하게 되었다.

정말 가정과 학교와 성당에서는 상상해 보지도 못한 내용들이다. 세상 사람들 어느 누구에게나 반드시 필요하지만 국제슈퍼맨수련관이 아니고는 가르치지도 해볼 수도 없는 정말 필요한 수련내용들에 나는 신이 났다.

건강도 이렇게 좋아질 줄은 전혀 기대하지 않았었다. 최신 자동단전호흡대를 우리나라 전 학생들에게도 착용시켜 수련을 하면 병에 걸리거나 몸이 약해지는 학생들이 우리나라에 한 명도 없게 될 것이라고 생각한다.

3박 4일이 결코 긴 시간이 아닌데도 슈퍼맨수련을 받은 사람들은 이곳을 평생 동안 잊지 못할 것이다. 내 인생과 세상을 바로 알게 해주었고, 또 어떻게 국가 사회에 의지의 행동으로써 봉사해야 한다는 주인적 행동과 나아가서 세계를 내 무대로 삼아야 한다는 신적 입장으로 성장시켜 준 슈퍼맨수련관을 떠난다고 생각하니 너무나 서운하여 발걸음이 무거워진다.

75) 가사   김기자(34세 女 기독교) 고졸

국제슈퍼맨수련관!
　아, 신기합니다. 너무나 기쁘고 원통하고 통쾌해서 눈물이 줄줄 흐릅니다. 저는 슈퍼맨수련에 감탄해서 한없이 울었습니다. 이렇게 기쁨의 눈물을 많이 쏟아 보기는 제 인생에서 처음입니다.
　저는 노이로제로 18년 동안 죽을 고생을 했습니다. 한약·양약 가리지 않고 많이 먹었습니다. 보약도 많이 먹었습니다. 돈은 한 푼도 벌지 못하면서 죽는다고 난리를 치니까 좋다는 약은 모두 먹을 수 있었습니다. 하나님에게 매달리느라고 새벽기도와 금식기도도 많이 했으며 유명한 목사님들의 안수기도도 많이 받았지만 저의 증세는 점점 더 심해졌습니다. 그러니 저에게 오는 것은 눈물과 고통의 세월뿐이었습니다.
　저는 그 동안 신경과나 교회나 병원에 다니느라고 많은 돈도 들였지만 카운셀링도 진저리가 날 정도로 받았습니다. 그러나 그런 것 모두는 관장님 말씀대로 개나발이었습니다. 관장님은 카운셀링 5분도 하지 않고 저를 18년 동안의 노이로제에서 해방시켜 주셨습니다. 병치레투성이였던 저의 몸까지 3박 4일 만에 세상에서 가장 건강한 몸으로 만들어 주셨습니다.
　저의 과거는 죽었습니다. 저는 이젠 새사람이 되었습니다. 아, 기쁩니다. 아~, 기쁩니다. 정말! 기쁩니다. 그토록 뼈를 깎는 고통에서 이렇게 빨리 새처럼 날아갈 것 같은 기쁨으로 바뀌다니! 이게 꿈일까요? 이게 꿈이라면 불행이겠지만 다행히 현실이기 때문에 홍 관장님, 정말 고맙습니다. 대한민국과 세계에서 홍 관장님처럼 훌륭하신 분이 또 계실까? 감탄했습니다. 암담했던 내 인생은 국제슈퍼맨수련관에서 재창조되었습니다. 이젠 이곳을 나가면 지금까지 18년 동안 못했던 봉사를 가정과 사회와 국가에 마음껏 하겠습니다.
　관장님 고맙습니다. 안녕히 계십시오.

76) 자수업   홍순화(23세 女 기독교) 고졸

짧은 수련 기간이지만 이 세상 어떤 것과도 바꿀 수 없는 값진 수련이었습니다. 내가 왜 이제야 관장님을 뵙게 됐는지 너무나 원망스럽습니다. 1년 전에 《동(動)》이라는 책을 읽고 나서 이렇게 수련을 마치니 나 자신의 변화에 너무나 놀랐고 23년이란 세월을 그냥 흘려 보낸 것이 너무나 안타깝습니다.

그 동안 직장 생활에서 많은 고통을 겪으며 살았는데 이제는 고통이 아니라 행복과 봉사로 살 수 있게 되어 가슴이 터지도록 기쁨과 희열이 넘쳐 흐릅니다. 이 기쁨을 어떻게 표현해야 할지 방법이 없습니다. 아울러 여자가 얼마나 강한가도 확실하게 체험했습니다. 남자들에게 말 한마디 못했던 내가 이곳에서 수많은 남자들에게 도전할 때 그 남자들의 자신없어하는 행동과 표현력이 불쌍하기조차 해서 나는 그들에게 강력하게 행동까지 시켜 보았습니다.

집에 돌아가면 부모님과 형제·자매 모두에게 수련을 받도록 권하고 가능한 대로 또 한번 수련에 참여하겠습니다. 이제 헤어진다고 생각하니 너무 아쉽고 서운합니다.

글과 말로서는 다 표현할 수 없을 만큼 너무나 엄청나게 많은 것을 주시고 일깨워 주신 관장님께 감사드리고 교관님들께도 감사드립니다. 하고 싶은, 쓰고 싶은 말은 끝이 없지만 또다시 뵐 것을 약속드리며 이만 줄입니다.

77) 주부   손복수(38세 불교) 고졸

끝없는 희열이 온몸을 감싸고 있다. 하늘 높이 뛰어오르고 싶다. 내 인생에서 삶의 청량제와 큰 기폭제가 된 이번 3박 4일 슈퍼맨수련은 내가 슈퍼우먼으로서 완전한 신적 경지에까지 이를 수 있도록 하여 주어 이보다 더 큰 생의 기쁨은 없다고 단정한다. 정말 진정한 인간의 능력을 발휘하고 창조하는 생의 목적이 이미 나에게 부여되어 있는 것인 줄 너무나 모르고 외부에서만 찾으려고 불평·불만 등으로 나를 채우려고 했던 과거가 너무나 큰 잘못이었음을 뼈저리게 알았다. 이곳에서 먼저 수련받은 애기 아빠가 적극적으로 추천하고 보내주어서 더없이 감사한다.

4일 전까지만 해도 나날이 타성에 젖어서 생의 의미도 깨닫지 못하고 가정 생활의 기쁨도 느끼지 못하고 살아왔었는데 슈퍼맨수련 4일 만에 이렇게 변하다니 사무치고 요동치는 이 가슴 놀라움 뿐이다.

집에 돌아가는 대로 3년 전에 친정 부모님의 연이은 사망으로 방황과 좌절과 고독의 자포자기 상태로 지내고 있는 친정의 두 남동생들에게 슈퍼맨수련을 반드시 받게 하여 창조자로 만들어서 이 국가 사회의 일꾼으로 만들겠다.

홍 관장님의 신적인 능력에 정말 놀라움을 금할 수 없으며 존경의 마음은 말로 이루 다 표현할 수 없다. 한없이 감사하고 싶을 뿐이다.

78) 주부   홍명숙(42세 천주교) 국졸

저는 평소부터 건강이 좋지 않았고 얼마 전에 허리까지 다쳐서 디스크로 많은 고생을 하던 중 국제슈퍼맨수련관을 알게 되었습니다. 슈퍼맨수련을 받게 되면 평생 건강에 크게 좋다고 해서 수련받기로 마음먹고 들어왔습니다.

저보다 더 나이 많은 아주머니들도 거침없이 이겨 내는 것을 보고 저도 인내하면서 수련에 임했습니다. 하루, 이틀 지나고 3일째에는 허리가 완전히 나았습니다. 잔병치레가 그렇게 많던 저의 몸 어느 구석 한 군데도 걸리적거리는 데 없이 튼튼해졌습니다. 질병에서 해방된 동시에 강력한 행동력과 능수 능란한 표현력까지 얻게 된 이 큰 기쁨 앞에 정말 놀라지 않을 수 없습니다. 힘이 좀 들었지만 이렇게 건강이 좋아지고 이렇게 큰 기쁨이 주어지는 이 수련을 어느 누구라도 다 받아야만 한다고 생각합니다. 국제슈퍼맨수련관에 오기를 참 잘했다고 생각합니다. 피땀 흘려 산교육을 몸소 행동으로 가르쳐 주신 홍 관장님과 교관님들께도 감사드립니다.
이 국제슈퍼맨수련관이 날로 날로 발전하기를 바라 마지않습니다.

79) 주부   고명순(44세 천주교) 중졸

나와 우리 가족이 이렇게 용기와 기쁨을 창조할 수 있는 건강한 몸이 되도록 지도해 주신 관장님께 깊은 감사를 드린다.
나는 처음에 신문광고에서 평생 건강을 보장시켜 준다는 최신 자동단전호흡대라는 것을 알게 되자, 이 수련을 받으면 우리 가족이 건강을 되찾겠기에 항상 건강이 나빠 고생하는 남편과 수줍음을 많이 타는 두 남매, 이렇게 네 식구가 거금을 들여 이곳에 오게 되었다. 그런데 슈퍼맨수련을 받고 나니 이곳에 참가한 것이 얼마나 다행이고 잘한 일인지 표현할 말이 없다.
가정 주부로서 운동은커녕 하루에 1백m도 뛰어 본 적이 없었던 내가 학생들과 젊은이들이 하는 행동과 운동까지 해냈으니 참으로 신기하다. 역시 최신 자동단전호흡대는 좋은 것이었다. 평생 건강을 보장시켜 준다는 신문광고가 조금도 틀리지 않는다는 것을 확인할 수 있었다.
이젠 집에 돌아가면 나도 가정과 성당과 사회에서 가슴을 당당하게 펴고 과감하고 활기찬 행동과 나의 주장을 펴나가는 데에 자신있게 되었다.
관장님, 앞으로 오래 오래 건강하시어 이 세상 모든 사람들이 우리 가족같이 건강하게 되어 보람 있는 삶을 살 수 있도록 지도해 주세요. 진심으로 고맙습니다.

80) 주부   박연옥(28세) 고졸

먼저 홍 관장님께 감사드립니다.
저는 슈퍼맨수련에 오기 전에 학창시절에나 가정 주부로서의 생활에서나 언제나 불안과 우울, 초조로 인하여 순간의 행복도 모르고 이 세상을 살아가기에 정말로 너무나 힘이 들었습니다. 그래서 몇 번이나 죽으려고 약을 사먹기도 했고 술을 마시기도 했었으며 나중에는 어디론가 사라져 버리고 싶은 심정으로만 살아왔습니다.
그런데 슈퍼맨수련을 받고 보니 생에 대한 용기가 생겼고 엄청난 강자로 창조되었습니다. 왜 진작에 여기 오지 않고 그렇게 여러 번 목숨을 버리려고 했었는가 싶습니다. 존경하는 홍 관장님, 백번이고 천번이고 고맙고 감사하다고 쓰고 싶습니다. 이렇게도 좋은 세상을 너무나 어렵게만 생각했고 비관했었던 저의 잘못이 너무나 부끄럽습니다. 남편에게 못해 주었던 내조를 이제부터는 최고로 잘해 드리겠습니다.
최신 자동단전호흡대 덕으로 평생 건강까지 보장되어서 아무리 활동하고 달려도 숨도 차지 않고 편해졌습니다. 제가 생각해도 너무나 신기하고 참으로 장하다고 하지 않을 수 없습니다.
여기 오기 전에 《동(動)》과 《강(强)》이라는 책에서 소감문을 읽고 '정말일까? 정말, 이런 곳이 이 세상에 있단 말인가!' 하고 회의를 느낄 정도였습니다. 하지만 수련을 직접 받고 제가 확인하게 되니까 이 세상 사람들한테 마음껏 자랑하지 않을 수 없습니다.
관장님! 존경하는 홍 관장님! 제 일생에 있어서 영원히 잊지 못하겠습니다.

81) 주부   신정화(38세 천주교) 고졸

인간은 행동을 해야 결실이 있다는 것을 체득했습니다.

여지껏 사고의 노예였던 가엾은 이 육체가 수련을 통하여 강한 의지와 행동하는 몸으로 재창출됨에 진정 놀라움을 금치 못합니다. 온몸에 힘이 솟습니다.

《동(動)》과 《강(强)》 책을 읽고 '사진에 모자 쓴 분이 과연 이 책을 직접 썼을까? 이 세상 어느 누구도 발언하지 못했던 이런 강력한 발언에 대하여 과연 책임질 수 있을까? 모자 쓴 분이 과연 어떠한 분이길래? 어떠한 행동과 모험으로 변화시킬까?' 의구심이 너무도 많았었습니다. 호기심과 무엇인가 기대되는 희망은 저로 하여금 입관하여 수련을 받게 하였습니다.

평소부터 자신을 재창조하여 가정과 사회와 국가에 봉사하고 싶었던 저의 목적에 대한 확신을 받았습니다. 슈퍼맨수련을 받으면 이렇게 변화된다는 게 당연한 것으로써 말할 필요도 없다는 것을 확인하게 되었습니다.

우리 수련자들에게 이렇게 막강한 힘과 용기와 행동열과 애국심을 일게 해주신 홍 관장님께 그 어떠한 말로 고마움을 표현할까요? 가족들 모두에게도 지체없이 슈퍼맨교육을 시켜야겠다고 마음을 굳힙니다. 우리 국민 모두가 슈퍼맨수련을 받는다면 오래지 않아 세계 최강국이 될 것이라는 확신과 믿음이 갑니다.

82) 상업   박용남(30세) 대졸

아무리 사고를 하고, 보고, 듣고, 느끼고, 행동해도 안 되던 것이 슈퍼맨수련 3박 4일로 간단하게 해결됨을 체험하고 너무도 어이가 없어 그저 우습기도 하다. 그것이 이렇게도 간단하단 말인가? 나와 이 세상은 일찍이 왜 이런 행동을 못했고 또 알지 못했었단 말인가?

지금까지 겪어 온 노이로제 때문에 학문에 대한 연구도 못하고 직장도 건강도 희망도 없이 불안과 공포, 초조, 긴장, 상상 등으로 아무것도 못하고 끙끙 앓아 왔으며 철저한 폐인, 의식 불구자가 되어왔었다.
 온 신경을 언제나 사고와 건강에 집중하고 고민하면서 문제를 삼으니 소화도 안 되고 머리는 무겁고 눈은 따갑고 혈압은 오르고 숨도 제대로 못 쉬었다. 그래도 병원은 무서워서 피해 다니고, 건강진단을 받으면 사형선고를 받을 것 같기에 무서울 정도로 주위까지 의식하면서 오늘날까지 살아왔다.
 나는 이번에 빚을 내어 수련관에 왔다. 그 철천지 원수, 노이로제와 무형체가 꿈처럼 파괴되어 버렸다. 나는 내가 수련관에 지불한 것보다 훨씬 더 많은 것을 받았다.
 세계 최고로 강력한 행동수련으로 나를 성공시켜 주신 홍민성 관장님께 영원한 감사를 드린다.

83) D그룹 엔지니어   이천주(30세 기독교) 고졸

 관장님, 무한히 감사합니다.
 관장님 같은 분이 이 지구상에 계셨다니 얼마나 감사한지 모르겠다. 관장님을 존경한다. 나는 과거에 너무나 많은 괴로움에 시달렸었다. 그래서 나는 모 개발원에서 발행한 책들을 사고 복식호흡대도 착용했으며, 그곳의 책들도 아무리 읽어 보았지만 전혀 믿음도 서지 않고 시원하게 마음도 감동시키지 못했었다. 그래서 세상적 차원을 초월하여 신적차원이라는 국제슈퍼맨수련관의 수련을 받게 됐다.
 홍민성 관장님의 세계 최초로 강력하신 행동수련과 강의는 나의 심장 내부와 창자 속을 날카롭게 파고들어와 뒤집어 버렸다.
 생전 처음으로 느끼는 이 기쁨과 이 희열, 나도 이제부터 신의 입장에서, 신의 자격으로 이 세상 어떤 일에서든지 주역으로서 행동하게 되었다. 나는 이제 내 인생이 끝날 때까지 추호도 어느 누구에게 의존하지 않는 신적 차원의 슈퍼맨이 되었음을 확신한다.
 관장님, 정말 감사합니다.

84) 사업가   김영남(34세 女) 국졸

나는 누구를 의지하지 않으면 한 발자욱도 움직이지 못하는 마음의 병자였다. 내 병을 고칠 수 있는 사람은 이 세상에 아무도 없다고 생각했었다. 슈퍼맨수련을 받은 나는 아무도 나를 고쳐 줄 수 없다고 판단했었던 과거가 한없이 부끄러웠다. '사람은 행동으로 산다'는 관장님의 행동수련과 강의 원칙에 이끌리니 이런 변화를 갖게 되어 자신과 확신을 얻었다. 나그네가 길을 떠날 때에 가지고 갈 물건들을 챙겨 넣듯이 홍 관장님은 내가 평생을 살아갈 때 필요한 모든 것을 직접 행동으로 챙겨 주셨다.

관장님에게 이끌려 불과 며칠 만에 이렇게 되다니……. 역시 인간은 행동을 해야 자기가 살 수 있고 인류가 살 수 있게 됨을 체험했다. 3박 4일 과정에 완전히 나를 정복했다. 이젠 영남이를 알몸으로 서울 한가운데 갖다 놓아도 잘 살아갈 자신이 있다.

관장님, 제가 이렇게 위대한 인간이 될 줄은 누가 알 수 있었겠습니까? 믿어지지 않지만 행동으로 되어진 사실이니 부인할 수 없습니다. 관장님, 정말 정말 감사합니다.

85) 간호사   정순희(36세 천주교) 대졸

세상에 이렇게 차원 높은 교육이 있을까 다시 한번 생각되어집니다. 너무나 놀라운 체험을 통해서 발전했기 때문에 이 글을 쓰고 있는 나는 표현할 수 없을 만큼 행복합니다. 홍 관장님에게 영원토록 감사드리고 싶습니다.

수련 장소에 와서도 처음에는 반신 반의했었던 심정이 솔직히 말해 사실이었습니다. 왜냐하면 '36년 간 형성된 내 성격을 겨우 며칠 만에 어떻게 재창조해? 이건 말도 안돼!'라는 생각이었으니까요.

그러나 슈퍼맨수련을 받는 과정에 내가 이렇게 사람을 좋아해

본 적이 있었는가, 이렇게 사람을 좋아할 수 있을까 싶을 정도로 나의 변화를 직접 확인했던 것입니다. '나 자신이 이렇게 좋고 사랑스러울 수 있을까? 나의 단점만 보고 나를 죽이려 했었는데 정말 내가 이렇게 변한 것이 사실일까?' 내가 이 세상보다 큰 우주라는 사실을 정말 내 몸으로 확인하게 되었습니다.

나는 이제 이 세상 그 누가 뭐라 해도 새 인간으로 다시 태어났습니다.

'정말 이 체험을 겪지 않았더라면!' 하고 생각하니 아찔합니다.

홍 관장님의 행동수련과 차원 높은 강의는 정말 나의 폐부까지 완전히 재창조해 냈습니다. 이 세상 사람들은 누구나 꼭 받아야 할 수련이라고 생각합니다.

86) 봉제사   김지현(22세 女) 중졸

우선 홍 관장님의 획기적인 행동철학 수련과 획기적인 강의에 너무나 놀라울 뿐이다. 인간은 보통 자기 건강과 자기 심리를 이겨 내기 힘겨워하는 나약한 존재인데 홍 관장님에게는 이런 인간의 보편성이 전혀 통할 수도 찾아볼 수도 기대할 수도 없었다.

신적인 행동을 발휘하고 또 우리들로 하여금 그런 능력을 발휘하게 하는 홍 관장님에게 가슴속에서 우러나오는 놀라움은 물론 존경을 느낀다. 내가 체험해서 느낀 감탄과 놀라움은 이 세상 무엇으로도 형언하기 힘들다.

관장님 감사합니다.

수련회에 오기 전까지의 나는 건강과 마음이 약해질 대로 약해져 있었다. 수련 과정을 이겨 낸 나는 이제 자신있게 살게 되었다. 관장님의 말씀 한마디 한마디의 의미를 머리가 아닌 가슴으로 깨달았기에 나는 지금 벅찬 감동으로 인한 기쁨과 희열을 주체하기 힘들 정도이다. 관장님 같은 깨달음과 수련은 이 세계에서 최초라는 사실을 절대로 부인할 수 없다.
최신 자동단전호흡대 역시 이렇게 빨리 나의 건강을 변화시키고 또 강한 의지의 행동을 발휘할 수 있도록 해줄 줄은 꿈에도 상상하지 못하였다.

87) 엘리베이터 회사 부장   최종관(45세) 대졸

회사의 중요 업무를 맡고 있는 저는 일상생활과 바쁜 직장생활에 너무 매이다 보니 요즘에는 업무에 대한 의욕과 건강도 약해질 대로 약해졌습니다. 약한 상태에서도 업무수행에 치중하다 보니 노이로제 현상까지 보여 병원도 여러 군데 옮겨 다니면서 치료했고 좋다고 하는 갖가지 약도 먹어 보았습니다. 아무리 노력해 보았지만 나아지는 것은 추호도 없었습니다.
그러던 중 친지로부터 홍 관장님의 저서인 《강(强)》이라는 책을 선물받았습니다. 책을 읽는 중에 '도대체 이럴 수가 있을까?'의 아심이 깊을수록 《강(强)》 책에 빠져서 모두가 곤히 자는 시간에도 반복해서 책을 읽었습니다. 나도 모르게 자신감이 생기면서 생각이 변해지는 것을 느꼈습니다.
수련 당일부터 나를 홍 관장님과 교관님들에게 던져 버렸습니다. 3박 4일이 어떻게 지나갔는지 모르게 흘러서 지금 이 글을 쓰는 나는 전과 다른 새로운 인생을 맞이했습니다. 나는 드디어 해냈습니다. 그간 생활문제와 건강문제와 회사문제로 방황하면서 흘려 보낸 세월이 무척이나 아쉽고 너무나도 아깝습니다. 허송세월하는 나약한 현대인들이여, 빨리 이곳에 와서 당신들의 인생을 보상받으시라! 그러면 당신들은 모두 기대 이상으로 성공한다.
국제슈퍼맨수련관의 홍 관장님과 교관님들에게 진심으로 진심으로 감사드립니다. 국제슈퍼맨수련관의 무궁한 발전을 기원합니다.

88) 사업가   문야성(26세)

여기 국제슈퍼맨수련관에 오기 전 나는 스스로 삶의 방향을 발견했다고 자부했었다. 그러나 그건 잠시였고 홍민성 관장님 저서 《동(動)》과 《강(强)》을 독파함으로써 아주 대단한 발견을 했다. 그러나 책만으로는 도저히 만족할 수 없는 갈증이 엄습해 왔다. 반드시 슈퍼맨수련을 받아서 나의 삶에 완전한 방향을 잡겠다고 결심했다.

관장님의 수련을 받게 된 나는 놀라지 않을 수 없었다. 수련 시작부터 끝나는 시간까지 힘찬 음성에 지칠 줄 모르는 열변과 행동에 실로 감탄하지 않을 수 없었다.

이곳에 오기 전 나는 방황하고 헤매인 끝에 '우리 인간을 다스리는 신이란 결코 있을 수 없다. 석가·공자·예수……. 그 따위를 믿다간 끝내 망한다. 왜? 자기가 느끼는 바로 자신이 신이기 때문이다. 그러므로 1백% 믿을 수 있는 건 오직 자신뿐이다'라고 깨달았지만 그 사실은 누구에게나 자신을 갖고 설득할 수 없었다. 그러나 슈퍼맨수련을 받았더니 이젠 자신 있다.

나 없는 세상은 필요없다. 강자 '문야성'이 나간다. 나는 이제 세상을 줄기차고 활기차고 멋있게 창조해 나갈 수 있게 됐다. 그러나 이 슈퍼맨수련을 받지 않는 한 어느 누구도 이 말을 실감 있게 받아들일 수 없을 것이다.

독자 여러분! 수련을 받건 받지 않건 여러분 자유이지만 돈 몇 푼이 아깝다고 생각되거든 오지 마시오. 나도 바쁘다.

관장님과 교관님들께 그저 깊이 깊이 감사드릴 뿐이다.

89) 공군 하사   이정선(25세) 대졸

목이 터졌다. 목소리뿐이 아니다. 이젠 몇천 명, 몇만 명 군중 앞에서도 모두를 움직일 행동과 들리게 할 목소리를 갖게 되었다.

나는 4일 전에 '내 사고와 행동과 목소리가 더 비약할 방법이 있을까?' 미심쩍어하면서도, 부모님의 건강까지 보강시켜 드리고자 필사의 노력을 하여 부모님을 모시고 들어와 슈퍼맨수련을 받게 되었다.

불과 3,4일 사이에 나의 기대와 부모님의 건강은 꿈이 아닌 분명한 현실로—— 우리 가족의 몸으로—— 확인하게 되었다. 오, 강력한 행동의 위대함이여! 오, 이 후련함이여!

행동을 통해서 사고는 자연적으로 정립되어지는 이 사실, 너무나도 단순한 것 같으면서도 수련을 받지 않은 사람은 죽어도 확인할 수 없는 이 진리! 분명 아는 것은 힘이 아니었다. 아는 것이 힘이라면 이걸 모르는 자가 세상에 어디 있겠는가? 수련 과정에서 행하는 행동이란 세상에서의 상상을 초월한다. 관장님은 행동으로 확인시켜 주셨다. 과거에 나를 약화시켰던 나의 속성을 확인한 점심 시간에는 식사도 하지 않고 강의실에 들어가 마음껏 오열했다.

전부터 단전호흡의 위력은 알고 있었으나 이렇게 신적 아이디어로 모든 사람들을 순식간에 건강의 길로 이끄는 최신 자동단전호흡대의 능력을 체험하고부터 그저 뜨겁게 용솟음치는 감사를 느낄 수밖에 없었다. 보잘것없이 보였던 호흡대가 이렇게 효과가 높을 수 있을까? 오! 감사합니다, 관장님! 신적 능력을 발휘하려면 얼마나 건강이 좋아야 하는지를 관장님의 호흡대를 착용하지 않고는 그 누구도 알 수 없다.

함께 오신 부모님들께서 수련 처음에는 어거지 심이었는데 지금은 전혀 판이하게 오히려 고맙다는 말을 저에게 하고 계시니 부모님의 고마움은 홍 관장님께서 받으셔야 한다.

90) 고교생   전호수(18세)

아, 이것이 정말일까? 처음엔 잘 믿기지 않았다. 그래서 나는

《동(動)》과 《강(强)》을 몇 번이고 계속해서 읽었다. 책을 읽은 나는 이 세상에 사는 사람으로서 자신감이 없거나 건강이 약하거나 노이로제나 열등감이나 우울증이나 말더듬이나 병으로 시달리는 사람들을 자신있게 고쳐 줄 수 있는 곳은 세계에서 바로 이곳뿐이라고 믿게 되었다. 그래서 나는 기대와 설레임으로 등록하고 수련을 받았다.

눈 깜빡할 새에 3박 4일이 지나갔다. 수련이 다 끝나가는 지금 정말 이렇게 기분이 좋을 수가 없다. 날아갈 것 같다. "야ㅡ, 나는 이제 슈퍼맨이다!" 그 동안 강력하신 관장님에게 이끌리면서 피땀 흘린 결과가 이렇게 엄청나다니! 내가 받아 놓고도 믿어지지 않는 이유는 왜일까?

나는 이제 목청도 우렁차게 되었고 성량도 풍부한 설득력 강한 능변가가 되었다. 남 앞에서 노래 한번 불러 본 적 없던 내가 수많은 사람 앞에서 자진해서 노래를 불렀다. 평상시 남과 눈만 마주쳐도 무슨 큰 죄나 진 것처럼 고개를 숙였고, 외모의 열등감에서 오는 갈등으로 남 앞에 내 모습을 보이기마저 주저주저했던 내가 이렇게까지 엄청나게 변할 줄은 꿈도 꾸지 않았었다.

끝으로, 관장님과 교관님들의 건강과 성공을 빌며 이만 줄인다.

91) 고속버스 운전기사 김장기(40세) 중졸

매우 기쁘다. '앞으로의 행동은 말보다 행동이 먼저라는 것!' 적은 투자에 비해 얻은 것이 너무 많아서 홍 관장님께서 손해를 보신 것 같다. 관장님께 새삼 머리 숙여 감사드리며 조교님들께도 감사드린다.

3박 4일 슈퍼맨수련은 지금까지의 나의 인생을 바꾸어 주었다. 가정에서나 직장에서나 게으르고 건강치 못했던 내가 이렇게 산산이 깨져 버리고 나니 이 좋은 수련을 하루 빨리 세상 모든 인류에게 알려서 그들의 인생에 새 장을 열 수 있도록 해야겠다. 가족에게 이제까지 무관심했던 나는 이젠 강력한 의지의 행동으로 사랑하겠다.

최신 건강호흡대를 통해 이렇게 빨리 건강이 좋아질 줄은 전혀 기대 밖이어서 놀라울 뿐이다. 국제슈퍼맨수련관이 하루 빨리 많은 사람들에게 홍보되어 여러 계층의 사람들이 슈퍼맨 교육을 받아야만 하겠다.

92) 노동   조문선(35세) 고졸

먼저 관장님과 조교님들에게 감사드립니다.

7년 전부터 심적인 갈등이 너무도 심하여 이 병원, 저 병원 헤일 수 없이 다니면서 종합진찰을 했으나 아무런 진단명이 나오지 않았습니다. 확실한 진단명도 안 나왔지만 제가 의사, 약사가 되어가지고 온갖 약으로 저를 혹사시키며 싸우다 보니 몸 전체의 기능이란 말이 아니었습니다. 다시 병원에 가서 종합 진찰한 결과 유동신(신장)이란 판단이 나왔습니다. 이것을 지금까지 작은 병원에서는 오진했던 것입니다. 이제 와서 큰 병원측에서는 수술하여 등 쪽으로 붙여야 된다고 말했습니다.

돈은 다 낭비하고 어떻게 하나 생각하던 중 국제슈퍼맨수련관에 가서 단전호흡을 하면 강력한 호흡이 유동신에 좋지 않을까 하여 즉시 온라인으로 서울의 수련관에 등록하고 수련 받게 되었습니다.

3박 4일 간 강력한 행동 수련과 강력한 단전호흡이 자동으로 된 결과 저의 심리적 갈등은 온데간데 없어지고 양쪽 어깨도 바로 잡혔고, 오른쪽 옆구리와 복부도 전혀 이상이 없게 되었습니다. 변비가 심했던 것도 사라져 버렸고 항상 코가 막혔던 축농증도 수련 도중에 찐덕찐덕한 농즙이 많이 나온 후 시원스럽게 뚫렸습니다.

제일 빨리 이상이 왔던 것은 7년 간이나 빠개질 것 같았던 머리가 맑아진 현상에 참으로 신기하고 이상해서 어쩔 줄을 몰랐습니다. 슈퍼맨수련 결과가 내 몸에 이렇게 빨리 나타난 것을 확인하니 국제슈퍼맨수련관 광고문이 거짓이 아니라는 걸 알게 됐습니다.

93) 고교생 윤철규(16세)

집으로 돌아가면 아버지와 동생들을 이 수련관에 보내야겠다. 그렇게 해서 우리 가족을 평생 말 잘하고, 평생 건강 좋고, 평생 동안 자신감과 용기가 넘치는 슈퍼맨 가족으로 만들고야 말겠다.
나는 아버지의 권유로 국제슈퍼맨수련관에 오게 되었다. 나는 첫날 '아, 잘못 왔구나!' 싶었다. 수련 과정을 끝마치고 나니 무엇 때문에 나 같은 학생들과 세상 사람들 모두에게 홍 관장님과 국제슈퍼맨수련관이 필요하고 이렇게 수련시키는지 이해가 되었다.
관장님께서 6년 동안 실험해서 발명하신 최신 단전호흡대는 정말, 대단히 큰 효과가 있었다. 평소 500m도 뛰지 못했던 내가 상상 못할 거리를 숨도 차지 않고 거뜬히 뛰어냈다.
가족들 앞에서도 노래 한 곡 못 부르던 내가 100여 명 수련생 앞에서 격정력을 발휘하고 노래하고 발표도 자신있게 하였다. 나는 정말 강자가 되었다. 나는 너무나도 크게 태어났다. 나는 절대 여기에서 만족하지 않는다. 관장님보다 더 나은 사람이 되기 위해 죽을 때까지 강력하게 노력한다.
나를 이렇게 만들어 주신 관장님과 교관님들께 진심으로 감사드립니다.

94) 공무원 강용모(27세 기독교)

기대를 훨씬 초월한 기쁨을 안고 퇴소할 수 있어서 참으로 가슴 벅찹니다.
神인 인간이 마치 자신이 사탄적인 인간인 줄 알고 그 굴레에서 헤매는 이 세상 인류에게 나는 이렇게 말씀드리고 싶습니다. "국제슈퍼맨수련관에 오십시오! 당신들의 인생 모든 문제를 확 뚫어 드리니 말입니다."

세계 최초로 인간 속에 숨어서 잠자던 무의식의 세계를 통찰하여 체계화시킨 홍 관장님! 이런 분이 5천 년 동안 침묵과 무지 속에서만 살아왔던 한반도에서 탄생되었다는 사실이 참으로 기쁜 일입니다.

나는 왜 지금까지, 왜 좀더 일찍 이렇게 차원 높은 홍 관장님의 수련을 받지 못하고 인생의 절실한 진리를 몰라 사고의 놀이에 꼭두각시 역할을 하였었는지 참으로 애석합니다.

항상 피곤하며 약했던 나를 왕성한 스태미나의 소유자로 변화시켜 준 최신 자동단전호흡의 힘으로 나는 이제 평생 건강도 염려하지 않게 되었습니다.

95) 공무원　　박광호(32세 불교) 대졸

《동(動)》과 《강(强)》 책의 소감문을 보고 감탄했었는데 나도 벌써 슈퍼맨수련을 받고 그런 소감문을 쓰게 되었다. 만천하에 자신 있게 외칠 수 있는 것은 무릇 21세기에 도전하려고 하는 현대인들이라면, 특히 한국의 젊은이들은 반드시 이 슈퍼맨수련을 받으라는 것이다.

슈퍼맨수련을 받고 난 지금 내 인생에서 가장 큰 깨달음을 얻었다. 인간은 신적인 차원을 갖고 볼 때에만 모든 세상의 문제나 인간 내면의 문제를 올바르게 인식할 수 있다. 지금까지 사고의 노예가 되어 왔던 나는 수련을 받고 나니 사고는 인간의 주체가 아니라 부속물이라는 사실을 알게 됐으며 우리 인간의 주체가 무엇인가를 확실히 알게 됐다.

하루 4시간의 수면을 취하고도 20시간씩 행동수련을 해낸 나의 건강은 홍 관장님께서 발명하신 최신 자동단전호흡대 덕분이다.

관장님 이하 교관님들께 무한한 감사를 드린다.

96) 입원환자(암 환자)　　김채완(42세)

　국제슈퍼맨수련관을 좀더 빨리 알았더라면 하는 생각이 간절하게 듭니다. 우리나라 전국민이 이 교육을 수료하여 우리나라가 하루라도 빨리 구습을 일소하고 새로운 대한민국을 창조했으면 하는 마음 간절합니다. 보편적인 교육이 아닌 직설적이고 경이적이고 획기적인 교육에 감탄했으며, 국제슈퍼맨수련관이 이 나라에 존재하는 한 나의 앞날은 물론이고 우리나라의 앞날 또한 밝다고 하겠습니다.
　한 가지 아쉬운 게 있다면 한 번 교육에 될 수 있는 한 1천 명 정도는 아니 그 이상이 받아야 되지 않나 하고 생각합니다. 왜냐하면, 이렇게 새롭고 획기적인 교육이 하루라도 빨리 전국민에게 보급되어야 하는데 이렇듯 차원 높고 시원하고 금싸라기 같은 슈퍼맨수련을 1백여 명 정도의 인원이 받기는 아깝습니다. 마치 좋은 보석을 흘려 버리는 것 같은 심정입니다.
　정부 차원에서 전국민에게 대대적으로 이 교육을 시킬 수 있는 여건이 하루라도 빨리 조성되었으면 합니다. 그래서 보다 많은 국민을 교육시켜 보다 더 잘 살고, 보다 더 건강하고, 보다 더 안정된 우리 대한민국이 되기를 간절히 바랍니다.
　관장님, 건투를 빕니다.

97) 청소년지도교사　　구준본(35세 기독교)

　벅찬 감정에 눈물이 흘러, 글이 감정적이 되지 않을까 염려된다.
　도대체 무엇부터 어떻게 써야 할지 모르겠다. 너무나 달라진 나는 과거에는 도대체 어떠한 나였었나? 지난 과거가 너무너무 억울하다.

210명의 과외 공부. 우리나라에서는 가장 많은 학생을 가르쳐 온 나에게 과외가 없어지면서 반갑지 않게 찾아온 것들——자기 학대, 열등감, 우울, 신경쇠약, 불안, 초조, 적면 공포, 대인관계 부조화 등——이 나를 덮어 버렸다. 증세가 아주 심해져서 34세가 되도록 장가도 못 간 채 여자 친구는 물론 남자 친구 한 명 없이 집안에 갇혀서 맴돌기만 했다.

그래도 자신을 고치고 싶었기 때문에 안해 본 것이 없다. 전성일 테이프도 듣고 싸이코 드라마 테이프도 들었으며 최면도 받았고 웅변도 해봤고 성격 개조에 관한 책을 3백 권 이상 보았다. 그것도 부족해 좌선도 해봤지만 나는 조금도 달라지지 않았다.

결국 내가 가장 편안해질 수 있는 길은 죽음 바로 그것이었다. 나는 모지게 마음먹고 나의 왼팔 동맥을 끊어 자살을 기도했지만 바보처럼 몸에 상처만 잔뜩 내고 실패했다. 또 수면제 40알을 먹었었지만 가족들에게 발견되어 다시 살아났다. 건강은 말이 아니게 나빠졌다. 신경은 조금만 써도 피로하여 나는 이제 아무것도 할 수 없었다. 어디 그뿐인가. 신경성 위장염으로 조금만 속상하는 일이 있어도 명치 부분의 통증 때문에 괴로워서 견딜 수 없는 나날이었다. 나는 어머님과 여동생의 보호를 받으면서 걸핏하면 잠만 잤다.

그래도 한편으로는 증세를 고치고 싶어서 이 세계에서 가장 차원 높고 강하다는 슈퍼맨수련을 받으려고 3년 전부터 모았던 수련관 광고를 다시 들춰 보았다. '에라, 모르겠다. 죽기 아니면 살기다.' 나는 여동생을 시켜 등록했다.

내 몸으로 확인한 사실이지만 피로를 전혀 느낄 수 없는 것이 너무너무 신기했다. 그것은 바로 최신 자동단전호흡대의 덕분이었다. 관장님께서 몸소 6년 간 수많은 시행 착오를 거치면서 개발하신 대 발명품! 전세계 인류가 다 착용해야 하는 최신 자동단전호흡대 덕분에 나는 이제 다시 살아났다. 너무너무 고마우신 관장님, 정말 감사합니다.
　이튿날 밤은 세 시간만 잤고 사흘째 밤은 한 시간만 잤다. 그래도 20시간 수련 과정에 한 번도 졸아 본 적이 없다. 너무너무 차원 높은 강의로 내 일생에 시간이 이렇게 귀중하다고 느껴 본 적은 없다. 이 세상 어느 누구도 믿어 주지 않을 사실은 나의 모든 문제가 완전히 해결되었다는 것이다. 믿거나 말거나……. 나는 드디어 성공했다. 너무나 큰 성공을 했다. 이렇게 기쁘고 벅찬 가슴을 어떻게 표현해야 하나!
　관장님! 건강하신 몸으로 오래 오래 사시면서 저 같은 사람들과 이 민족 모두를 인간답게 멋지게 살아갈 수 있도록 도와주십시오. 더 많이 쓰고 싶지만 시간이 다 되어 아쉽습니다.

세계최초 말더듬 완전 파괴

98) 사업가   유욱철(33세)

 중학교를 간신히 졸업한 나는 혼자서 독학을 하고 싶었지만 부모님의 반대로 할 수 없이 고등학교에 진학했다. 그러나 말더듬이라는 무서운 존재에 시달려서 3개월 만에 자퇴하고 말았다. 사람을 대하면 얼굴이 붉어지고 눈은 바로 뜨지도 못하고 고개를 숙인 채 쩔쩔매게 되었다. 오직 죽고 싶다는 마음뿐으로 개가 주인에게 질질 끌리듯이 겨우 살아왔다.
 나이가 들어 군대 갈 때는 정말 큰일 중의 큰일이었다. 말로만 들었던 군대생활, 그것은 나를 완전히 공포 속으로 몰아넣었다. 입대 전 서울의 모 말더듬 교정원에 1개월을 다녔으나 마음에 상처만 더욱 커다랗게 남고 말았다. 춘천에서 서울까지 매일매일 어렵게 다녔었지만 실패하고 나니 더욱더 죽고 싶었다. 지금은 안 계시지만 그 당시 늙으신 어머님의 그 애타하시던 모습은 지금도 눈시울이 뜨거워진다. 오죽하셨으면 용하다는 무당이나 점장이를 찾아다니며 기원하셨고 침을 맞으면 나을 수 있다고 해서 아까운 돈을 들여 가며 며칠씩 침도 맞았다. 미신이나 침 따위를 안 믿었지만 그토록 안타까워하시는 어머님을 생각해서 당신의 말씀대로 따랐다. 그것은 전혀 나을 리 없는 당연한 일임에도 불구하고 나는 괜찮다고, 많이 나은 것 같다고 어머님을 위로해 드리고 어머님께서 꼭꼭 싸주시는 부적을 가슴에 품고 입대하게 되었다. 군대생활 3년 간 가능한 대로 말을 하지 않는 요령을 익히면서 제대했다.
 사회에 나오니 더 큰 문제에 부딪히게 됐다. 어느 직장에서나 6개월을 넘기지 못했다. 아무리 급한 일이 있어도 절대로 남에게 묻거나 전화를 걸지 못했다. 객지에 나가서 목적지를 찾을 때 사람들에게 한 번만 물으면 즉시 찾을 수 있는 것을 묻기 두려워 주소와 지도만으로 혼자 찾으려니 여관에서 밤을 지내며 며칠 만에 찾기도 했었다.

제대 후에 고등학교 학력을 인정받고 2년 간 학력고사를 거쳐 대학에 지원했지만 자신이 없어 입학을 포기했을 때 그때는 내가 태어난 것이 정말 저주스러웠다. 그래서 방송통신대학에 입학했지만 1학기 출석수업 때 각자 교단에서 자기 소개를 하는 시간에 나는 도저히 자신이 없어 그곳을 몰래 빠져 나와 영영 그만두고 말았다.

나이는 자꾸 들고 말더듬과 강박관념이 더욱더 뿌리 깊이 내려앉는 처지에서 도대체 무엇을 할 수 있었겠는가? 그 동안 책과 테이프는 수없이 보고 듣고 했었지만 전혀 효과를 못 보고 이젠 마지막으로 강원도 춘성군 두메산골로 농사를 지으러 가겠다고 준비하는 중에 국제슈퍼맨수련관 광고를 봤다. 15여 일을 잠도 제대로 못 자며 번민했다. '에라, 이래저래 마지막인데 이번 한 번만 더 속아본 뒤에 농사를 지으러 가자'고 작정하고 등록을 했다. 가족들과 친지들에게는 경상도에 취직하러 간다고 하고 슈퍼맨수련을 2주일 간 받게 된 것이다.

이젠 아무에게나 말을 걸고 말과 생활에 자신있게 되었다. 새사람으로 다시 태어난 나는 말더듬 때문에 아직까지 미혼인데 올 가을에는 결혼도 할 수 있게 됐다. 이 모든 결실과 영광이 홍관장님과 교관님들의 피땀 어린 결과였음을 영원히 감사드린다.

93) 중학생　　정원석(16세 천주교)

저는 이 수련을 받기 전까지 너무 나태했고 성격적으로 소심했으며 말까지 더듬어서 선생님이나 물건을 사러 갈 때 무척 꺼려하였다. 친구나 부모님 앞에서는 말이 잘 나왔었는데 대하기 어려운 사람 앞에서 사고만 하니까 말이 나오질 않았다. 그래서 언제나 그 일을 생각하며 스스로 비참해 하였다. 또 학급 반장을 맡고 있는 나는 언제나 불안했으며 점점 학교생활에 두려움을 느끼고 있던 차였다.

서점에서 《생(生)》이란 책을 보고 국제슈퍼맨수련관을 알게 되었는데 제가 어머님께 잘 말씀을 드리니까 그렇게 반대하지 않으셔서 등록했다. 보충수업도 100% 포기하고 내가 하고 있는 활동을 다 그만두고 왔다. 수련 첫날부터 나는 관장님 말씀에 귀를 귀울였다. 맨 처음에는 무슨 말인지 어리벙벙했지만 시간이 가면서 이해할 수 있었다. 나는 지금까지 사고만 했지 가슴으로부터 나오는 의지의 행동을 안했었다. 정말 사고를 해서 나를 기쁘게 해주기는커녕 오히려 나를 비참해지게 하고 세상을 부정적으로 보게 하였다.

나는 대도시 도전 때 정말 내가 하지 못했던 것을 많이 했다. 옛날 사고만 했던 나로서는 도저히 불가능한 것이었다. 하지만 지금은 사고를 과감히 무시하고 가슴에서 나오는 의지의 행동을 하여 인류에게 봉사할 것이다. 이제는 말더듬 개조에 대해 확신이 섰고 학교에 나가서도 의지의 행동으로 천천히 여유만만하게 행동할 것이다. 건강도 많이 좋아졌다.

잠도 3시간 자도 끄떡없게 됐다. 또 할 것이다. 내 동생이 비만증이 있어 몸이 뚱뚱한데(102kg) 내 동생과 학교 선생님인 어머니도 꼭 이 수련을 받게 하겠다.

100) 대학생   김현종(25세)

20년 동안 모든 것들이 나를 회피하고 꺼리고 사람들을 무서워하고 세상이 싫어졌다. 여기 오기 전에 말더듬 학원에 몇 군데 다녔지만 순간이지 끝나면 다시 재발되어 불안과 초조, 떨림, 공포로 도저히 이 세상을 살 수가 없었다. 그래서 이번 수련에는 생명을 걸고 관장님 하라는 대로 하니 정말 놀라지 않을 수 없었다. 원인은 자기 자신인 줄 모르고 타인인 줄 알고 의식을 하여 지금까지 살아왔습니다.

 이제는 모든 것이 해결되어 새로운 인생으로 탄생되었다. 나를 위해서 인류가 있고 사회가 나를 반기고 있다. 이제부터 강력한 의지의 표현과 동작으로 이 세상을 살아갈 것이다. 그리고 최신 자동단전호흡대가 직접 사용해 보니 신비의 힘이 발휘되어 세상에서 가장 강한 사람이 되어 멋있게 인류에게 봉사할 것입니다. 지금까지는 사고와 본능에 예속되어 살아왔는데 이제는 과거의 현종이가 아니다. 가장 강력한 용광로에서 담금질 당하고 망치로 두들겨맞고 강한 사람이 되었다.

 관장님 이하 교관님, 그 동안 수고 많았습니다. 말더듬이 많이 많이 남아 있으니까 계속해서 수고하여 주십시오.

101) 전자회사 여사원 윤미화(27세) 고졸

 길다면 길고 짧다면 짧은 기간이었지만 나에게 있어서는 참으로 세상을 보는 눈을 적극적이고 긍정적인 자세로 만들어 주었다. 어느 정도의 홍보를 통해서 알고는 있었지만 강한 훈련과 자기 창시법으로 자신의 성격과 의지를 창조해 나간다는 것이 얼마나 쉬우면서도 어려운지를 다시금 느끼게 되었다.

 홍 관장님의 놀랍고도 경이적인 강의 내용과 의식정복을 위한 행동들이 이젠 어느새 나의 것이 되어 버린 지금, 계속해서 이러한 수련 내용을 사회에서나 가정에서도 잊지 않고 열심히 해야겠다고 굳게 명심하였다. 평소에 소심하고 부끄러움 많이 타던 나에게, 17년 간 큰 굴레에서 벗어나지 못하였던 말더듬이, 이 말더듬이를 관장님께선 의식을 정복하여 한 사람의 인생을 이토록 희망과 꿈과 미래가 환하게 하여 주시니 정말 감격과 감동의 순간이었습니다. 건강이 좋지 못하고 약해서 20시간의 강한 수련을 잘 받을 수 있을까 하고 걱정이 앞섰는데 다른 수련생들과 함께 같은 목표를 가지고 하나하나에 최선을 다하였다. 그리고 직접 도전에 나가게 되었을 때 처음이나 얼마간은 솔직히 두려움고 사고가 아직도 나의 의지를 짓누르고 있어 과감한 행동을 취하지 못하였는데, 차츰 대구·부산 등지로 장소를 옮기고 몇 번씩 가보니까 자신과 용기가 생기게 되었다. 처음 수련원에 입교하였을 때와는 확실히 달라졌다.

가장 큰 어려움이었던 전화공포나 대중공포에도 자신이 생겼고 밀양까지 구보로 가게 되었을 때 지금까지의 수련을 총괄하는 나의 의지 테스트였던 그 일도 나는 어떻게 견디었는지 모르겠다. 나는 이젠 모든 게 자랑스럽고 떳떳하다. 두 어깨를 활짝 펴고 두 팔을 높이 쳐들면서 나 윤미화 슈퍼맨은 사회를 위하고 인류를 위하여서 계속 강화된 나 자신으로 살겠다.

27세의 삶 중에서 국제슈퍼맨수련관에서 있었던 일은 평생 잊지 못할 것이다. 재생의 삶을 살게 해주었고 항상 어둡고 괴로움에서 탈피해 준 고마우신 여러분께 깊이 감사드립니다.

의지, 사고, 본능이라는 이러한 말들이 이제는 완전히 나의 몸에 배어 있게 되어 단 한시도 잊을 수가 없다. 나는 이젠 자신감과 가슴 뿌듯함으로 정말 만족한다. 지나온 13박 14일을 마무리하면서 참으로 훌륭한 것이라 생각되었다. 국제슈퍼맨수련관의 무한한 발전과 함께 홍민성 관장님께서 계속해서 저희와 같은 어려움을 겪고 있는 가련한 사람들에게 사랑과 봉사로 노력해 주시기를 바랍니다.

102) 회사원　　박자영(26세) 고졸

국제슈퍼맨수련관에 목숨을 걸고 수련에 임했습니다. 말더듬으로 인해 받은 지난날의 고통을 완전히 씻어 버리기 위해서 피땀을 흘렸습니다. 내가 하루에 20시간 동안 쉬지 않고 훈련에 임할 수 있었다고 생각하니 감히 놀라지 않을 수가 없습니다. 수련을 오기 전에 회사에서 솔직히 나의 사정을 털어 버리고 14일 간의 휴가를 받고 부곡으로 향하던 때가 엊그제 같았는데 이제 내가 다시 태어난 몸으로 세상에 나가서 생활하려니 너무나 벅찬 가슴을 안은 것 같습니다.

부곡에서 밀양까지 왕복은 앞으로 어떤 어려움이 닥쳐 오더라도 극복할 수 있다는 자신감을 심어 주었습니다. 그리고 대도시 공격은 나에게 말에 대한 자신감을 완전히 가지도록 해주는 경험, 즉 행동의 확인으로 인한 확신이었습니다. 일반인들이, 정신이 허약한 일반인들의 사고로는 도저히 엄두도 내지 못할 일들을 과감히 하고 희열을 느끼며 나의 허물을 벗겼다고 생각합니다. 나는 지금 느낍니다. 사고는 무너졌다고. 그리고 말더듬은 이제 나의 생활에서 그 자취를 잃어 죽어 버렸다고 말입니다. 꺾이지 않는 의연한 자세로 당당하고 패기 있게 세계를 무대로 나의 날개를 펴고 무궁한 창공을 훨훨 영원토록 날아갈 것입니다.

신이신 관장님, 이 세상에서 제일 존경합니다. 저는 이제 새 생명을 얻어서 인류를 위해 입으로 봉사하기 위하여 힘차게 날아가렵니다. 우리를 잘 이끌어 주신 교관님, 그 동안 정말 감사했습니다. 슈퍼맨들의 기개가 펼쳐진 국제슈퍼맨수련관의 영원한 전진을 빕니다.

103) 고교생   장승훈(20세 카톨릭)

이 세상 사람들이 너무 좋기만 하다. 나를 괴롭혀 오던 말더듬, 이젠 너 따위는 지옥으로 떨어졌다. 13박 14일 훈련의 끝날인 오늘 아침에는 왜 이렇게 즐겁기만 한지. 나는 과연 슈퍼맨이 되었다는 것을 깨달았다. 처음에는 이곳 훈련을 받으면서 의심도 많이 하고 걱정도 많이 했지만, 나의 강력한 의지로 말끔히 씻어 버리고 모든 것을 맡기기로 한 뒤부터는 지겹고 힘든 일도 모두 다 기쁘게만 느껴졌다. '말더듬', 이것은 지나간 아름다운 추억의 과거일 뿐이었다. 나태했던 나의 생활, 이제는 제2의 인생을 살 것이다.

여기까지 보내주신 나의 부모님들과 누나에게도 너무나 감사를 드립니다. 그리고 하느님이 저에게 말더듬의 고난을 주시었던 것을 저를 사랑하시기 때문에 보다 더 나은 생활을 하라고 주신 것으로 믿고 저는 이 고난을 극복했기 때문에 보다 더 나은 사람이 되어서 이 세상의 인류를 위해 봉사할 것입니다. 저를 새롭게 태어나게 해주신 홍 관장님과 교관님들께 너무나도 많은 감사를 드립니다. 과연 나는 나의 사고를 행동으로 이겼다.

지은이 홍민성

전남 영광에서 출생. 우리나라와 세계에 미개척 분야인 인간 전천후 혁명 수련법과 행동철학을 주창한 행동 철학자. 35년간 심리학·철학·정신분석학·행동과학·인간경영·건강혁명·발표력혁명·리더쉽혁명·말더듬 완전파괴·평생건강 완전자동단전호흡 등을 집중 연구하여 세계 최초로 초인수련법(3박 4일·2박 3일·1박 2일·13박 14일)을 개발하여 직접 시킴. 한국·미국 특허. 독서량 3만여 권(精讀 5천여 권, 目讀 2만 5천여 권) MBC TV와 KBS 제1TV에 특별방영되었으며 라디오 및 우리나라 각 일간 신문과 각종 월간지와 기타 주간지에 특종 게재되었으며 1999년까지 200여차에 걸쳐 호텔에서 인류를 상대로 인간혁명 합숙수련을 실시하고 있으며 우리나라 최초로 그 실적이 인정되어 역사 편찬회 발행 《대한민국 5000년 韓國人物史》와 대한민국 공훈사 발행 《大韓民國 功動史》에 수록됨.
현재 국제슈퍼맨수련관 관장으로 강력하게 활동하고 있으며 다섯 권의 저서와 200여 편의 논문이 있다.

創
-세계 최초 자기창조·의식정복-

인쇄/1989년 7월 1일
발행/1989년 7월 9일
2판/1989년 7월 15일
3쇄/1990년 3월 19일
4쇄/1991년 6월 30일
5쇄/1991년 11월 11일
6쇄/1993년 5월 30일
7쇄/1995년 7월 30일
8쇄/1999년 4월 30일

지은이/홍민성
펴낸이/임종대/펴낸곳/미래문화사
등록 번호/제3-44호/등록 일자/1976년 10월 19일
ⓒ1999, 미래문화사

주소/서울시 용산구 효창동 5-421 ☎140-120
전화/715-4507, 713-6647
팩시밀리/713-4805
슈퍼맨수련관 연락처/745-1300, 1305, 1306

값 7,000원
ISBN 89-7299-018-3 04300

· 잘못 만들어진 책은 바꾸어 드립니다.
· 저자와의 협의하에 인지는 생략합니다.

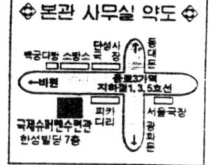

•국제슈퍼맨수련관•

전화 : 서울745-1300, 1305, 1306 FAX : 745-1306
주소 : 서울·종로구 묘동 200-1 (한성빌딩7층)
위치 : 종로3가 지하철역 단성사극장옆 소방소정면